本书出版获得"贵州师范大学全国重点马克思主义学院建设经费"资助

贵州师范大学博士科研启动项目"系统论视域下的文化软实力及其建构"(社科博〔2014〕10号)最终成果

新时代民生建设的
理论创新与实践研究

Xinshidai Minsheng Jianshe De Lilun Chuangxin Yu Shijian Yanjiu

李旭华 著

中国社会科学出版社

图书在版编目（CIP）数据

新时代民生建设的理论创新与实践研究 / 李旭华著 . —北京：中国社会科学出版社，2023.3
ISBN 978-7-5227-1670-1

Ⅰ.①新… Ⅱ.①李… Ⅲ.①社会保障—研究—中国 Ⅳ.①D632.1

中国国家版本馆 CIP 数据核字（2023）第 048736 号

出 版 人	赵剑英
责任编辑	田　文
特约编辑	金　泓
责任校对	张爱华
责任印制	王　超

出　　版	中国社会科学出版社
社　　址	北京鼓楼西大街甲 158 号
邮　　编	100720
网　　址	http://www.csspw.cn
发 行 部	010-84083685
门 市 部	010-84029450
经　　销	新华书店及其他书店

印　　刷	北京君升印刷有限公司
装　　订	廊坊市广阳区广增装订厂
版　　次	2023 年 3 月第 1 版
印　　次	2023 年 3 月第 1 次印刷

开　　本	710×1000　1/16
印　　张	14.5
字　　数	245 千字
定　　价	78.00 元

凡购买中国社会科学出版社图书，如有质量问题请与本社营销中心联系调换
电话：010-84083683
版权所有　侵权必究

目 录

绪 论 …………………………………………………………（1）
 一 研究缘起、现状和意义 …………………………………（1）
 二 核心概念界定 ……………………………………………（7）
 三 研究方法和创新之处 ……………………………………（11）

第一章 新时代民生建设理论创新的时代背景 ……………（13）
 第一节 国际背景：民生发展成为世界性的难题 …………（13）
  一 发达资本主义国家民生建设面临双重困局 …………（13）
  二 发展中国家民生建设面临两难困境 …………………（18）
  三 中国肩负引领世界民生发展潮流的使命 ……………（24）
 第二节 国内背景：我国民生建设进入一个新阶段 ………（25）
  一 集中力量改善物质生活的民生建设实践 ……………（26）
  二 集中力量改善物质生活的现实依据 …………………（28）
  三 生态民生短板凸显：新时代民生建设的深刻变化 …（31）

第二章 新时代民生建设理论创新的思想渊源 ……………（34）
 第一节 根本思想渊源：马克思主义经典作家的民生建设思想 …（34）
  一 对经典作家物质资料生产目的观点的继承和发展 …（34）
  二 对经典作家民生结构层次性观点的继承和发展 ……（37）
  三 对经典作家关于民生建设所有制基础观点的继承和发展 …（39）
  四 对经典作家民生改善根本途径观点的继承和发展 …（41）
 第二节 重要思想渊源：中华优秀传统文化 ………………（43）
  一 对中国传统民本思想的吸收和超越 …………………（43）
  二 对中国传统大同思想的吸收和超越 …………………（47）

三　对中国传统小康思想的吸收和超越 …………………………（49）
　第三节　直接思想渊源：新中国成立后党的民生建设思想 ………（51）
　　一　历届领导集体关于民生建设根本原则的坚持和丰富 ………（51）
　　二　历届领导集体关于民生发展使命感的坚持和丰富 …………（55）
　　三　历届领导集体关于民生建设思路的坚持和丰富 ……………（58）

第三章　新时代民生建设理论创新的实践基础 ……………………（62）
　第一节　间接基础：国外的民生建设实践 …………………………（62）
　　一　对苏东社会主义国家民生建设实践经验和教训的总结 ……（62）
　　二　对当代发达资本主义国家民生建设实践
　　　　经验的借鉴和反思 ……………………………………………（69）
　第二节　深厚基础：中国共产党成立以来的民生建设实践 ………（72）
　　一　"生存型"民生建设实践经验的启示 ………………………（72）
　　二　"温饱型"民生建设实践经验的启发 ………………………（75）
　　三　"小康型"民生建设实践经验的启迪 ………………………（79）
　第三节　直接基础：党的十八大以来的民生建设实践 ……………（82）
　　一　党的十八大以来民生建设的丰富实践 ………………………（82）
　　二　党的十八大以来民生建设的实践特点 ………………………（85）
　　三　对党的十八大以来民生建设实践经验的吸收和提炼 ………（87）

第四章　新时代民生建设理论创新的内容 …………………………（90）
　第一节　对民生建设理念的升华 ……………………………………（90）
　　一　以人民为中心民生建设理念的提出 …………………………（90）
　　二　以人民为中心民生建设理念的内涵 …………………………（93）
　　三　以人民为中心民生建设理念的升华 …………………………（101）
　第二节　对民生建设目标的深化 ……………………………………（103）
　　一　"美好生活"民生建设目标的确立 …………………………（103）
　　二　"美好生活"民生建设目标的特征 …………………………（107）
　　三　"美好生活"民生建设目标与中国梦相融通 ………………（111）
　第三节　对民生建设内容的拓延 ……………………………………（113）
　　一　人民的需要：民生建设内容拓延的根本依据 ………………（113）
　　二　物质民生：人民美好生活的基础 ……………………………（115）

三　生态民生：人民美好生活的重要支撑 …………………… (117)
　　四　绿色道路：物质民生与生态民生统筹发展的根本路径 …… (120)
第四节　对民生建设方案的丰富 ………………………………… (127)
　　一　我国民生建设方案的不断丰富和完善 …………………… (127)
　　二　"五位一体"民生建设方案的内在结构 ………………… (131)
　　三　新时代民生建设方案对生态民生的规划 ………………… (136)
第五节　对民生建设制度改革思路的创新 ……………………… (140)
　　一　制度创新：我国民生建设持续推进的根本保障 ………… (140)
　　二　新时代民生建设制度创新的现实依据 …………………… (146)
　　三　新时代民生建设制度改革创新的思路 …………………… (148)

第五章　新时代民生建设理论创新的价值 ……………………… (155)
　第一节　新时代民生建设理论创新的理论价值 ………………… (155)
　　一　进一步丰富和发展了马克思主义民生建设理论 ………… (155)
　　二　进一步深化了对社会主义民生建设规律的认识 ………… (161)
　　三　有助于进一步打破西方的民生话语霸权 ………………… (165)
　第二节　新时代民生建设理论创新的现实意义 ………………… (171)
　　一　为新时代民生建设提供了根本指导 ……………………… (171)
　　二　有助于密切党群关系，巩固党的执政根基 ……………… (175)
　　三　为世界民生建设提供中国方案 …………………………… (180)

第六章　新时代民生建设的具体实践 …………………………… (184)
　第一节　物质民生建设的具体实践 ……………………………… (184)
　　一　实施精准扶贫 ……………………………………………… (184)
　　二　发展社会保障事业 ………………………………………… (190)
　　三　促进充分就业 ……………………………………………… (193)
　　四　发展高质量教育事业 ……………………………………… (196)
　　五　深入推进城镇保障住房和农村危房改造项目 …………… (199)
　第二节　生态民生建设的具体实践 ……………………………… (201)
　　一　集中精力解决人民群众反映强烈的突出生态环境问题 …… (201)
　　二　推进绿色低碳循环发展 …………………………………… (206)
　　三　筑牢国家生态安全屏障 …………………………………… (212)

四　加强生态民生制度建设 …………………………………（217）
　　五　推动形成绿色生活方式 …………………………………（220）

结　语 ……………………………………………………………（222）

主要参考文献 ……………………………………………………（224）

绪　　论

一　研究缘起、现状和意义

（一）选题缘起

民生关系人民的基本生计，民生建设是一项世界性的难题。发达资本主义国家经过几百年经济的稳定发展，尽管客观上为保障和改善民生积累了较丰厚的物质基础，但民生建设依然面临重重困难。而大多数发展中国家摆脱殖民统治独立几十年后，仍然陷于贫困中不能自拔，民生改善无从谈起。一些新兴的发展中国家则在经济短暂高速增长后却陷入"中等收入陷阱"，民生建设长期停滞不前。中国是世界上最大的发展中国家，新中国成立以来，在党的领导下，中国的民生建设获得了巨大的成功，取得了举世瞩目的成就。中国人民实现从饥饿到温饱再到小康的几次历史性跨越，生活越来越美好。中国民生建设不断取得新成就的一个重要原因就在于党不断推进民生建设的理论创新，以创新的理论指导民生建设实践。

党的十八大以来，中国特色社会主义进入新时代，标志着我国的民生建设站在新的起点，面临新的形势和任务。一是新中国成立以来，特别是改革开放以来我国经济的快速发展为新时代的民生建设奠定了坚实的物质基础，为民生改善提供了有利的物质条件。二是党的十八大以来我国国内外形势发生了深刻的变化，经济发展面临较大的压力。同时，我国社会主要矛盾发生转化，人民群众的民生诉求更高，内容更加多样化，不再仅仅满足于基本的物质需求。三是我国的民生建设取得了巨大的成就，但仍然存在不少短板，新时代的民生建设必须不断创造条件补齐民生短板。新时代民生建设面临的新形势和肩负的新任务要求必须进行民生建设理论的创新。为了顺应新形势、新变化，中国共产党与时俱进推进了民生建设理论的创新，开启了新时代民生建设的新征程。

新时代民生建设的理论创新极为重要。在国内，新时代民生建设的理论创新为民生建设实践提供了根本指导,成功推动了民生建设实践进程。党的十八大以来是我国民生改善最显著的历史时期,民生内容不断丰富,民生短板正在逐步补齐,民生福祉显著提升。在物质民生方面,全面小康社会的建成使全体中国人民过上了几千年以来梦寐以求的美好生活,有效地保障了中国人民的生存权和发展权,更好地实现了"幼有所育、学有所教、劳有所得、病有所医、老有所养、住有所居、弱有所扶"。在生态民生方面,大力推进美丽中国建设,实施新中国成立以来最严格的环境保护政策,我国的生态环境发生了历史性的变化,生态民生不断改善。在国际上,新时代民生建设的理论创新与实践为引领全球破解民生建设难题、走出民生发展困境提供了中国智慧和中国方案,彰显了中国式现代化道路和人类文明新形态的魅力。因而,系统研究新时代民生建设的理论创新,并对新时代的民生建设实践进行梳理,具有重要的意义。

(二) 国内外研究现状

国内学界对新时代民生建设理论的研究主要集中于以下几方面:

1. 新时代民生建设理论的形成

关于新时代民生建设理论的形成,学界基本持"问题生成论"的主张,即认为新时代民生建设理论是对民生建设所面临问题的回应。具体体现在:一是对新时代民生建设中客观条件发生变化的回应。这一观点认为,改革开放以来我国经济的快速发展极大地促进了中国人民民生的改善,但与此同时我国民生建设领域仍然存在不少棘手的问题亟须破解。例如,在新形势下,我国的改革已进入深水区,民生建设中面临着如何保障社会的公平正义使改革发展成果更公平地惠及全体人民、如何消解经济发展放缓对民生建设造成的不利影响等问题。新时代的民生建设理论是立足于人民群众的民生期望与民生现状之间的"差距"这一客观事实,从人民群众的现实民生需要和制约民生发展因素的角度认识和把握新时代民生建设问题的基础上形成的。[①]

二是对新时代民生建设中主体民生诉求发生变化的回应。该观点认为,新时代我国社会主要矛盾发生变化,人民民生诉求从对"物质文化需要"转向对"美好生活的向往",人民不仅要求过上更高质量的物质生活,

---

① 刘明松:《新时代中国特色社会主义民生建设理论的方法论与实践论》,《马克思主义研究》2016 年第 11 期。

而且在诸如民主、法治、公平、正义、安全、环境等其他方面的民生需求与日俱增，社会主要矛盾的变化对党和国家的民生建设提出了许多新的要求必须进行理论回应。此外，自20世纪80年代以来，世界进入大发展大变革大调整的时代，这一变化既给中国带来更多的机遇，也使我们面临更大的挑战。中国要想战胜挑战，走向世界舞台的中央，就必须不断改善民生，满足人民对美好生活的多元诉求。新时代的民生建设理论正是根据人民群众民生诉求的变化，不断满足人民群众日益增长的政治、经济、文化、法治、社会、生态等方面的需要，引领人民朝着共同富裕方向前进的基础上形成的。[1]

三是在解答"什么是民生、怎样保障和改善民生"等基本问题中形成。持此观点的学者主张，"什么是民生、怎样保障和改善民生"是民生建设必须搞清楚的问题，新时代的民生建设理论就是在解答这一基本问题的过程中形成的。[2]

2. 新时代民生建设理论的体系建构

有学者认为，新时代的民生建设理论从三个维度进行体系建构，即中国梦内涵中的民生改善目标、全面深化改革路径中的民生导向要求、中国经济新常态下的民生发展动力。[3] 有学者强调，新时代的民生建设理论是一个系统化、理论化的体系，它包括目标、内容、主体、原则、手段、方法、保障、路径等诸多内容。[4] 有学者指出，新时代的民生建设理论阐明了人民过上幸福生活、民生为本、依靠辛勤劳动创造幸福生活、民生是经济社会发展指南针、着力解决人民切身利益问题、丰富人民精神文化生活等方面的内容，深刻揭示了当代民生建设的内涵、范畴、目标、主体、动力、规律、路径、价值等，由此建构起了完整的理论体系。[5] 也有学者认为，新时代的民生建设理论从民生建设目标、原则和思路进行了体系建构，其目标是"人民对美好生活的向往"，原则是"实现经济发展和民生

---

[1] 郑功成：《新时代中国特色社会主义民生建设理论：时代背景与理论特质》，《社会保障评论》2018年第3期。

[2] 贺方彬：《习近平民生观的核心内容及其现实启示》，《领导之友》（理论版）2017年第2期（上）。

[3] 侯为民：《习近平民生思想的三个维度——学习习近平总书记系列重要讲话体会之七十四》，《前线》2015年第2期。

[4] 韩喜平、孙贺：《习近平民生思想研究》，《中国特色社会主义研究》2015年第2期。

[5] 窦孟朔、张瑞：《论习近平的民生幸福观》，《科学社会主义》2015年第5期。

改善良性循环",思路是"守住底线、突出重点、完善制度、引导舆论"。① 还有学者强调,新时代的民生建设理论是围绕"什么是民生,怎样保障和改善民生"这个基本问题进行体系建构的,具体而言涉及民生建设的目标、价值取向、思路、动力源泉、根本保障等。②

3. 新时代民生建设理论的特点

学界主要从认识、实践和理论意蕴等方面揭示了新时代民生建设理论的特点。有学者指出,新时代的民生建设理论具有认识深刻、操作有度、意蕴深厚等特点。认识深刻是因为从马克思主义哲学的高度把握民生建设问题;操作有度是由于提出了民生建设的正确策略;意蕴深厚是源于对中国特色社会主义理论和实践的深远影响。③ 有学者强调,新时代的民生建设理论具有问题意识明确、民本情怀深厚、方法论全面的特征。④ 也有学者认为,新时代的民生建设理论坚持以人为本,体现出整体性、全面性、科学性和实践性的鲜明特色。⑤ 还有学者认为新时代的民生建设理论不仅具有很强的实践性,是对现实问题的观照,而且还具有理论的继承性,是对古代民本思想和马克思主义民生思想的继承。⑥

4. 新时代民生建设理论的实践意义

有学者认为,新时代的民生建设理论为破解当代中国民生建设难题奠定了坚实的理论基础和思想保证,为发展和建设中国特色社会主义民生事业提供了理论指导。⑦ 也有学者指出,新时代的民生建设理论提升了新常态下民生建设的地位和意义,对民生建设的内涵和外延进行了拓展和丰富,并创新了新时代民生建设的路径。⑧ 还有学者指出,新时代的民生建设理论建构了"大民生观"的理论体系,致力于民生建设的富民、利民、

---

① 陈鹤玲、胡立法:《论习近平民生建设思想的三个维度》,《学术交流》2017 年第 3 期。
② 贺方彬:《习近平民生观的核心内容及其现实启示》,《领导之友》(理论版)2017 年第 2 期(上)。
③ 周蕴蓉:《试论习近平民生思想特色》,《求实》2015 年第 8 期。
④ 刘明松:《习近平民生思想的方法论与实践论》,《马克思主义研究》2016 年第 11 期。
⑤ 孙慧明:《习近平民生思想的多维探析》,《郑州航空工业管理学院学报》(社会科学版)2017 年第 4 期。
⑥ 官慧、林勇:《习近平民生思想的特征与共同价值初探》,《福建论坛》(人文社会科学版)2017 年第 7 期。
⑦ 韩喜平、曲海龙:《习近平民生安全思想述论》,《东北师大学报》(哲学社会科学版)2016 年第 4 期。
⑧ 胡建兰:《习近平民生建设思想探析》,《唯实》2016 年第 5 期。

为民，极大地丰富了民生建设的内涵，为新时代我国的民生建设提供了强有力的理论指导和思想武器，确保我国民生建设不断取得新突破。①

综上，国内学界对新时代民生建设理论的研究取得了一些积极的进展，但也存在明显的不足。一是当前的研究侧重于探讨新时代民生建设理论的形成、内容体系、特点和实践意义，对新时代民生建设理论的创新揭示不够。新时代，中国的民生建设面临着新的形势，民生建设理论进行了与时俱进的创新，体现了鲜明的时代特征。系统揭示新时代民生建设的理论创新，有助于我们更深刻地理解新时代民生建设的背景、内容和时代性，更好地推进当代中国的民生建设。二是当前主要从物质民生的维度探讨新时代的民生建设理论，不够系统和全面。党的十八大以来，随着我国社会主要矛盾的转化，人民对美好生活的向往使得民生建设的生态内隐逐步外显，生态民生理所当然成为新时代民生建设的题中应有之义。中国共产党将生态民生作为基础性内容纳入新时代民生建设领域，拓延了社会主义民生建设的内容，进一步丰富和发展了社会主义民生建设理论。生态民生建设方面的内容成为新时代民生建设理论创新的重要维度，不能被忽视。三是相较于新时代民生建设理论的研究，学界对新时代民生建设的实践研究明显不足。

国外学界关注的重点是中国特色社会主义民生建设成就对世界的影响，尚未发现专门系统研究新时代民生建设理论的成果，相关研究主要散见于一些学者撰写的党的主要领导人的传记中。代表性的有：俄罗斯学者塔夫罗夫斯基的《习近平：正圆中国梦》，从中国梦的视阈揭示了新时代中国的民生发展战略，即在践行中国梦中不断改善民生，使每个中国人生活越来越美好。美籍华人学者熊玠主编的《习近平时代》，在阐明习近平治国理政思想的形成过程中述及新时代中国改善民生的具体实践及其民生理念。此外，美国学者罗斯·特里尔的《习近平复兴中国：历史使命与大国战略》，则对新时代中国领导集体在规避中等收入陷阱、修昔底德陷阱和实现从发展中国家向发达国家跨越的实践方案进行了分析和预判。由此可见，国外学者主要将新时代民生建设理论置于习近平治国理政相关思想的整体体系中进行宏观叙述，且也主要局限于物质民生的视野，研究存在

---

① 许光：《习近平民生思想的价值意蕴与理论创新》，《当代世界与社会主义》2017年第5期。

明显的空白。

(三) 本选题研究意义

首先,本选题的研究有助于进一步揭示中国共产党的马克思主义执政党本质。中国共产党作为马克思主义执政政党,始终坚持立党为公、执政为民。中国共产党不仅把立党为公、执政为民作为自己的政治纲领,而且时时刻刻体现在行动上。党自成立之日起就坚持了马克思主义的基本立场,把为人民群众谋利益写在旗帜上,以改善民生为己任,为维护人民利益浴血奋斗,谱写了无数可歌可泣的英雄篇章。新中国成立后,中国共产党成为全国性的执政党,不断推进民生建设成为党的马克思主义属性的根本体现。从新中国成立到党的十八大之前,中国共产党坚持推进民生建设,不仅解决了人民的温饱问题,而且实现了人民的总体小康。新时代,中国共产党坚持以民生发展为己任,坚持将更好地保障和改善民生作为经济社会发展的根本目的,在人民总体小康的基础上全面建成小康社会,继续带领全国人民迈向美好生活,高度体现了马克思主义执政党的本质。系统研究新时代中国特色社会主义民生建设的理论创新与实践,有助于进一步揭示中国共产党的马克思主义执政党本质,更深刻地理解党的初心和使命。

其次,本选题的研究也有助于从根本上揭示我国社会主义民生建设与资本主义民生建设的本质区别。社会主义民生建设与资本主义民生建设存在本质的区别,社会主义民生建设是在无产阶级政党的领导下进行的,是无产阶级政党使命的体现,不断改善民生是其阶级属性的必然要求。无产阶级执政党领导下的社会主义具有改善民生的内在动力,其改善民生是一种主动行为。资本主义社会则不然,资本家的本性是追求剩余价值的最大化,资本主义国家的所有行为必须服务于资本的逐利活动。但资本主义也存在改善民生的外在压力,这种压力源自于无产阶级的斗争和劳动人民的反抗。为缓和阶级矛盾,消除人民的反抗情绪,资本主义虽然也强调并采取一定的措施发展民生,但很明显是一种被动行为。

因而,在民生建设中,社会主义中国总是根据人民的需要确定民生建设的内容,并高度凸显人民在民生建设中的主体地位。资本主义民生建设则是由资本家操纵,人民很少参与民生发展决策,只是被动地接受资产阶级政府的"恩赐"和"施舍"。此外,社会主义中国的民生建设还具有很紧凑的衔接性,国家制定的民生建设政策、措施都是一以贯之的。资本主义民生建设则往往随着执政党的更迭而出现反复。新时代民生建设的理论和实践深刻地体现了中国社会主义民生建设的优越性,与资本主义民生建设形成了鲜明的对比。系统研究新时代民生建设的理论创新与实践,有助于从根本上揭示我国社会主义民生建设与资本主义民生建设的本质区别。

最后,本选题的研究还有助于揭示新时代我国社会主义民生建设的基本规律。民生建设是一个动态的过程,只有起点,没有终点。新中国成立以来,中国共产党为改善民生不懈奋斗,民生建设成就举世瞩目,不仅解决了中国人民的温饱问题,而且实现了人民生活的总体小康。新时代我国民生建设的环境发生了深刻的变化。过去,我国生态环境问题并不突出,民生建设的生态意蕴被"隐藏",中国的民生建设主要集中于物质民生领域。随着生态环境问题日益凸显,新时代民生建设的生态内隐逐步外显,良好的生态环境成为基础性的民生诉求,是最普惠的民生福祉。在社会主要矛盾发生变化的基础上,人民的民生需求趋于多元化,不仅对物质民生提出了更高的要求,而且人民群众产生了强烈的生态民生吁求。

党和政府高度关注生态民生问题,中国共产党以人民对美好生活的需要为目标,把生态民生作为重要的内容纳入到民生建设中,齐头并进开展物质民生和生态民生建设,科学合理地拓展了社会主义民生建设的内容,开启了中国特色社会主义民生建设的新阶段。为满足人民对美好生活的向往,统筹物质民生和生态民生的协调发展,中国共产党制定了新时代民生建设的实践方案,推动民生建设体制机制改革,进一步提升了人民在民生建设中的主体地位,成功实现了对社会主义民生建设理论的创新。总之,新时代民生建设的理论创新是对当代中国民生建设所面临新形势、新任务的集中回应,它的一个显著变化是中国共产党的民生视野更加开阔,以更大的视野审视当代中国的民生建设问题,不仅及时回应了人民的诉求,而且突出了鲜明的时代特征。系统研究新时代民生建设的理论创新与实践,有助于揭示新时代中国社会主义民生建设的基本规律,进一步推动当代中国的民生建设实践。

二 核心概念界定

(一) 民生

民生是一个古老的话题,内涵丰富。在中国古籍中,最早出现"民生"一词是在我国首部编年体史书《左传》中。《左传·宣公十二年》中有"民生在勤,勤则不匮"的记载,指的是人民的生计要通过勤劳获得,只要勤勉劳作就不会缺衣少食。由此可见,在古代社会,民生指的是老百姓的基本生计。

到了近代,资产阶级革命家孙中山将民生与民族、民权一起作为资产阶级的奋斗目标,民生主义成为"三民主义"的重要内容。孙中山亲眼目睹了近代以来中国人民的悲惨,力图通过社会革命的方式建立一个民生幸福的新的中国。在孙中山看来,民生幸福与土地问题紧密联系,解决社会问题第一步的方法就是要解决土地问题。孙中山认为,资本主义国家在发展中出现的诸多弊病根源于土地问题未被解决,他希望中国资产阶级革命取得胜利后能够克服西方社会的弊端,而民生主义正是他提出的克服资本主义弊病的方案。民生主义的核心就是要"平均地权",即对全国土地的地价进行核定,其现有地价仍归原主,革命后的增价则归国家,由国民共享,以实现"家给人足"。孙中山认为,"平均地权"是改善中国人民民生的根本方法,它可以从根本上避免贫富悬殊现象的产生,从而克服资本主义的弊端。孙中山指出,同盟会作为新兴的革命政党,不能仅仅只向专制政治宣战,必须高瞻远瞩,把困扰中国民生发展最大的障碍土地问题一并解决,才能把中国建设成世界"最良善富强"的国家。在孙中山看来,民生等同于生存,民生问题就是生存问题,因而民生既包括物质条件,但民生又不止物质生活条件,还应有其他内容。由此,他以"人民的生活"为核心,将民生定义为"就是人民的生活——社会的生存、国民的生计、群众的生命便是"[①]。孙中山关于"民生"内涵的观点对我们今天具有重要的启示意义。

当前国内学界对"民生"内涵的探讨主要有以下几种观点:有人把民生界定为民众的基本生活状态。例如,有学者指出:"民生"是一个扬弃福利及福祉的范畴,它描述了民众的生活状态,体现社会生活的总体要求,蕴含着社会治理规范,寄托着人们的生活理想。民生建设的目标、任务和内容是历史与现实的统一,在不同的历史阶段具有不同的表达方式和表现形式。[②] 有人把民生定义为一种权利,是一个社会绝大多数人的生存权、发展权、享受权,集中体现于人民群众的政治、经济、文化和社会生

---

① 《孙中山选集》,人民出版社 1981 年版,第 802 页。
② 高和荣:《民生的内涵及意蕴》,《厦门大学学报》(哲学社会科学版)2019 年第 4 期。

活领域。① 也有人认为民生是社会成员从社会、市场和政府获取自身生存与发展的社会资源和社会机会。② 还有人认为，民生的根本是利益，是具体的、历史的，其具体内涵应当从一定的历史境遇出发做具体分析，主要包括经济、政治和文化民生。③ 还有人从广义和狭义上区分民生的内涵，认为当今时代应当从广义上来理解民生。广义的民生包括三个层面，即生存的民生、发展的民生和享受的民生，在具体内容上包括公民的生计与生活，也包括公民的政治、文化和精神需求，还包括公民的生命价值、健康价值和尊严价值等。④

尽管学界对民生的内涵有着不同的理解，但也达成了一些基本的共识。即学者们普遍认为，民生关涉人的生计、基本生活和发展，是具体的、看得见的实惠，而不是抽象的、笼统的；民生的内涵具有鲜明的时代性，是随着时代的变化而不断拓延的。在改革开放日益深入的当代，民生不再简单地局限于物质生活条件层面，而是逐步拓展到人的全面发展所需的各种条件和权益领域，民生的内涵更加丰富。例如，有学者指出："民生问题包括生存权、劳动权、受教育权、工作权、休息权、健康权等合法正当权益的维护，而且还涉及与社会经济相关的政治生活问题，如信息公开、民主法制建设、社会保障体系、社会福利制度以及社会对于困难群体的关注和关怀等。"⑤

鉴于此，新时代的民生建设必须立足于实际，根据人民的需要不断拓展民生内容，满足人民对美好生活的向往，同时民生建设又不能脱离社会主义初级阶段的基本国情，好高骛远，不切实际。笔者认为，现阶段民生应当至少包括两个基本维度，即物质民生和生态民生。物质民生是确保人的生存和发展的物质生活条件，包括物质资料、社会保障、就业、收入分配、住房等。生态民生是人们生存和发展所必需的生态环境福祉，即良好的生态环境。因而，本书中将"民生"界定为：民生是关涉人民群众生存

---

① 唐眉江：《民生的时代内涵及其实现途径》，《山西师大学报》（社会科学版）2009 年第 5 期。
② 郑杭生：《抓住改善民生不放，推进和谐社会构建》，《广东社会科学》2008 年第 1 期。
③ 竭长光、张澍军：《论"以人为本"科学内涵的"民生"底蕴》，《理论学刊》2010 年第 12 期。
④ 林祖华：《论民生的内涵和特点》，《理论与改革》2012 年第 3 期。
⑤ 许中缘：《解决民生问题需要法律保障》，《光明日报》2010 年 9 月 21 日第 9 版。

和发展的基本条件和权益,是人们生存和发展所必需的物质和生态条件。

(二) 新时代民生建设理论

民生建设是一个动态的过程,必须根据时代的变化和人民的民生诉求不断推进。民生建设理论源自民生建设实践,是对民生建设实践经验的总结和提升。民生建设理论形成后对民生建设实践又具有指导作用,科学的民生建设理论能够推动民生建设实践的发展。不同历史阶段的民生建设实践是民生建设理论创新的现实"土壤",形成不同阶段的民生建设理论。民生建设永无止境,民生建设理论创新也永不停息。习近平总书记指出,必须高度重视理论的作用,"不断推进实践基础上的理论创新"[①],"实现理论创新和实践创新良性互动"[②]。

党的十八大以来,中国特色社会主义进入新时代,开启了我国历史上迄今为止最为广泛、深刻的民生建设的新征程。当代中国的民生建设站在新的起点,面临的形势也更为复杂。从国内来看,经过几十年的发展,中国的社会主义焕发出巨大的生命力,民生建设成就斐然,人民生活水平显著改善。与此同时,人民的美好生活向往对新时代我国的民生建设提出更高的要求。从国际环境来看,新时代中国的民生建设形势更加复杂。中国社会主义的发展和民生建设所取得的成就被一些国家和势力视为对它们的挑战和威胁。以美国为首的资本主义国家出于维护自身霸权和垄断利益的目的,纠集和撺掇一些反华势力加大对中国的打压,意图遏制中国的发展。面对新时代民生建设的新形势和新特点,我们必须作出理论回应,推进理论创新。习近平总书记强调:"只有聆听时代的声音,回应时代的呼唤,认真研究解决重大而紧迫的问题,才能真正把握住历史脉络、找到发展规律,推动理论创新。"[③] 新时代这种前所未有的复杂形势和深刻的民生建设实践为新时代民生建设的理论创新提供了更广泛的空间和更强大的动力。

中国共产党根据我国民生建设面临的新形势、新特点,立足于新时代民生建设的伟大实践,与时俱进推进新时代民生建设理论的创新,科学阐明了新时代中国民生建设的理念、目标、内容、方案、体制机制等一系列

[①] 《习近平谈治国理政》第3卷,外文出版社2020年版,第183页。

[②] 中共中央文献研究室:《习近平关于社会主义文化建设论述摘编》,中央文献出版社2017年版,第65页。

[③] 习近平:《在哲学社会科学工作座谈会上的讲话》,人民出版社2016年版,第14页。

问题，形成了新时代的民生建设理论。由此可见，新时代的民生建设理论是对当代中国民生建设面临的新问题的理论回应，是新时代民生建设理论创新的成果，是对中国特色社会主义民生建设理论的继承和创新。

三 研究方法和创新之处

（一）研究方法

本书在坚持辩证唯物主义和历史唯物主义根本方法的基础上，具体采用如下研究方法：

1. 文献研究法。在系统阅读马克思主义相关经典著作、中国共产党相关文献、中国传统文化相关典籍和党的十八大以来党和国家领导人关于民生问题的讲话、著述的基础上，系统阐述新时代民生建设理论创新的思想渊源和创新的内容。

2. 历史研究法。对新时代的民生建设理论进行历史溯源，揭示新时代民生建设理论创新的思想渊源。

3. 比较研究法。对党的十八大前后我国的民生建设理论进行比较，揭示新时代民生建设理论创新的内容；在对新时代我国民生建设理论和西方发达国家民生建设理论进行比较的基础上，揭示新时代民生建设理论创新的世界意义。

4. 理论与实践相结合的研究方法。既系统研究新时代民生建设的理论创新，又较全面地梳理了新时代我国民生建设的实践。

（二）创新之处

1. 从物质民生与生态民生相统一的视阈研究新时代民生建设的理论创新与实践进程。党的十八大以来，习近平总书记多次阐述了"生态就是民生"的基本观点。在具体的民生建设实践中，生态民生也是作为重要的内容成为新时代民生建设的题中应有之义。因此，本书从生态民生已成为民生建设重要内容的客观事实出发，从物质民生与生态民生相统一的视野研究新时代民生建设的理论创新与实践，一定程度上拓宽了研究的视野。

2. 较系统地揭示了新时代民生建设理论创新的内容。本书通过对十八大前后我国民生建设理论的比较，从民生建设主体、民生建设目标、民生建设内容、民生建设方案、民生建设体制机制等方面较系统地揭示了新时代民生建设理论创新的内容，凸显出新时代民生建设理论的独特性。

3. 本书不仅探讨了新时代民生建设的理论创新对当代中国的重要作用，而且从中国式现代化新道路探索与人类文明新形态创造的高度阐明了新时代民生建设理论创新的世界意义。此外，既揭示了新时代民生建设理论创新的理论意义，又阐明了其创新的实践价值。

4. 从理论与实践相结合的角度探讨了新时代民生建设的理论创新与实践进程，既对新时代民生建设的理论创新进行系统的探讨，又较深入考察了新时代民生建设的具体实践，体现了理论阐释与实践运用的有机统一。

第一章 新时代民生建设理论创新的时代背景

理论是时代的产物，时代变迁是理论创新的内在推力。新时代民生建设的理论创新植根于深刻的时代背景。从全球视野来看，民生建设成为世界性的难题，不仅发展中国家要面对民生发展困境，发达国家同样面临民生困局。从国内来看，新中国成立以来特别是改革开放后，我国民生建设取得了巨大成就，但也存在不少"民生短板"。随着新时代社会主要矛盾的转化，我国民生建设站在新的起点，民生建设面临新的任务。党的十八大以来我国民生建设的国内外形势和环境的变化是新时代民生建设理论创新的时代背景。

第一节 国际背景：民生发展成为世界性的难题

当今世界各国普遍面临民生发展难题。发达国家经过不断地调整生产关系，改革完善社会福利制度，促进了民生的改善，但民生建设仍然面临诸多困局。而发展中国家则不仅普遍面临经济发展滞后的局面，而且出现生态环境日益恶化等复杂问题，民生发展陷入困境。世界普遍面临民生发展难题，中国肩负着引领世界民生发展潮流的历史使命是新时代民生建设理论创新的国际背景。

一 发达资本主义国家民生建设面临双重困局

（一）贫富两极分化不断加剧

贫富两极分化不断加剧是发达资本主义国家民生建设面临的首要困

局。资本主义贫富两极分化内生于资本主义私有制，是资本主义发展的必然产物。资本主义生产方式的确立是人类社会的一大进步，它推动了生产力的巨大发展。马克思、恩格斯指出，资产阶级在历史上曾经是起过革命作用的，在资产阶级取得统治的地方，把一切阻碍生产力发展的束缚都扫除了。在资本逻辑的作用下，"资产阶级在它的不到一百年的阶级统治中所创造的生产力，比过去一切世代创造的全部生产力还要多，还要大"[1]。但资本主义生产力的发展并不意味着社会财富的共享。资本主义"既创造着极大的物质财富和丰厚的物质条件，也积累着社会贫困等痼疾"[2]。资本主义私有制产生了"一切非人性的生活条件"，是资本主义贫富两极分化的根源。资本主义生产方式一经确立起，就注定了贫富两极分化必然产生并不断加剧，这一现象将伴随资本主义社会始终。

在资本主义私有制条件下，处处充斥着虚伪、敌视和对立，资本家标榜的所谓"公平正义"是完全虚假的、不可能真正实现的。资本主义社会工人生产出了巨量的社会财富，但却不能享受自己的劳动成果，反而成为自己劳动产品奴役的对象，增强了对资本的依赖，生活更加艰难。资本家凭借掌握的生产资料不劳而获，残酷剥削工人。工人"如果他不愿饿死，就不能离开整个购买者阶级即资本家阶级"[3]。此外，大机器的使用和生产分工的精细化，不仅未减轻工人的劳动强度，反而使劳动异化为维持生存的手段，制约了人的全面发展。因而，马克思指出："现代工业的发展本身一定会越来越有利于资本家而有害于工人。"[4] 在资本主义社会，"资本的利益和雇佣劳动的利益是截然对立的"[5]。马克思指出，无产阶级和资产阶级因为利益的根本对立，矛盾是不可调和的。无产阶级必须通过斗争彻底扬弃私有制，才能从根本上消除贫富两极分化的现象。

在劳动人民的激烈反抗下，资本主义国家不得不对劳资关系和分配关系进行调整，改革完善社会福利制度，以缓和阶级矛盾。资本主义国家的上述措施提高了劳动者的福利待遇，一定程度上改善了他们的生存状况，

---

[1] 《马克思恩格斯文集》第 2 卷，人民出版社 2009 年版，第 36 页。
[2] 张雷声：《从资本主义基本矛盾运动看资本主义历史走向》，《中国人民大学学报》2005 年第 3 期。
[3] 《马克思恩格斯文集》第 1 卷，人民出版社 2009 年版，第 717 页。
[4] 《马克思恩格斯文集》第 3 卷，人民出版社 2009 年版，第 77 页。
[5] 《马克思恩格斯文集》第 1 卷，人民出版社 2009 年版，第 734 页。

但并未消灭剥削和消除劳动人民与资本家的对立关系。马克思曾一针见血地指出，工人福利待遇的改善，意味着"他们能够扩大自己的享受范围，有较多的衣服、家具等消费基金，并且积蓄一小笔货币准备金。但是，吃穿好一些，待遇高一些，特有财产多一些，不会消除奴隶的从属关系和对他们的剥削，同样，也不会消除雇佣工人的从属关系和对他们的剥削"①。在资本主义的发展过程中，资本家追求剩余价值的欲望不仅未改变，反而表现得更加强烈，资本家所获得的利润与劳动者的工资水平不匹配的状况并未发生实质性的变化。因而，资本主义社会贫富两极分化的状况不仅未消除，反而呈现不断扩大的趋势。马克思指出："假如资本增加得迅速，工资是可能提高的；可是资本的利润增加得更迅速无比。工人的物质生活改善了，然而这是以他们的社会地位的降低为代价换来的。横在他们和资本家之间的社会鸿沟扩大了。"②

第二次世界大战后，随着科学技术的进步，资本主义生产关系进一步调整，资本的表现形态发生了改变，但资本逐利的本性从未发生任何变化。资本主义在加速资本扩张、扩大财富积累规模的同时，总是如影随形地加剧着社会贫困的积累。自 20 世纪 70 年代以来，布雷顿森林体系崩溃，全球金融资本主义崛起，产业资本被金融资本取代成为占支配和主导地位的资本形态，资本主义经济"脱实入虚"，贫富两极分化的趋势继续加剧。

近年来，随着大数据、人工智能、物联网等新兴科学技术的发展，资本主义经济虚拟化趋势更加凸显。金融领域过度膨胀，金融业扩张速度高于实体经济增长率数倍，虚拟经济和实体经济严重脱节，实体经济呈现"空心化"态势。以美国为例，2012 年其全部金融资产已经达到 GDP 的 11 倍，而 20 世纪 80 年代初还不到 5 倍。发达资本主义国家"虚拟经济和虚拟资本的积累速度远远超过真实 GDP、人均收入和人均工资的增速"③。资本主义虚拟经济的快速膨胀，引发资产价格持续上涨，资本家和普通劳动者的收入差距拉大，财富鸿沟加深，富者愈富，贫者愈贫。俄罗斯学者瓦西里·卡申指出："美国尽管目前在许多方面仍是世界上实力最强的国

---

① 《马克思恩格斯文集》第5卷，人民出版社 2009 年版，第 714 页。
② 《马克思恩格斯文集》第1卷，人民出版社 2009 年版，第 734—735 页。
③ 向松祚：《金融资本主义和贫富分化》，《博鳌观察》2014 年第 4 期。

家，但相对于冷战年代，他们就像自身苍白的影子。几十年来美国进行了去工业化，基础设施衰败，国债已达不可思议的规模，贫富分化加剧，社会政治分裂加深。"① 根据经济合作与发展组织（OECD）2015 年发布的数据显示，经合组织国家最富有的 10% 的人与最贫穷的 10% 的人的收入比从 20 世纪 80 年代的 7：1 上升到了近年来的 9.6：1。其中，美国占总人口 10% 的最富有人群的税前收入占比从 1981 年的 34.7% 上升到了 2007 年的 45.8% 和 2014 年的 47.0%。老牌资本主义国家英国的情况也同样不容乐观，贫富差距的拉大致使越来越多的中产阶级滑向贫困线。调查数据显示，英国最富有的 10% 的人口拥有该国总财富的 54%，而占人口总数 20% 的底层贫困人群仅拥有该国总财富的 0.8%。大约 63.4 万英国最富有的人拥有的资产是最贫穷的 1300 万人所拥有资产的 20 倍。纽约市立大学客座教授、前世界银行高级经济学家布兰科·米拉诺维奇在《哈佛经济学评论》上撰文指出："从 1988 年到 2011 年，发达国家中下层家庭的收入几乎没有变化，增长速度相当缓慢。"② 2019 年 4 月，经济合作与发展组织（OECD）发布的报告指出，发达资本主义国家中产阶级正在萎缩，中等收入阶层在生活成本快速增长的同时，收入增长却陷入了停滞。根据报告公布的调查数据，发达资本主义国家所有中等收入家庭的总数在 30 年前是高收入家庭总数的 4 倍，现已下降到不足 3 倍，最富有人群的收入却在飙升，美国尤为严重。数据显示，美国最富有的 1% 人群占全民总收入的份额在过去 30 年里几乎翻了一番，从大约 11% 增加到 20%。③ 由此可见，发达资本主义国家在长期的发展过程中，尽管积累了较丰厚的社会财富，但在民生建设中始终面临着贫富两极分化不断扩大的困局。尤其是在当下金融危机和新冠肺炎疫情的双重影响下这一趋势呈现出进一步加剧的态势。

（二）物质民生与生态民生发展失衡

民生主要包括物质民生和生态民生两个维度，它关涉社会大众生存和发展最直接、最现实的重大利益问题，具体涉及就业、社会保障、收入分

---

① 俄媒文章：《中国应对美国长期敌视有底气》，参考消息网 2020 年 6 月 3 日。
② 张小溪：《美国学者撰文分析认为：全球化拉大发达国家国内贫富差距》，《中国社会科学报》2016 年 7 月 25 日第 3 版。
③ 经合组织：《发达国家面临中产阶层萎缩困境》，中国金融新闻网 2019 年 4 月 13 日。

配、教育卫生、政治参与和生态环境等方方面面。在民生建设中，发达资本主义国家不仅面临贫富两极分化不断加剧的困局，而且还存在物质民生与生态民生发展失衡的状况。物质民生与生态民生发展失衡成为制约西方发达资本主义国家民生建设的第二大困局。

发达资本主义国家物质民生与生态民生发展的失衡，从根源上来说也是由资本主义私有制造成的。在资本主义社会之前，生态系统基本保持平衡状态，人类面临的生存和发展困境主要集中于物质民生领域。由于生产力不够发达，人们创造的社会财富不够充分，除了统治阶级，社会大多数普通成员都必须面对"胃肠之饥"的威胁。因此，在这样的状况下，发展生产力改善物质民生尤为迫切。资本主义私有制生产方式建立后，在资本逻辑的作用下，形势迅速发生转变。

资本主义生产方式一方面推动了生产力的巨大发展，创造了巨大的社会财富，为改善物质民生创造了条件。另一方面，科学技术的发展引发了生产工具革命性的变革，资本主义社会再生产无限扩大，对资源的消耗呈几何倍数增长，导致人类对大自然的过度开发和掠夺，引发人与自然关系的紧张。随着资本主义生产力的发展，在给人们带来改善物质民生福音的同时也打破了生态系统的平衡，生产力的发展严重"挤压"了生态民生的生存空间，导致生态系统不可避免地恶化，生态危机频现，生态民生问题由此显现。

资本主义生态问题的凸显引起了不少有识之士的忧虑和反思，并发出了严厉的警示。恩格斯就曾警告："我们不要过分陶醉于我们人类对自然界的胜利。对于每一次这样的胜利，自然界都对我们进行报复。"[1] 但资本家对恩格斯等社会有识之士的警告置若罔闻。资本主义追逐剩余价值的本性决定资产家不可能顺应人民对生态民生的现实需求，采取强有力的措施改善生态环境，反而变本加厉，全然不顾生态系统的承载力，开足马力不断扩大再生产规模，不惜以牺牲子孙后代的生存基础来满足自己的私欲。尽管二战后发达资本主义国家对生产关系进行了一系列的自我调整，采取一些措施改善生态环境。但资本主义追求剩余价值的生产目的仍然没有变，制约资本主义生态环境治理的制度性根源并未消除，生态环境问题难以从根本上解决，生态环境恶化的问题一直延续至今。

---

[1] 《马克思恩格斯文集》第9卷，人民出版社2009年版，第559—560页。

在当代，发达资本主义国家不时爆发严重的生态安全事件，从整体上制约了发达资本主义国家民生建设的效果。如，日本核电站泄漏与核废水的排放、美国加州山火、澳大利亚森林大火、美国俄亥俄州"毒列车"等重大生态环境事件的发生，对生态环境造成不可估量的影响。资本主义生态危机导致重大公共卫生事件和食品安全问题层出不穷，严重威胁着国民的生命财产安全。美国自2009年爆发H1N1猪流感疫情以来，已造成大量人员感染和死亡。据美国疾控中心（CDC）估计，从2009年4月12日到2010年4月10日仅一年的时间，美国就有6080万例感染者，其中住院治疗病例27.4万人，死亡病例12469人，住院人群中，大概4.5%的病例死亡。迄今，H1N1流感病毒尚未被彻底消灭，已成为美国每年季节性流感的一部分，每年带走大概3万美国人的生命。[①] 此外，发达国家还接连出现二噁英事件、口蹄疫、疯牛病、苏丹红等食品安全事件，引发全球的广泛担忧。由此可见，在民生建设中，发达资本主义国家物质民生与生态民生发展的失衡成为制约资本主义民生发展的又一严重困局。

二 发展中国家民生建设面临两难困境

当代，发展中国家既面临着物质民生改善的困难，又必须应对环境污染造成的生态民生危机，民生建设面临两难困境。

（一）经济发展滞后：物质民生改善困难

经济发展是物质民生改善的前提。就总体而言，发展中国家经济发展水平普遍低于发达国家，多数发展中国家都面临居民收入增长缓慢，物质民生改善艰难的困境。上述状况的出现有着深刻的历史根源和现实原因。历史上，西方殖民者对广大发展中国家的侵略、剥削和掠夺是造成发展中国家经济发展滞后，物质民生改善困难的历史根源。资本主义的统治建立后，其生产方式逐步向全球扩张，世界绝大多数国家和民族被卷入资本主义生产体系，发展中国家长期遭受发达国家剥削和掠夺的历史由此开始。马克思、恩格斯曾指出，资产阶级开拓了世界市场，使一切国家的生产和消费都变成世界性的，它挖掉了工业的民族基础，消灭了古老的民族工业。在世界范围内，资产阶级东征西讨，建立殖民地，迫使一切民族采用资产阶级的生产方式，肆无忌惮地对殖民地和半殖民地进行掠夺，追求剩

[①] 陈辉：《细谈你不知道的五起"国际突发公共卫生事件"》，察网2020年2月4日。

余价值的最大化,"按照自己的面貌为自己创造出一个世界"①。资产阶级对世界其他国家和民族的掠夺,形成了垄断资本主义对世界的统治,为资本主义的发展提供了雄厚的资本,促进了资本主义经济的发展,同时也导致了世界其他国家的工业基础被摧毁,经济发展十分落后,劳动人民长期贫困。西方殖民者对发展中国家的贫困和民生发展面临的困境负有不可推卸的历史责任。

二战结束后,世界各地的殖民地、半殖民地纷纷独立,帝国主义殖民体系崩溃,发展中国家已成为一支独立的经济政治力量参与到国际事务中。但政治上获得独立的发展中国家并未在经济上摆脱历史上形成的国际分工体系的制约,它们在经济上依然高度依附于发达资本主义国家主导的国际经济体系。因而,在世界经济贸易体系中,发展中国家沦为发达资本主义国家的原料供应地、商品倾销市场和投资场所,仍然遭受发达资本主义国家的剥削和控制。

20世纪80年代末90年代初,世界进入经济全球化时代。经济全球化本质上是由发达资本主义国家所主导的经济运动。凭借主导地位,长期以来,发达资本主义国家牢牢把握了世界经济运行规则的制定权。通过对贸易、竞争规则的制定和对一些国际组织的操控,发达资本主义国家在资源配置和收益分配上占尽优势,成为经济全球化的主要受益者。在旧的国际经济秩序下,发展中国家很难平等地参与国际经济活动。发展中国家在遵守发达资本主义国家制定的世界经济规则时,必然要牺牲自己的某些利益,付出较大的代价,接受一些不平等、不公正的条件。在与发达国家的经济交往中,发达国家通过"剪刀差"榨取剩余价值,使发展中国家损失惨重,经济发展更加困难。

在经济全球化中,发达资本主义国家利用自身的产业优势,在本国大力推动高科技、高端金融和服务产业的发展,而将大量中低端产业转移至发展中国家生产。如此既巩固了自身的优势,赢得竞争,又降低了成本,获得高额的垄断利润,同时还强化了对发展中国家经济的控制,使发展中国家对国际资本的依赖性增强,产业结构布局和调整受限。此外,一些发展中国家在经济全球化中奉行所谓的"自由市场经济",全面开放金融市场,发达资本主义国家的大投机财团乘机进行大规模的投机套利活动,增

---

① 《马克思恩格斯文集》第2卷,人民出版社2009年版,第36页。

加了发展中国家的经济运行风险。

总之,在经济全球化时代,虽然发展中国家获得了发展机遇,一定程度上促进了经济的增长,但大多数发展中国家一直遭受发达资本主义国家的剥削和压榨,总体上经济发展举步维艰,民生改善困难。2018 年,经济学家林毅夫撰文指出:"经过 70 年的努力,二战后 200 多个发展中经济体中至少有 180 个仍未能摆脱中等收入陷阱或低收入陷阱。"① 随着经济全球化的深入,中低收入发展中国家与发达国家之间的贫富差距呈现出不断扩大的趋势。据统计,从 1985 年到 2018 年,低收入国家人均 GDP 仅从 550 美元增长到 732 美元,33 年间仅增长 182 美元,年均增长仅为 5.5 美元。中等收入国家比低收入国家略好,但情况也不容乐观。据统计,中等收入国家人均 GDP 仅从 1980 年的 1900 美元增长到了 2018 年的 5200 美元,年均增幅仅 2.6%。而发达资本主义国家 1980—2018 年人均 GDP 则从 23000 美元增长到了 43000 美元,增幅远远高于低收入和中等收入国家,并且发达国家与发展中国家的人均实际收入差距还在不断拉大。

除了历史根源,发展中国家经济发展滞后,物质民生改善困难还有现实的原因。第一,体制机制不够健全,存在制度性缺陷。政治制度不符合国情,不少发展中国家都将发达资本主义国家的制度奉为圣经,直接对其照搬照抄,缺乏自身制度的创新性。它们照搬西方政治制度,却忽略了本国的实际情况,导致政治制度"水土不服",难以有效运转,滋生严重的腐败现象,行政效率十分低下。不少发展中国家简单移植一人一票、多党竞选制度,"不仅没有解决战乱、贪腐、贫困等老问题,反而造成了'肌无力'政府下的社会对立和政局动荡"②。经济体制不完善,法治不健全。多数发展中国家都存在市场经济体制不完善,法治不健全、市场规模狭小、运行机制不完善、市场主体发育不良等问题,影响到经济的可持续发展。"由于缺乏完善的现代市场经济体制,以资源型产业和农业等基础产业为主导产业的产业结构导致了生产力水平的长期落后,城、乡和工、农之间的二元经济结构极大限制了经济增长。"③ 加之金融调控机制不健全,

---

① 林毅夫:《发展经济学的反思与重构》,《济南大学学报》(社会科学版) 2018 年第 1 期。
② 任鹏:《绝不照搬西方政治制度模式的三重意蕴》,《光明日报》2018 年 1 月 8 日第 11 版。
③ 姬超:《经济增长的历史观:发达与发展中国家之差异》,《江苏社会科学》2018 年第 3 期。

管制松弛，屡被国际大投机财团所利用，金融风险加大。

第二，经济发展资金不足，技术落后。多数发展中国家由于自身经济基础落后，资金匮乏、债务缠身，技术水平滞后，难以取得关键产业技术的突破，经济发展后劲不足，质量不高。尤其是新冠肺炎疫情爆发以来，发展中国家的资金缺口进一步加剧，经济发展更是雪上加霜。2020年4月30日，联合国贸易和发展会议（UNCTAD）发布的报告显示："受新冠肺炎疫情影响，发展中国家未来两年将面临2万亿—3万亿美元的资金缺口。"① 另据非洲联盟发布的报告，2020年全球供应链中断、大宗商品价格急剧下跌，非洲大陆经济萎缩，财政收入大幅减少，但抗击疫情额外支出巨大。

第三，人口增长过快，生育率长期居高不下。"20世纪70年代末低收入国家的总和生育率高达6.61，中等收入国家的总和生育率也高达4.34，而此时高收入国家的总和生育率仅为2.01。到2018年，低收入国家的总和生育率依然高达4.58。"② 人口的过快增长严重制约了发展中国家物质财富积累的增长，稀释了经济发展带来的福利效益，影响了民生的整体改善。

物质民生的改善需要大量公共资源的投入，发展中国家经济发展的滞后从根本上制约了物质民生的改善，加之制度建设的缺陷和民生政策的失当，大多数发展中国家民生改善艰难。有的发展中国家在全球化进程中，不仅经济发展低迷，而且社会腐败，收入分配不公，普通人最基本的生存之需都无法保障，陷入"民生缺失陷阱"，引发社会的动荡。一些新兴的发展中国家虽然在一定时期内经济得到了较快的发展，经济实力和出口能力也有所增强，表面上看好像在逐渐缩小与发达资本主义国家之间的经济差距。但事实却恰恰相反，在经历一段时期经济的高速增长后，这些国家纷纷陷入了低工资、低产业构成和高外贸依存度的"两低一高"发展困境，经济增长停滞不前。"从世界银行的统计资料看，拉美地区有85%的国家在20世纪六七十年代都已经达到中等收入水平，如阿根廷在1962年，智利在1971年，乌拉圭在1973年，墨西哥在1974年，巴西在1975

---

① 国家统计局国际统计信息中心：《国际权威机构观点综述》，《全球化》2020年第3期。
② 周文：《发展中国家如何缩小与发达国家的收入差距？——基于跨越低收入均衡和中等收入均衡视角》，《云南财经大学学报》2020年第4期。

年,哥伦比亚在1979年,就已经达到中等收入水平,但40多年过去了,这些经济体至今都在中等收入阶段徘徊,并且没有任何起飞的迹象,被认为陷入'中等收入陷阱'之中。"① 为了刺激经济增长,这些国家又不顾自身经济发展水平和现实国力,实施"福利赶超政策",最终落入"增长陷阱"。不仅未能摆脱经济发展困境,反而使得国民失业率居高不下,贫富差距更加悬殊,社会矛盾突出,民生改善更加举步维艰。

(二)生态恶化:生态民生发展任重道远

当前,生态环境恶化已成为全球性的普遍问题。发展中国家除了普遍面临经济发展滞后的困境,还必须面对生态环境不断恶化带来的挑战。客观而言,不论是发达国家还是发展中国家都认识到生态环境的重要性,都期冀生态环境的好转。但相对于发达国家,发展中国家面临的压力更大,生态环境保护和治理形势更为严峻,生态民生发展任重而道远。

首先,大多数发展中国面临着经济发展和生态环境保护的两难境遇。从发展中国家自身的状况来看,大多数发展中国家经济尚未发展起来,生态环境却已不堪重负,承担着经济发展和环境治理的双重压力,民生改善更为艰巨。二战后政治上获得独立的发展中国家普遍存在经济结构单一的弊病。这些国家基本上都处于由传统的自然经济向商品经济转化、由落后的农业和单一经济结构向先进的工业和多样化经济结构过渡的阶段。为了实现后发赶超,发展中国家大力发展劳动密集型产业,依靠资源投入换取经济总量的增长,增加了对资源、环境的承载压力,生态环境问题日益突出。为了推动经济的持续、快速发展,许多发展中国家力图以激烈的改革方式调整经济结构,推动现代转型,但结果并不理想。经济无法实现结构性改革,技术创新和产业升级难以突破瓶颈,经济发展质量不高,加之人口的过快增长,发展中国家普遍面临经济尚未发展起来,生态环境已被破坏的尴尬局面。

其次,发达国家以邻为壑,向发展中国家转嫁生态危机,加剧了发展中国家生态环境的恶化。从根源上来说,生态环境危机源于资本主义生产方式,生态危机与资本主义制度具有内在必然性联系。随着资本主义生产方式向全球的扩张,生态危机超出了发达资本主义国家的界限,溢向全世

---

① 张瑞芹:《罗斯托经济发展理论的本质追问与当代困境——由"中等收入陷阱"引发的思考》,《河北学刊》2016年第5期。

界，演化成世界性的难题，并遗祸至今。发达资本主义国家不可能从根本上解决生态问题，在应对生态危机时总是表现出资本主义罪恶的本性，它们以邻为壑，将生态危机转嫁给发展中国家，图谋以牺牲发展中国家的利益为代价，换取自身生态环境的改善，深刻体现了资本主义剥削制度的"原罪"。一方面，它们通过不合理的国际经济旧秩序攫取发展中国家的自然资源，破坏了发展中国家的生态平衡；另一方面，它们通过自身的优势地位占据全球产业链的顶端，在推动自身产业链优化升级的同时，把高污染、高耗能的产业和劳动密集型、低附加值的生产环节转移到发展中国家，加剧发展中国家的资源紧张和环境污染。发展中国家在为发达国家生产物美价廉的日常生活消费品的同时，自身却承担着巨大的生态环境压力。发达资本主义国家通过牺牲发展中国家的生态环境为代价，大大减缓了自身的生态环境压力，"发展中国家以牺牲本国环境、劳工权利为代价，支撑了发达国家人民的富裕生活"[1]。发达国家持续向发展中国家转嫁生态危机，使得发展中国家的生态问题更加复杂化，生态民生改善愈发困难。

最后，在全球生态治理中，发达国家推卸责任的行径增加了发展中国家生态民生发展的困难。生态民生作为基本的民生构成，是以保持良好的生态环境为支撑的。在农业社会，生态环境问题并不突出，人们对良好的生态环境"用之不觉"，对生态环境的重要性感受并不深刻。随着资本主义生产方式的确立，人类社会进入工业时代，生态环境问题日益凸显，逐渐成为困扰人类生存和发展的重大问题。由资本主义制度引发的全球性生态危机，给发展中国家带来了灾难性后果，引发生态民生困境。

此外，当代发达资本主义国家仍然是世界上能源、资源消耗和有害废弃物产生的主体。据统计，"现阶段，占世界人口22%的发达国家仍消耗着世界上70%以上的能源，排放着50%以上的温室气体。多数发达国家人均温室气体排放量仍远远高于世界平均水平和发展中国家的平均水平"[2]。就人均资源消耗而言，发达资本主义国家远远超过发展中国家。以美国为例，其人均用电量是中国的十几倍。"事实证明，欧美的发展模式

---

[1] 雷少华：《全球产业结构变迁与政治裂隙》，《北京大学学报》（哲学社会科学版）2019年第6期。

[2] 徐彬、阮云婷：《西方绿色政治运动的生态主义指向：批判与借鉴》，《学习论坛》2017年第9期。

不可持续，如果全球人都像美国人一样生活，我们需要4.5个地球；如果我们每个人都像欧洲人一样生活，需要3个地球。"①

发达资本主义国家对全球生态危机负有历史和现实责任，理应在全球生态治理中主动作为，与世界各国携手合作，共同应对挑战。但令人遗憾的是，在全球生态环境治理中，发达资本主义国家不仅不愿承担历史和现实责任，而且在利益的驱使下仍然我行我素，恣意妄为。作为世界最发达资本主义国家的美国，就曾任性退出过《巴黎协定》，在生态环境治理上极端自私自利和不负责任。发达资本主义国家还抢占道德制高点，将生态环境问题政治化，把环境污染责任归咎到发展中国家头上，对发展中国家展开猛烈攻击，要求发展中国家负主要责任。面对发达资本主义国家的蛮横无理要求，在二十国集团领导人第十六次峰会上，习近平进行了驳斥，并阐明了中国政府的立场。他说："发达国家长期累积的历史排放是产生气候变化问题的主要原因，发达国家必须对此承担责任。"② 习近平接着指出，发展中国家的人均排放依然较低，且还普遍面临着经济持续发展和消除贫困重任，在应对气候变化方面，"发达国家应该向发展中国家提供必要的减排资金和技术，这并非是捐助，而是履行《联合国气候变化框架公约》所规定的义务"③。发达资本主义国家在全球生态治理中不负责任的态度和自私自利的行为严重消解了发展中国家为生态治理作出的努力，加剧了发展中国家生态民生改善的困难，发展中国家的生态民生建设任重而道远。

三 中国肩负引领世界民生发展潮流的使命

在经济全球化日益深入的当代，全球仍然面临普遍的民生发展难题。不论是发达资本主义国家还是其他发展中国家现有的民生建设理论都难以破解民生发展难题。实践证明，西方文明无力引领世界走出民生发展困境，发展中国家在现代化进程中追随西方文明之路行不通，照搬西方民生建设理论不仅使大多数发展中国家民生改善陷入困境，有的甚至引发社会

---

① 程思远：《后资本时代，环境将成为制约经济第一因素》，《中华建筑报》2012年8月7日第14版。
② 《以有效行动为导向 提升国际气候合作》，《21世纪经济报道》2021年11月2日第1版。
③ 《以有效行动为导向 提升国际气候合作》，《21世纪经济报道》2021年11月2日第1版。

动荡和长期战乱。

　　中国作为社会主义国家，代表着人类发展进步的希望和曙光。中国在现代化历史进程中开辟了新的发展道路，塑造了新的发展理念，经济发展以满足人民的需要为目的，倡导人与自然的和谐共生，倡导可持续发展。中国追求的现代化，"是人口规模巨大的现代化"，"是全体人民共同富裕的现代化"，"是物质文明和精神文明相协调的现代化"，"是人与自然和谐共生的现代化"，"是走和平发展道路的现代化"。[①] 中国开辟的中国特色社会主义道路，取得了巨大的成就，在几十年的时间里彻底摆脱了贫穷落后的面貌，民生改善成效斐然，极大地优化了中国人民的生存状态。这是值得我们骄傲和自豪的不朽功绩，彰显了中国共产党的伟大和社会主义制度的优越性。

　　中国民生发展取得的伟大成绩吸引了全世界特别是广大发展中国家的浓厚兴趣和广泛关注。鉴于资本主义无力引领人类破解民生难题，中国作为新兴大国，必须以高度的责任感和使命感勇立潮头，塑造一种完全不同于资本主义以资本为核心、遵循资本扩张逻辑的新型文明形态，引领人类走出民生发展困境，为全球民生的发展贡献中国智慧、提出中国方案。因而，中国必须随着实践的发展，在复杂多变的国际背景下，与时俱进推进理论创新，以确保新时代民生建设的正确方向，避免重蹈其他发展中国家民生建设的覆辙，同时引领世界民生建设走出困境，破解世界民生发展难题。从这个意义上而言，新时代民生建设的理论创新是对世界民生发展难题作出的中国回应。通过与时俱进创新民生建设理论引领世界民生发展潮流，既深刻彰显了中国共产党和中国政府的担当和作为，又充分展示了社会主义文明的优越性。

第二节　国内背景：我国民生建设进入一个新阶段

　　党的十八大以来，我国社会主要矛盾发生转化，已由人民日益增长的

[①] 习近平：《高举中国特色社会主义伟大旗帜　为全面建设社会主义现代化国家而团结奋斗——在中国共产党第二十次全国代表大会上的报告》，人民出版社2022年版，第22页。

物质文化需要同落后的社会生产之间的矛盾转化为人民日益增长的美好生活需要同不平衡不充分的发展之间的矛盾。社会主要矛盾的转化表明，我国社会主义发展已经上升到一个新的阶段。围绕人民对美好生活的向往，我国民生建设已由过去集中力量改善物质民生上升到物质民生和生态民生统筹发展的历史时期，这是新时代民生建设理论创新的深刻国内背景。

一 集中力量改善物质生活的民生建设实践

从新中国成立到党的十八大召开之前，我国的经济建设取得了举世瞩目的成就，中国人民的民生显著改善。这一历史时期，我国的民生建设具有明显的阶段特征——集中力量改善物质民生。这个偏向主要基于近代以来中国贫穷落后、人民急切渴望改善物质生活的客观的历史原因。

新中国成立后，为了尽快改善人民的物质生活条件，我国于1953年开始实施第一个五年计划。第一个五年计划的基本任务是建立我国社会主义工业化的初步基础，为民生建设创造条件。五年计划的实施极大地激发了劳动人民建设社会主义的热情，各行各业的劳动者普遍开展了技术革新和劳动竞赛，充分发挥出社会主义制度的优越性。1957年，我国第一个五年计划全面完成，在奠定国家工业化初步基础的同时，我国的商业、交通运输业、农业和轻工业等也得到了相应的发展，为人民生活水平的改善提供了有利的条件。通过实施"一五"计划，我国国内生产总值实现了较大的增长，五年间跃升了389亿元，财政收入则从1952年的183.7亿元增长到1957年的310.2亿元。我国主要的工农业产品产量也有大幅度的提高，"粮食从1.6392亿吨增至1.9505亿吨；钢从135万吨增至535万吨；发电量从73亿度增至193亿度；货运量从3.516亿吨增至8.0365亿吨"①。"一五"计划超额完成后，为全面推进社会主义建设，加快摆脱贫穷落后的面貌，党的八届二中全会提出了"鼓足干劲，力争上游，多快好省地建设社会主义"② 的总路线。随着左倾路线的进一步发展，在"大跃进"、人民公社化运动以及后来的"文化大革命"中，我国经济运行脱离正常轨道，物质民生改善困难重重。

---

① 本书编写组：《中国近现代史纲要》，高等教育出版社2018年版，第237页。
② 中央档案馆、中共中央文献研究室：《中共中央文件选集（一九四九年十月——一九六六年五月）》（第32册），人民出版社2013年版，第103页。

党的十一届三中全会后，党和国家及时把工作中心转移到经济建设上来，为改善物质民生和提高人民的生活水平奠定了经济基础。针对过去我国民生建设的深刻教训，党中央要求全党深刻认识经济发展对民生改善的重要性，保持清醒的头脑，始终坚持以经济建设为中心不动摇。1980年，邓小平指出，中国必须集中精力发展经济，不断提高人民的物质生活水平，除非爆发大规模的战争，否则决不可动摇经济建设这个中心。其他工作必须服务于经济建设，决不能干扰和冲击经济工作。20世纪90年代，以江泽民同志为核心的党中央也多次强调，以经济建设为中心是社会主义初级阶段不可动摇的原则，必须始终坚持以经济建设为中心。胡锦涛继任总书记后，再次强调要牢牢扭住经济建设这个中心不动摇，坚定不移地推动我国经济建设的顺利开展。胡锦涛指出："科学发展观第一要义是发展，越是在经济发展面临较大困难的时候，我们越是要坚定不移地贯彻发展是硬道理的战略思想，牢牢扭住经济建设这个中心，始终做到聚精会神搞建设、一心一意谋发展。"①

以党的十一届三中全会为标志，我国的经济建设进入新的阶段，有力地保障了人民群众物质生活水平的持续改善。党的十一届三中全会后，我国逐步对高度集中的经济体制进行了改革。在农村实行家庭联产承包责任制，克服了分配领域的平均主义，调动了农民的生产积极性，改善了农民的生活水平。在改革开放的实践进程中，国家坚持把农业置于基础地位，高度重视农业生产，农村的经济面貌发生根本性的变化。通过改良土壤和种子，推广农业新技术等方式，我国粮食产量逐年稳步增长，增速跃居世界首位。在农业发展的同时，大力发展乡镇企业，吸收富余劳动力，成功开辟了一条农村致富和逐步改善物质民生的新路。1987年，我国乡镇企业产值已经超过农业总产值，乡镇企业异军突起，为改善人民群众的生活水平作出了重要贡献。我国还在城市扩大企业自主权，改变过去单一的公有制经济形式，成功激活了城市的经济生活。

20世纪90年代，中国逐步确立了建立社会主义市场经济体制的改革方向，随后经济体制改革广泛而深入地展开。经济体制改革的成功实践，逐步消除了中外经贸交流的体制壁垒，为改革开放的深入推进提供了极为

---

① 中共中央文献研究室：《十七大以来重要文献选编》（上），中央文献出版社2009年版，第759页。

有利的条件，进一步促进了我国经济的发展和物质民生的改善。随着改革开放的深入，我国对外经济联系和技术交流不断拓展和加强，经济发展的新局面不断开创。特别是中国成功加入世贸组织后，我国对外贸易总额不断增加，逐步成为拉动世界经济增长的主要引擎。2010年，中国经济总量跃居世界第二，成为全球举足轻重的经济体。在经济快速增长的同时，我国的科技、教育、文化等事业蓬勃发展起来，中国人民的物质民生显著改善。"从1978年到2012年，中国国内生产总值由3645亿元增长到51.9万亿元。城镇居民人均可支配收入由343元增加到24565元；农村居民人均纯收入由134元增加到7917元。"[①] 中国人民不仅依靠自己的力量解决了十几亿人的吃饭问题，而且成功实现了由温饱到总体小康的历史性跨越。

二 集中力量改善物质生活的现实依据

从新中国成立到党的十八大召开之前，我国集中力量改善物质民生，其现实依据有二：一是近代以来我国的积贫积弱导致新中国成立后长期面临物质生活资料匮乏的状况。因而，新中国的民生建设不得不在较长一段时间内集中力量保障和改善物质民生，为人民群众提供生存所需的物质生活资料。二是新中国成立初期我国生态系统保持总体平衡，人与自然的关系较和谐，民生建设的生态维度内隐，集中力量改善物质民生具有外在合理性。

（一）物质匮乏：人民群众迫切要求改善物质民生

民生建设是为了满足人的生存和发展的需要。人要生存，首先要能够获取物质资料。因而，民生建设首先要保障人们的物质生活需求。新中国成立前，在帝国主义、封建主义和官僚资本主义的三重压迫下，加之常年战争的破坏，中国工农业生产年年下降，交通运输阻塞，物资缺乏，通货膨胀，人民生活极端困苦。新中国成立后，帝国主义为了扼杀新生的人民政权，纷纷对我国进行经济封锁。1951年5月，在美国的操纵下，联合国大会通过提案对新中国实行"禁运"，加入对华"禁运"的包括美国及其拉拢的30多个盟国。为强化"禁运"效果，"巴黎统筹委员会"不仅将多达500种以上的物资列入对我国"禁运"清单，还专门增设了"中国委员

---

① 本书编写组：《中国近现代史纲要》，高等教育出版社2018年版，第316页。

会"负责监督对华"禁运"的执行。西方国家所谓的"禁运"虽然不能从根本上遏制中国,但对我国的经济建设产生了不利的影响,增加了企业原材料进口的困难,工业生产受限,影响了民生的改善。此外,新中国成立初期我国财政较紧张,用于进口民生产品的资金有限,一些不法商人趁机囤积居奇,导致在物资和原材料供应等方面出现短缺,物价出现上涨。加之受冰雹、水灾等自然灾害的影响,新中国成立初期物质生活资料匮乏,人民群众生活十分困难,迅速改善物质民生成为民生建设的迫切问题。

为了尽快改变中国贫穷落后的面貌,中国共产党提出了国家工业化的任务,要求尽快将中国从一个落后的农业国变成一个先进的工业国,以迅速改善人民的物质生活水平。社会主义工业化的实施为人民群众物质民生的改善奠定了良好的基础。20世纪50年代,中国共产党开始在社会主义建设方面探索中国自己的道路,取得了不少有益成果,促进了物质民生的改善。但在此后的一段时期内,受主客观条件的影响,我国社会主义建设实践遭遇了较大的挫折,对民生建设造成较大的干扰,物质民生改善较困难。20世纪70年代,中国人民的物质生活水平不仅仍然远远落后于欧美发达国家,甚至与我国周边的韩国、新加坡等国家和我国台湾、香港等地区都有较大的差距。邓小平曾深刻地指出:"我们干革命几十年,搞社会主义三十多年,截至一九七八年,工人的月平均工资只有四五十元,农村的大多数地区仍处于贫困状态。这叫什么社会主义优越性?"[1] 为使中国人民迅速摆脱贫困状态,20世纪70年代末,中国开启了改革开放新的历史征程,党逐步探索了以经济建设为中心的中国特色社会主义道路,在民生领域集中精力改善物质民生,逐步改变了中国人民的贫困状态。由此可见,新中国成立后的很长一段历史时期内,党和政府始终面临经济发展困难、人民物质生活水平亟待提高的考验,改善物质民生是人民群众最热切的期盼和现实需求,集中精力改善物质民生有其内在的根据。在此状况下,党和国家必须集中力量大力发展经济,不断提高人民的物质生活水平,满足人民的基本生活民生诉求。

(二) 生态总体良好:生态民生内隐于民生中

良好的生态环境是人的生存和发展的基本条件,是最普惠的民生福

---

[1] 《邓小平文选》第3卷,人民出版社1993年版,第10—11页。

祉。但生态民生具有一个突出的特点，正如习近平总书记所指出的那样，"用之不觉，失之难存"。当生态系统保持平衡、人与自然的关系较和谐的时候，良好的生态环境很自然地成为人们生活的一部分，人们享受着生态民生但"用之不觉"，对生态民生没有刻意关注。一旦当生态系统的平衡性被打破，良好的生态环境不复存在，享受生态民生成为一种奢侈的时候，人们就会感受到良好生态环境的重要性，所谓"失之难存"，生态民生被强烈呼求。

历史上，中国是一个典型的农业国，生态环境长期保持着总体的平衡。近代以来，中国民族工业虽有所发展，但深受资本—帝国主义的侵略和压迫，经济命脉操纵在列强手中，根本无法建立自己独立完整的工业体系。新中国成立前夕，中国农业国的地位并未发生根本性的变化。"1949年，中国现代工业产值只占工农业产值的17%左右，农业和手工业占83%左右，现代工业中几乎没有重工业。"[①] 20世纪50年代初，中国开始进行社会主义工业化建设，在工业化早期，人与自然的关系比较和谐，生态环境的承载能力存在较大的空间，人们并未感受到生态环境的压力，生态民生内隐于民生之中。在此种状况下，加之我国物质民生改善的紧迫性摆在全国人民面前，党和国家确定了集中力量改善物质民生的民生建设战略。由此可见，新中国成立后，我国开启了社会主义工业化的历史进程，把物质民生确立为民生建设优先领域，集中力量改善物质民生有其外在的合理性。

随着社会主义工业化进程的深入，特别是改革开放后，在经济增长高歌猛进的同时，我国生态系统的平衡逐步被打破，生态问题开始呈现出来，民生的生态内隐逐步外显，逐步引发社会的广泛关注。在较长一段时间里，尽管党和政府不断强调生态环境保护的重要性，并陆续制定和出台了一系列环境保护的制度、法律法规，采取措施遏制生态环境恶化的趋势。但由于传统经济发展模式的"惯性"，人们在认知上习惯性地将经济发展与生态环境改善对立起来，认为物质民生与生态民生不可兼得，两相权衡，物质民生更为重要，对生态民生的重要性认识不足，对生态环境"失之难存"没有深切的感受。因此，只要资源环境的承载力没有接近上

[①] 人民教育出版社历史室：《中国近现代史》（下册），人民教育出版社2003年版，第93页。

限,还有转圜的余地,传统认知思维模式没有根本转变,着力改善物质民生的心理和实践倾向就将持续下去。

三 生态民生短板凸显:新时代民生建设的深刻变化

(一)民生的生态内隐逐步外显

新中国成立初期,为了快速提高人民的物质生活水平,中国共产党号召人民发扬艰苦奋斗的精神,开展劳动竞赛,大力发展物质生产。在农业方面,为了增加粮食产量,全国各地大面积开垦荒地,修筑水利设施,有效地增加了粮食产量。在工业生产上,集中发展重工业,相应地发展交通运输业、轻工业和商业,建立了社会主义工业化的初步基础。随着我国工农业发展的加快,对自然资源的开采力度和消耗量也日益增长,生态环境问题初现端倪,引起了党和政府的警觉。20世纪中期,毛泽东就提出了绿化祖国、兴修水利、植树造林等生态环境保护措施。1973年,中国首次召开了全国性的环境保护大会,会议确立了环境保护的基本方针——"全面规划、合理布局、综合利用、化害为利、依靠群众、大家动手、保护环境、造福人民"[①]。

改革开放后,我国坚持以经济建设为中心,在物质民生大跨步改善的同时,对自然资源的消耗也呈几何倍数增长,人与自然的关系渐趋紧张,生态环境问题日益显现。1978年,针对日益突出的生态环境问题,党中央对各地发出警示,强调绝不能走西方国家走过的先污染后治理老路。同时,着手推进环境保护的法制化建设,1979年制定并通过了《中华人民共和国环境保护法(试行)》。此后又陆续颁布了一系列环境保护的相关法律法规。1982年,党的十二大报告首次提出了保持生态平衡的问题。《报告》指出:"今后必须在坚决控制人口增长、坚决保护各种农业资源、保持生态平衡的同时,加强农业基本建设,改善农业生产条件,实行科学种田,在有限的耕地上生产出更多的粮食和经济作物,并且全面发展林、牧、副、渔各业,以满足工业发展和人民生活提高的需要。"[②] 尽管党中央

[①] 中共中央文献研究室:《十四大以来重要文献选编》(下),人民出版社1999年版,第1971页。

[②] 中共中央文献研究室:《改革开放三十年重要文献选编》(上),中央文献出版社2008年版,第267页。

对生态环境问题越来越重视，相关法律法规建设也不断跟进，但在传统经济增长模式下，"GDP主义"盛行，对环境污染的监管和惩处力度较弱，生态环境问题逐步突出，民生的生态内隐开始外显。

为进一步应对生态环境问题，1983年，生态环境保护被确立为我国的基本国策。"环境保护基本国策确立了环境保护在经济和社会发展中的重要地位，保护环境成为关系全局、涉及国家可持续发展的重大政策"[①]，对我国的生态环境保护产生了较深远的影响。1996年，中国政府明确提出必须转变经济增长方式，实施可持续发展战略。但在实践中，受经济增长"指挥棒"的影响，一些地方政府的发展观、政绩观并未发生根本的转变，考核干部的体制机制和政策仍然"唯GDP论"，难以从根本上遏制日益突出的生态环境问题。

（二）生态环境已成为突出的民生短板

进入21世纪以来，生态环境压力进一步增加，民生的生态内隐进一步外显。在此背景下，党和政府深化了对可持续发展战略的认识，进一步加大了对生态环境的保护力度。党的十六大报告强调既要坚持以经济建设为中心，抓住机遇发展，通过发展解决社会矛盾，改善物质民生，又指出必须坚持新的发展思路，实施可持续发展战略，"实现速度和结构、质量、效益相统一，经济发展和人口、资源、环境相协调"[②]。党的十六大还把增强可持续发展能力，提高资源利用效率，改善生态环境，促进人与自然的和谐作为全面建设小康社会的目标之一。党的十六届三中全会进一步提出了科学发展观，要求统筹物质生产与生态环境的协调发展。党的十七大报告把"经济增长的资源环境代价过大"[③]列为我国前进中面临的问题和困难之一，首次在党代会报告中写入了建设生态文明。

截至党的十八大召开前，我国的资源环境承载力已接近上限，环境污染的"负外部性"对人民群众的健康乃至生命构成了直接威胁，严重制约了人民的美好生活追求，生态民生已成为民生建设的突出"短板"。人民

---

① 陈墀成、邓翠华：《新中国70年生态文明建设的实践探索》，《福建行政学院学报》2019年第4期。

② 中共中央文献研究室：《改革开放三十年重要文献选编》（下），中央文献出版社2008年版，第1243页。

③ 中共中央文献研究室：《改革开放三十年重要文献选编》（下），中央文献出版社2008年版，第1772页。

群众过去"盼温饱""求生存",现在"盼环保""求生态",人们不再满足于单纯的物质生活资料需求,而是要求过上更高品质的美好生活。习近平总书记指出:"我国资源约束趋紧、环境污染严重、生态系统退化的问题十分严峻,人民群众对清新空气、干净饮水、安全食品、优美环境的要求越来越强烈。"① 满足人民对美好生活的向往,统筹物质民生与生态民生的协调发展成为时代的必然要求。

因而,党的十九大报告指出,满足人民日益增长的美好生活需要,既要为人民群众创造更丰富、更高质量的物质生活产品,还要坚持从关涉人民群众切身利益的生态环境入手,为人民群众提供良好的生态环境和优质的生态产品。党的二十大报告强调,要建立生态产品价值实现机制,"增进民生福祉,提高人民生活品质"②。由此可见,党的十八大后,中国特色社会主义进入新时代,我国民生建设站在新的阶段,形势发生了深刻的变化,这是新时代民生建设理论创新的国内背景。

---

① 《习近平谈治国理政》第 2 卷,外文出版社 2017 年版,第 198—199 页。
② 习近平:《高举中国特色社会主义伟大旗帜 为全面建设社会主义现代化国家而团结奋斗——在中国共产党第二十次全国代表大会上的报告》,人民出版社 2022 年版,第 46 页。

第二章　新时代民生建设理论创新的思想渊源

理论创新是人类认识不断深化的体现。任何理论创新都是在批判地继承前人优秀成果的基础上实现的，不可能是无源之水、无本之木。新时代民生建设的理论创新也不例外，有着丰富的思想渊源，主要包括马克思主义经典作家的民生建设思想、中华优秀传统文化资源和党的历代领导集体的民生建设观点。

第一节　根本思想渊源：马克思主义经典作家的民生建设思想

关注人的生存状态是马克思主义的理论特质。在马克思主义经典作家的著作中，处处闪耀着关于民生问题的思想光芒。马克思主义经典作家的民生建设思想博大精深，思想深刻、内涵丰富，是新时代民生建设理论创新的根本思想渊源。

一　对经典作家物质资料生产目的观点的继承和发展

在马克思主义经典作家看来，物质资料生产是人类最基本的实践活动，是创造历史的前提。人类从事物质资料生产最根本的目的是为了解决人的吃穿住行等基本生存所需，即不断改善物质民生。与唯心主义把人看成"抽象的人"不同，马克思主义从"现实的历史"出发去认识人，重视人的现实需要。马克思、恩格斯指出："这里所说的个人不是他们自己或别人想象中的那种个人，而是现实中的个人，也就是说，这些个人是从事活动的，进行物质生产的，因而是在一定的物质的、不受他们任意支配的界限、前提和条件下活动着的。"① 现实的人受到肉体组织的制约,必然会产生各种现实的需求,其中首要的是物质生活资料的需求。马克思强调,物质生活资料需求具有"天然的必然性",这是由人的自身结构以及他与周围其他事物的相互联系所规定的。恩格斯则指出,人们首先要解决衣食住行等生存问题,然后才能够从事政治、科学、艺术、宗教等活动。

　　物质民生的改善从根本上依赖于社会生产力的发展。在资本主义社会之前,由于当时生产力不够发达,人类物质民生的改善极为艰难。资本主义制度确立后,人类生产力得到了突飞猛进的发展,物质资料生产规模不断扩大,但人民群众的物质生活并未得到根本的改善,其生存状况非常窘迫。马克思和恩格斯分别考察了资本主义社会普通劳动者和哺乳期妇女、儿童等弱势群体的生存状态,对他们的悲惨境遇深表忧虑和关切。雇佣工人作为资本主义社会物质财富的创造者,但"实际上工人得到的是产品中最小的、万万不能缺少的部分,也就是说,只得到他不是作为人而是作为工人维持生存所必要的那一部分,只得到不是为繁衍人类而是为繁衍工人这个奴隶阶级所必要的那一部分"②。工人不仅在生产中使自己陷于贫困,而且不得不在极为恶劣的生产环境中进行劳动,严重损害了他们的身心健康。为了节约生产成本,资本家对工人的劳动条件进行系统性的掠夺,"也就是对空间、空气、阳光以及对保护工人在生产过程中人身安全和健康的设备系统的掠夺,至于工人的福利设施就根本谈不上了"③。为了榨取更多的剩余价值,资本家把大量哺乳期妇女、儿童补充到劳动力队伍中,"使工人家庭全体成员不分男女老少都受资本的直接统治"④,但其合法权益却得不到丝毫保障。哺乳期的妇女被迫参加劳动,同样接受资本的剥削,她们没有时间照看子女,造成婴儿饮食不适、营养不良等现象,导致婴儿的非正常死亡。资本家对童工的使用夺去了儿童受教育和游戏的时间,使他们的身体和精神遭受摧残,"人为地造成了智力的荒废"⑤。

　　在考察资本主义社会劳动人民恶劣的生存状况的基础上,马克思主义经典作家对资本主义生产方式展开了激烈的批判,表达了改善劳动人民民

---

① 《马克思恩格斯文集》第 1 卷,人民出版社 2009 年版,第 524 页。
② 《马克思恩格斯文集》第 1 卷,人民出版社 2009 年版,第 122 页。
③ 《马克思恩格斯文集》第 5 卷,人民出版社 2009 年版,第 491 页。
④ 《马克思恩格斯文集》第 5 卷,人民出版社 2009 年版,第 454 页。
⑤ 《马克思恩格斯文集》第 5 卷,人民出版社 2009 年版,第 460 页。

生的强烈愿望。针对工人生活条件的窘迫，马克思、恩格斯号召无产阶级联合起来进行斗争，争取自身经济上的解放，实现民生的根本改善。针对资本主义生产中漠视弱势群体权益的现象，马克思一方面呼吁提高妇女地位，敦促资产阶级政府通过立法对妇女的基本权益进行保护，强调妇女的社会地位可以作为衡量一个社会发展水平的标杆，必须尊重和保护妇女的合法权益。另一方面，马克思还提出要保护儿童，将劳动与教育结合起来改善孤儿和贫困儿童的生存状况，为他们提供基本生活保障。马克思、恩格斯指出，孤儿和需要救济的贫民的子女，"他们是产业后备军的候补者"[1]，必须对他们进行妥善的照顾和教育，使之能够健康成长。

新时代民生建设的理论创新坚持了马克思主义经典作家关于物质资料生产的根本目的是改善人民群众民生的基本观点，并结合当代中国的实际，进一步进行了发展。党的十八大以来，党和政府明确指出，经济发展的根本目的是为了改善民生，要让人民群众共享经济发展成果，努力使发展成果更多更公平惠及全体人民。党的十九大报告指出，增进民生福祉是发展的根本目的，强调要坚持以人民为中心的价值理念，在继续推动经济发展的基础上增加公共服务供给，满足人民对美好生活的民生需求。党的十八届五中全会通过的《中共中央关于制定国民经济和社会发展第十三个五年规划的建议》提出，坚持普惠性、保基本、均等化、可持续的方向，增加公共服务供给，提高公共服务共建能力和共享水平。增加公共服务供给，使人民共享公共服务产品深刻体现了我国经济发展的目的在于改善民生的价值追求。新时代民生建设的理论强调，公共服务供给必须突出其"公共性"的特征，不断缩小城乡之间、地区之间的公共服务差距，体现社会主义的公平正义，推动公共服务资源向基层、向农村、向贫困地区倾斜。要在经济实力允许的范围内，努力扩大公共服务供给的水平和规模，着力解决人民群众最关心、最直接、最现实的民生诉求，在扩大公共服务产品数量的同时不断提升其质量。总之，新时代中国共产党在继承马克思主义经典作家关于经济发展目的论点的基础上，进一步阐明了如何使全体人民共享改革发展的成果，保障人民平等享有民生权益，推动了新时代民生建设理论的创新。

---

[1] 《马克思恩格斯文集》第5卷，人民出版社2009年版，第741页。

二　对经典作家民生结构层次性观点的继承和发展

马克思认为，人是一种主体性的存在，人的主体性是通过人的实践活动体现出来的。马克思在《关于费尔巴哈的提纲》中对旧唯物主义从人的主观、精神和意志方面去理解人的主体性进行了批判。他说："从前的一切唯物主义（包括费尔巴哈的唯物主义）的主要缺点是：对对象、现实、感性，只是从客体的或者直观的形式去理解，而不是把它们当做感性的人的活动，当做实践去理解，不是从主体方面去理解。因此，和唯物主义相反，唯心主义却把能动的方面抽象地发展了，当然，唯心主义是不知道现实的、感性的活动本身的。"① 正是因为旧唯物主义不了解实践活动的意义，所以也就不能真正理解人的主体性。在马克思看来，只有在实践活动中人们才能够充分发挥主观能动性，遵循客观规律改造客观世界，满足人的生存和发展的需要。

人的主体性决定了人的需要是多方面的，保障和改善民生具有层次性。马克思主义经典作家把人的需要分为三个层级，即生存的需要、享受的需要和发展的需要。就自然属性而言，人同动物一样有保障生存的基本需求。恩格斯指出，人是从自然界中分化出来的，这个基本事实决定了人或多或少具有动物的属性，人类绝不可能彻底摆脱动物性。为了保证自己的生命得到延续，人们必须首先解决衣食住行等基本问题。正是如此，物质生活的需要成为民生的首要构成，只有首先满足人们的物质资料需要，人才能存在和发展。在生产力不够发达的农业社会，人类几乎倾尽全力改善物质民生，才使人类得以世代延续下去。

人除了自然属性外还具有社会属性，人把自己从动物界提升出来后，又在社会属性上把自己同动物区分开来。人们除了物质需求，还希望有尊严地活着，达到一种自由自觉的状态，体现人的本质力量。人虽然同动物一样具有物质生活资料需求，但决不能"使这些机能脱离人的其他活动领域并成为最后的和唯一的终极目的"②。马克思指出，作为类主体，人在处理与自然的关系时总是要发挥主观能动性认识自然界的运行规律，达到自己的实践目的。在改造自然的活动中，人在改变自然界的同时实现了自身

---

① 《马克思恩格斯文集》第 1 卷，人民出版社 2009 年版，第 499 页。
② 《马克思恩格斯文集》第 1 卷，人民出版社 2009 年版，第 160 页。

的进化和发展，人的类价值被充分体现出来。因而，人们为了生存和发展，除了首先必须不断改善物质民生外，还必须保持人与自然的高度和谐统一，以达到自由自觉的"类存在物"状态。换而言之，人的生存和发展除了物质民生需求，还对生态环境高度依赖，需要生态民生的支撑。良好的生态环境是人有尊严地活着，达到自由自觉状态的基础性条件。

但在资本主义社会，人仅仅被"当做劳动的动物，当做仅仅有最必要的肉体需要的牲畜"①。他们的劳动仅仅犹如动物那样，不过是谋生的手段。"异化劳动把自主活动、自由活动贬低为手段，也就把人的类生活变成维持人的肉体生存的手段。"② 为了多挣几个钱，工人不得不在环境恶劣、缺乏安全保障的"温和监狱"从事劳动，完全丧失了人的尊严。马克思在《资本论》中大量揭露了工人生产环境恶劣的惨状。马克思写道："大家知道，空间的节约，从而建筑物的节约，使工人拥挤在狭小地方的情况多么严重。此外，还有通风设备的节约。这两件事，再加上劳动时间过长，使呼吸器官的疾病大量增加，从而使死亡人数增加。"③ 在这样的生产环境中，引发大量的安全事故，大批劳动者在事故中丧生，造成严重的"工人的生命和健康的浪费"④。由此可见，资本主义生产否定了人的主体性，践踏了劳动者的尊严，生产环境的恶劣严重摧残了劳动人民的身心健康甚至危及其生命。人是作为自己生命活动的主宰者，人应当有尊严地活着，除了有物质需求，还需要良好的生态环境。正是通过对人的主体性的考察，马克思主义经典作家深刻地揭示了人的需要的多样性和民生结构的层次性。

新时代民生建设的理论创新继承了马克思主义经典作家关于民生结构层次性的观点，并根据时代的变化进一步具体化，明确指出当代中国民生建设是为了满足人民"美好生活"的民生诉求。新时代的民生建设理论认为，人民对美好生活的需要是一个动态的过程，是随着时代的发展而不断丰富的。新时代人民对美好生活的需要不仅在物质领域提出了更高的要求，而且对良好的生态环境等方面的需求也日益强烈。我们必须随着时代

---

① 《马克思恩格斯文集》第 1 卷，人民出版社 2009 年版，第 125 页。
② 《马克思恩格斯文集》第 1 卷，人民出版社 2009 年版，第 163 页。
③ 《马克思恩格斯文集》第 7 卷，人民出版社 2009 年版，第 106 页。
④ 《马克思恩格斯文集》第 7 卷，人民出版社 2009 年版，第 104 页。

的变化和人民需要的多样化不断拓延民生建设内容。新时代的民生建设不仅要体现在物质生活方面，还必须顺应时代要求，回应人们对良好生态环境的民生诉求，与时俱进把生态民生作为重要内容纳入民生发展中，坚持物质民生和生态民生的统筹发展。由此可见，新时代民生建设的理论创新坚持了马克思主义经典作家关于民生结构层次性的论点，并在此基础上根据新时代社会主要矛盾的变化和人民民生诉求的现实需要，把生态民生作为民生建设的重要内容，统筹物质民生和生态民生协调发展，与时俱进推进了新时代民生建设理论的创新。

三 对经典作家关于民生建设所有制基础观点的继承和发展

所有制指的是生产资料归谁所有、由谁支配，并凭借这种所有和支配实现生产和获得剩余产品。因而，生产资料所有制是生产关系的核心内容，其性质决定了生产关系的性质。根据生产资料所有制性质的不同，马克思主义经典作家将人类社会的生产关系划分为两种基本类型，即以生产资料公有制为基础的生产关系和以生产资料私有制为基础的生产关系。在公有制社会，劳动者共同占有生产资料，在生产过程中人与人之间的地位是平等的，社会产品公平分配。而私有制社会则由少数剥削者占有生产资料，劳动者不占有或占有极少的生产资料，他们在生产和产品分配中遭受剥削和压迫。特别是资本主义雇佣劳动制度下，劳动者遭受的剥削更为深重。

马克思主义经典作家认为，生产资料公有制是民生建设的所有制基础，是民生彻底改善的根本保障。在生产资料私有制社会，特别是资本主义社会，劳动人民的地位是不平等的，存在严重的剥削，民生不可能得到彻底改善。关于资本主义私有制的弊端和罪恶，早在科学社会主义诞生之前空想社会主义者就已经认识到了。尤其是19世纪的空想社会主义者，亲眼目睹了资本主义的冷酷和残暴，对资本主义私有制进行了深刻地批判。在思考人类社会的发展前途中，空想社会主义者设想了公有制的理想社会。在那个理想社会里不存在剥削和压迫，劳动者共同占有生产资料，每个人平等参与劳动，公平分配生活资料，人人安居乐业。科学社会主义诞生后，马克思主义经典作家对资本主义雇佣劳动制度进行了系统的考察后，更加坚定地认为，民生的彻底改善必须扬弃私有制，建立以公有制为基础的社会是劳动人民民生改善的根本出路。

马克思主义经典作家深刻地揭示了资本主义私有制社会劳动人民的不幸。由于资本主义社会生产资料所有权归资本家，劳动者与生产资料相分离。为了维持生计，劳动者只能将自己作为劳动力出卖给资本家，形成了资本主义的雇佣劳动关系。在这种劳动关系中，资本家不仅拥有生产资料的所有权，而且对雇佣的劳动力具有支配权，并且凭借这种所有权和支配权占有绝大部分劳动产品。这就从根本上决定了资本主义生产的目的和动机不是为了满足人的需要，而是无休止地最大限度攫取剩余价值。为了获取尽可能多的剩余价值，资本家必然想尽办法尽量延长劳动者的剩余劳动时间，将雇佣劳动力的成本维持在最低界限。因而，资本家必然想方设法改进技术，提高劳动生产率，加快资本积累，不断扩大生产规模，使资本有机构成不断提高。由此直接导致两个后果：一是机器排挤工人，造成劳动力的失业；二是贫富两极分化严重，财富越来越集中于资本家手中，劳动者越来越贫困，民生艰难。

在马克思、恩格斯看来，公有制社会之所以能从根本上改善民生，关键在于它是由全体人民共同占有生产资料，实现了劳动者与生产资料的结合。公有制社会成功解决了资本主义社会本身无法克服的生产资料私有制与生产高度社会化的矛盾。它不仅能够实现生产力的高速发展，为社会成员创造出丰富的物质生活资料，而且能够确保社会的公平正义，实现全体人民对生活资料的共享。此外，公有制社会还能够妥善处理人与自然的关系，达到人与自然的和谐共处。

新时代民生建设的理论创新坚持了马克思主义经典作家关于民生建设所有制基础的观点，在深刻认识所有制基础对民生建设所起作用的基础上进一步进行了创新。新时代的民生建设理论强调必须在坚持公有制为主体、多种所有制经济共同发展基本经济制度的基础上推进民生建设。坚持公有制的主体地位是社会主义的本质特征之一，也是新时代民生建设的基础，不仅在新时代的民生建设中公有制的主体地位不能动摇也不会动摇，在整个社会主义初级阶段的民生建设中，我们都必须坚持公有制的主体地位。坚持公有制的主体地位是中国人民民生不断改善的根本保障。习近平总书记指出："公有制主体地位不能动摇，国有经济主导作用不能动摇，这是保证我国各族人民共享发展成果的制度性保证，也是巩固党的执政地位、坚持我国社会主义制度的重要保证。"[①] 在 2016 年全国卫生与健康大会上，习近平总书记要求我国医疗事业无论什么时候都必须毫不动摇突出其公益性质，绝不能走全盘市场化、商业化的路子。保证基本医疗卫生事业的公益性就必须坚持公有制在国民经济中的主体地位。

新时代，坚持公有制的主体地位就必须确保国有企业在国民经济发展中的主导作用，突出国有企业在重要行业和关键领域的支配地位，发挥国有企业在改善民生中的潜能和优势，把国有企业做强做优做大。习近平总书记指出，必须坚持国有企业在国家发展中的重要地位不动摇，坚持把国有企业搞好，把国有企业做强做优做大不动摇。壮大国有企业，必须深入推进国有企业改革。推进国有企业改革要有利于国有资本保值增值，有利于提高国有经济竞争力，有利于放大国有资本功能。2015 年，党的十八届五中全会通过的《中共中央关于制定国民经济和社会发展第十三个五年规划的建议》指出，要"深化国有企业改革，增强国有经济活力、控制力、影响力、抗风险能力"[②]。《建议》要求国有企业改革要进一步完善现代企业制度，加强对国有资产的监管，引导国有资本更多向涉及国民经济命脉和关系国家安全的关键领域和重要行业投资。总之，新时代民生建设的理论创新是对马克思主义经典作家关于民生建设所有制基础论点的进一步发展，体现了新时代党对民生建设中坚持公有制经济基础的重要性有了更深刻的认识。

四 对经典作家民生改善根本途径观点的继承和发展

马克思和恩格斯是伟大的实践唯物主义者。马克思主义经典作家认为，哲学家的任务不在于"解释世界"，而在于"改变世界"。实践是人类社会生活的本质，是人的基本存在方式。作为改造世界的社会性物质活动，实践具有多样化的形式，但主要是围绕着人与自然、人与社会关系的丰富矛盾展开的。实践活动是人发挥主观能动性破解矛盾，推动社会发展的过程，也是不断优化人的生存状态，改善民生的基本方式。

[①] 中共中央党史和文献研究院：《十八大以来重要文献选编》（下），中央文献出版社 2018 年版，第 5 页。

[②] 中共中央文献研究室：《十八大以来重要文献选编》（中），中央文献出版社 2016 年版，第 798 页。

民生不是抽象的，而是具体的，民生的改善需要各种条件的支撑和保障。马克思主义经典作家强调，人类面临的所有生存困境都必须通过实践的方式才能获得合理的解决，民生困境的舒缓也不例外。实践是人类为满足一定的需要而进行的能动的改造和探索物质世界的活动，是民生改善的根本途径。人类从自然界把自己提升出来，但人不能脱离自然界，自然界是人类赖以生存的物质基础。人在肉体上必须依靠自然产品才能生活，"不管这些产品是以食物、燃料、衣着的形式还是以住房等等的形式表现出来"①。但自然界不会"自动"满足人类生存和发展所需的物质生活资料。长期以来，人类的物质生活资料需求与自然供给不足的矛盾使得人类陷入物质生活资料短缺的境地，造成民生之困。人只有通过实践活动同自然进行物质变换，才能不断满足人们生存和发展的基本物质之需。马克思指出："自然界是人为了不致死亡而必须与之处于持续不断的交互作用过程的、人的身体。"② 在实践中，人们通过"自己的勤劳"同"自然的匮乏"进行斗争，并不断战胜自然灾害，才能创造出尽可能丰富的物质财富，才能不断改善物质民生。

人与自然的物质变换必须保持人与自然的平衡，将人的勤劳同"物质的匮乏"的斗争限定在合理的范围内。自然界提供给人类的自然资源是极其有限的，不顾自然界的承受能力，过度地开采和滥用自然资源必然导致严重的生态恶化，造成生态民生发展的困境。实践也是人与自然实现统一、达到平衡的基础和途径。在实践中，人们通过发挥主观能动性，充分认识和利用规律，运用人类创造的一切条件合理地开发自然，才能达到真理和价值尺度的有机统一，保持人与自然的平衡。由此可见，人只有通过实践合理地利用和改造自然，才能使人既获得物质生活资料，发展物质民生，又保持物质变换系统的平衡，改善生态民生。

新时代民生建设的理论创新继承了马克思主义经典作家关于实践是民生改善根本途径的观点，强调坚持在发展中保障和改善民生，把经济发展与民生改善有机统一起来。习近平总书记强调，中国人民的民生幸福要靠全体人民共同奋斗，在中国特色社会主义民生建设实践中获得。脱离实践、离开经济发展谈民生改善就会变成无源之水和无本之木。民生的改善

---

① 《马克思恩格斯文集》第 1 卷，人民出版社 2009 年版，第 161 页。
② 《马克思恩格斯文集》第 1 卷，人民出版社 2009 年版，第 161 页。

要以经济发展水平为支撑，既要尽力而为，又要量力而行。民生发展不能脱离经济发展状况定过高的目标，开空头支票，否则难以持续。当前中国人民物质生活显著改善，生态民生短板正在稳步补齐，民生建设成就有目共睹。中国人民民生的改善既不是偷来的、抢来的，也不是从天上掉下来的，而是在党的领导下通过几代人艰苦卓绝的奋斗得来的。新时代民生建设站在新的起点，面临新的形势，但始终不变的是必须立足于实践、立足于经济发展，在实践中满足人民群众的民生需求。党的二十大报告指出："必须坚持在发展中保障和改善民生，鼓励共同奋斗创造美好生活，不断实现人民对美好生活的向往。"[①]

第二节　重要思想渊源：中华优秀传统文化

中华传统文化博大精深，深深熔铸于中国人民的血液中，形成了中华民族共同的历史记忆。作为中华优秀传统文化的继承者，中国共产党高度重视对传统文化的传承和弘扬。党的十八大以来，党中央多次强调要推动中华传统文化的创造性转化和创新性发展，习近平总书记更是亲力亲为，在治国理政中汲取中华优秀传统文化养分，赋予中华优秀传统文化时代内涵，成为弘扬传统文化的典范。新时代的民生建设理论吸收了大量中华优秀传统文化因子，并赋予其新的时代内涵。中华优秀传统文化成为新时代民生建设理论创新的重要思想渊源。

一　对中国传统民本思想的吸收和超越

民本思想是中国传统治国理政的核心价值理念之一，在历史上备受思想家和政治家的推崇。民本思想中的"本"原义指的是根据，引申为事物产生的开端或形成的基础，是事物赖以存在的根本。"民本"就是说要以人民为根本，人民是国家稳定的基石，是一个国家繁荣富强的基础，只有以民为本统治阶级的统治才能稳固长久。

民本思想在中国源远流长，深刻地体现了中国古人的政治智慧和中华

[①] 习近平：《高举中国特色社会主义伟大旗帜　为全面建设社会主义现代化国家而团结奋斗——在中国共产党第二十次全国代表大会上的报告》，人民出版社2022年版，第46页。

传统文化资源的博大精深。民本思想起源于早期国家形成的夏商周时代。《尚书·泰誓》中有"天矜于民,民之所欲,天必从之"①的记述。史书记载,启建立夏朝后,宣扬"有夏服天命"的观点,其子太康即位后,荒淫无道,不理朝政,被人放逐。对此,《尚书·五子之歌》说,"皇祖有训:民可近,不可下。民惟邦本,本固邦宁"②,深刻表达了人民是国家根本的观点,这也成为最早明确提出民本思想的文献记载。西周时期提出了"敬德保民"的观点,延续了夏商的民本思想。

春秋战国时期,王室衰微,诸侯争霸。在各种权力争斗过程中,民众的主体作用越来越凸显,如何对待人民群众成为当时各诸侯国和思想流派的重要议题。以孔子、孟子、荀子为代表的儒家进一步发展了以民为本的思想观点,初步形成了民本思想体系。孔子要求统治阶级实行仁政,要富民和教民。在《论语·颜渊》中,鲁哀公问有若说,灾荒之年国家用度困难,怎么办?有若回答说,为何不实行彻法,只抽十分之一的田税呢?鲁哀公表示,抽取十分之二都不够,更何况十分之一。有若对曰:"百姓足,君孰与不足?百姓不足,君孰与足?"③意思是说,老百姓富足了,统治者就不会不富足,老百姓不富足,统治者也不会真正富足。孔子还提出,"善人教民七年,亦可以即戎矣"④。《论语》中的上述记载,深刻反映了孔子要求富民、教民的民本思想。

孟子提出了民贵君轻、政在养民的民本思想。孟子要求统治者把人民放在第一位,指出"民为贵,社稷次之,君为轻"⑤。孟子提出"民贵君轻"的思想观点在当时而言是非常难能可贵的。孟子主张"民贵",是因为他看到了民众中蕴藏的巨大力量,正所谓人心向背,"是故得乎丘民而为天子"⑥。民贵君轻的民本思想要求统治阶级爱民养民,不与民争利,使民众的生活得到基本的保障。孟子曾建言梁惠王:"五亩之宅,树之以桑,五十者可以衣帛矣;鸡豚狗彘之畜,无失其时,七十者可以食肉矣;百亩之田,勿夺其时,数口之家可以无饥矣;谨庠序之教,申之以孝悌之义,

---

① 姜建设注说:《尚书》,河南大学出版社2008年版,第350页。
② 姜建设注说:《尚书》,河南大学出版社2008年版,第308页。
③ 程昌明译注:《论语》,山西古籍出版社1999年版,第129页。
④ 程昌明译注:《论语》,山西古籍出版社1999年版,第148页。
⑤ 赵清文译注:《孟子》,华夏出版社2017年版,第330页。
⑥ 赵清文译注:《孟子》,华夏出版社2017年版,第330页。

颁白者不负戴于道路矣。七十者衣帛食肉，黎民不饥不寒，然而不王者，未之有也。"① 这里深刻地反映了孟子希望统治阶级能够贯彻民贵君轻、政在养民这一理想信念的强烈愿望。

荀子作为儒家的另一位重要代表人物，主张统治阶级利民和爱民，提出了"惠民""爱民"的民本思想。荀子首先阐明了君与民的关系。在荀子看来，君为"源"，民为"流"，君作为民之主，必须亲民爱民。"天之生民非为君也，天之立君以为民也。"② 荀子还把君主看作舟，民众看作水，提出了"水则载舟，水则覆舟"的著名论断。他说："马骇舆则君子不安舆，庶人骇政则君子不安位。马骇舆则莫若静之，庶人骇政则莫若惠之。选贤良，举笃敬，兴孝弟，收孤寡，补贫穷，如是则庶人安政矣。庶人安政，然后君子安位。传曰：'君者舟也，庶人者水也。水则载舟，水则覆舟'。"③ 荀子借用舟与水的关系告诫统治者，民众对国家的兴衰、安危具有决定性的作用。水是载舟还是覆舟取决于君主能否行王道、兴仁政，是否得到民众的支持。在《哀公》一文中，荀子通过哀公与孔子的对话阐明了同样的道理，提醒统治者行王道、施仁政。在阐明君与民关系的基础上，荀子进一步阐明君主要关心民众疾苦，要爱民、利民、惠民，要"好生而恶杀"。只有这样民众才会聚集到君主身边，拥护君主的统治，出现君民其乐融融的景象。"古之王者有务而拘领者矣，其政好生而恶杀焉。是以凤在列树，麟在郊野，乌鹊之巢可俯而窥也。"④ 如果君主不能爱民、利民、惠民，不识民间疾苦，以致民不聊生，政权就会被民众推翻。荀子说："君者民之原也，原清则流清，原浊则流浊。故有社稷者而不能爱民、不能利民，而求民之亲爱己，不可得也。"⑤ 除了儒家代表人物，其他思想流派，如法家、墨家等也对君民关系进行了系统阐述，成为中国传统民本思想的重要组成部分。

到秦汉时期，中国传统民本思想进一步发展，随着汉武帝"罢黜百家，独尊儒术"的实行，儒家民本思想进入主流意识形态领域，逐步成为统治者治国的重要思想武器，对后世产生了深远的影响。在中国两千多年

---

① 赵清文译注：《孟子》，华夏出版社2017年版，第6页。
② 耿芸标校：《荀子》，上海古籍出版社2014年版，第337页。
③ 耿芸标校：《荀子》，上海古籍出版社2014年版，第90页。
④ 耿芸标校：《荀子》，上海古籍出版社2014年版，第370页。
⑤ 耿芸标校：《荀子》，上海古籍出版社2014年版，第149页。

的封建社会里，民本思想逐步成为封建社会治国理政的重要理念，为许多思想家和统治者所推崇。不仅许多思想家极力宣扬、阐释民本思想，不少帝王将相在施政中也公开践行民本理念，并逐步衍生出"爱民如子"的廉政意蕴。尽管封建统治阶级对民本理念的推崇和践行蕴含治民、驭民的统治权谋意味，本质上是为了缓和阶级矛盾，巩固自己政权的合法性，以达到"本固邦宁"的政治目的。但在具体实践中采取的一些积极举措，客观上对民生的改善起到了一定的积极作用。

新时代民生建设的理论创新吸收中国传统民本思想合理因素，并在此基础上提出了以人民为中心的民生发展理念。以民为本体现了中国传统治国智慧对老百姓的重视，以民为本就要爱民、利民和惠民。新时代的民生建设理论强调以人民为中心，最根本的就是要把人民群众利益放在首位。习近平总书记指出，中国共产党没有自己的特殊利益，在任何时候都是把人民的利益放在第一位。正所谓"治国有常，利民为本"[1]。自新冠肺炎疫情暴发以来，习近平总书记多次作出指示，始终要求把人民生命安全和身体健康放在第一位。民生连着民心，得民心者得天下，习近平总书记认为，党最大的危险就是脱离人民群众。在纪念毛泽东同志诞辰120周年座谈会上，习近平总书记引用了一句古语来阐明民心向背的道理，他说："政之所兴在顺民心，政之所废在逆民心。"[2] 新时代中国共产党如何做到"顺民心"？习近平总书记指出，顺应民心最根本的就是要真正关心和爱护人民群众，关注民生，"乐民之乐"，"忧民之忧"，"遇民如父母之爱子，兄之爱弟，闻其饥寒为之哀，见其劳苦为之悲"[3]。

党的十八大以来，习近平总书记代表党中央庄严承诺：人民对美好生活的向往就是我们的奋斗目标。习近平总书记曾满怀深情地指出，人民群众是共产党人的衣食父母。要像爱自己的父母那样爱老百姓，为老百姓谋利益，带老百姓奔好日子。在纪念刘少奇诞辰120周年座谈会上，习近平总书记强调要将人民群众放在心中最高位置，把为人民谋幸福作为根本职

---

[1] 习近平：《高举中国特色社会主义伟大旗帜　为全面建设社会主义现代化国家而团结奋斗——在中国共产党第二十次全国代表大会上的报告》，人民出版社2022年版，第46页。

[2] 习近平：《在纪念毛泽东同志诞辰120周年座谈会上的讲话》，人民出版社2013年版，第18页。

[3] 习近平：《携手消除贫困 促进共同发展：在2015减贫与发展高层论坛的主旨演讲》，人民出版社2015年版，第5页。

责。总之，新时代的民生建设理论批判地吸收了中国传统民本思想的合理因素，又成功实现了对传统民本思想的超越和发展，实现了新时代民生发展理念的创新。

二 对中国传统大同思想的吸收和超越

"大同"是中国传统文化对理想社会的建构，反映了中国传统知识分子对美好社会的向往和憧憬。大同思想的源头可追溯到《诗经》中的《硕鼠》篇，在诗歌中作者将统治阶级比作大硕鼠，它剥削和残害劳动人民，因而发誓要逃离硕鼠的迫害，去寻找理想的乐土。由此表达了劳动人民憧憬理想社会、追求美好生活的向往，为大同思想的产生奠定了基础。春秋战国时期，百家争鸣，儒、道、墨等思想流派都对大同理想社会进行了设计，分别提出了各自的主张。

作为一种社会理想，儒家典籍《礼记·礼运》最早对大同社会进行了较系统的阐释。《礼记·礼运》中写道："大道之行也，与三代之英，丘未之逮也，而有志焉。大道之行也，天下为公。选贤与能，讲信修睦，故人不独亲其亲，不独子其子。使老有所终，壮有所用，幼有所长，矜寡孤独废疾者，皆有所养。男有分，女有归。货，恶其弃于地也，不必藏于己；力，恶其不出于身也，不必为己。是故，谋闭而不兴，盗窃乱贼而不作。故外户而不闭，是谓大同。"[①] 这段话较详细地描绘了儒家所憧憬的理想社会的状况，对后世产生了深刻的影响。

《礼记·礼运》中描述的大同社会是这样的：大道施行，天下为公，百姓安居乐业，人们和睦相处；一些品德高尚、能力很强的人被选出来为大家服务；人们都讲诚信，具有公德心，社会和谐；生活充满关怀，人们不仅敬爱自己的父母、疼爱自己的子女，而且关爱社会所有的人；人们各得其所，老年人能够颐养天年，年轻人自觉为社会服务，幼儿健康成长；人们一心向公，社会不再有盗窃、暴乱等事件发生，老百姓可以夜不闭户。从上述描述可见，儒家所倡导的大同社会是以行"大道"为基础的，本质上要求建立一个公平正义的社会，体现了深刻的民生情怀和诉求。社会只有行"大道"，处处充满公平正义，人们才会有公心，社会全体成员才能够和谐共处、安居乐业。大同思想作为一种社会理想，其持久的生命

---

① 崔高维校点：《礼记》，辽宁教育出版社2000年版，第75页。

力源自中国人对"大道之行"的求索精神和"天下为公"境界的执着追求，并随着社会的发展展现出越来越丰富的内涵。几千年来，大同思想精神理念和价值追求深深地熔铸于中国人的基因中，无数次点燃中国人民追逐梦想的火焰，并不断赋予大同理想新的时代内涵。特别是近代以来，面对资本—帝国主义的入侵，康有为、孙中山等有识之士根据时代的需要重新阐释大同思想，倡导世界大同，鼓舞了中国无数志士仁人勇敢站起来反抗侵略和压迫。

新时代民生建设的理论创新批判地吸收了传统大同思想关于民生诉求的内容，并实现了进一步的发展。新时代，我国社会发生了深刻的变化，利益分化加剧，社会已经形成不同的利益群体。同时，我国的改革已进入深水区，社会公平正义问题前所未有的突出。在此背景下，全面深化改革，必须体现公平正义的基本原则。党的十八大以来，党中央高度重视维护和促进社会的公平正义，在思想渊源上汲取了中国传统大同思想的因子。习近平总书记指出，公平正义是中国特色社会主义的内在要求，必须在经济发展的基础上促进社会公平正义的重大制度创新，建立社会公平正义制度保障体系。维护社会公平正义，要以共同富裕为根本原则，推进收入分配制度改革，缩小收入差距，扩大社会保障，使发展成果更多更公平惠及全体人民。习近平总书记强调，新时代不仅要把"蛋糕"不断做大，而且要把"蛋糕"分好，让全体人民共享改革发展成果。

新时代中国共产党不仅立足于国内而且还站在全球的视野认识公平正义问题，将中国传统大同思想"天下大同"的境界进一步升华，提出了建设人类命运共同体的主张，形成了新时代民生发展的天下情怀。在金融危机和新冠肺炎疫情的双重影响下，世界经济不景气，给民生建设造成很大的压力。在经济全球化深入发展的今天，世界各国命运与共，整个人类就是一个命运共同体。中国作为世界第二大经济体，经济形势总体向好，但中国的发展离不开世界，中国的民生建设与世界总体环境息息相关，只有全球经济形势好转，整个世界的民生建设才能良性互动，持续改善。正如习近平总书记所指出的那样，"一花独放不是春，万紫千红春满园"。作为负责任的大国，中国多次表示愿意同世界各国加强合作，一道努力为世界民生的发展作出贡献。在2022年世界经济论坛视频会议上，习近平总书记重申："不论遇到什么困难，我们都要坚持以人民为中心的发展思想，把促进发展、保障民生置于全球宏观政策的突出位置，落实联合国2030

年可持续发展议程,促进现有发展合作机制协同增效,促进全球均衡发展。"① 总之,新时代的民生建设理论在批判吸收中国传统大同思想的基础上,根据时代的变化进一步创新,阐明了新时代民生建设中面临的国内、国际公平正义问题,体现了强烈的"天下为公"和"天下大同"精神与情怀。

三 对中国传统小康思想的吸收和超越

"小康"一词在中国具有深厚群众底蕴,深深根植于中华民族的血脉中。在中国传统文化中,"小康"是个相对的概念,没有固定的标准,指的是老百姓衣食无忧,物质生活相对宽裕的状态。小康思想体现了普通老百姓追求个体幸福和美好生活的愿望和诉求,是普通民众最质朴的情感表达。"小康的实质在于寻常百姓过上小康生活,而不是权贵阶层的花天酒地。"② 众所周知,在传统的农业社会,生产力发展水平不高,物质生产不够丰富,物质生活资料相对较匮乏,除了统治阶级,大多数普通老百姓都要忍饥挨饿。因而,对于普通人而言,能够在经济上基本无虞,衣食无忧就是较为理想的生存状态,是最为朴素的价值诉求。

"小康"一词最早出自《诗经·大雅·民劳》中,诗中写道:"民亦劳止,汔可小康。"③ 意思是说老百姓太劳苦,应当过上稍微安康点的生活。《礼记·礼运》对小康思想进行了进一步阐发,使小康思想广为人知。《礼记·礼运》阐明了实践小康的时代背景——"大道既隐,天下为家"。该篇对"小康"社会进行了描述:"今大道既隐,天下为家,各亲其亲,各子其子,货力为己。大人世及以为礼,城郭沟池以为固,礼义以为纪。……是谓小康。"④ 在家天下的时代,人们各自为政,只敬爱自己的父母、疼爱自己的子女,社会的运转依靠制度来规范。虽然人们的行为都是为私,但社会秩序总算安定,人们各司其职。这种依靠社会制度来维持社会秩序,使老百姓能够安定生活的社会便是"小康"。以《礼运》篇的问世为标志,"小康"成为与"大同"相对应的一个重要政治理念。在此后

---

① 习近平:《坚定信心 勇毅前行 共创后疫情时代美好世界——在2022年世界经济论坛视频会议的演讲》,《人民日报》2022年1月18日第2版。
② 徐加明:《中国传统小康思想及其影响》,《经济问题探索》2003年第12期。
③ 于民雄选注:《诗经》,贵州人民出版社2000年版,第175页。
④ 崔高维校点:《礼记》,辽宁教育出版社2000年版,第75页。

历朝历代的统治中,"小康"与"大同"总是如影随形。"大同"作为最高的政治理想,给人们勾勒出"天下为公、路不拾遗"的"理想国"图景,"小康"则作为现实追求,给人们描绘了一幅可望又可及的幸福生活画卷。历代先贤们在确立追求"大同"终极目标的同时,却也丝毫不影响他们对小康社会的守望和追寻。历经上千年的积淀和凝练后,小康思想已经深刻植入中国人民的精神世界,化作改善民生、追求美好生活的强大动力。"小康之所以成为千百年来国人矢志不渝的奋斗目标,在于这一理念已潜移默化地融入每位中国人的内心世界,以各种形态遍及社会每个角落,深深地烙在我们民族的集体意识当中,成为一种厚重的文化心理积淀和强大的精神内驱力。"①

新时代的民生建设理论在继承中国传统小康思想的基础上,围绕"全面建成小康社会"这个目标,提出了一系列新的论断、新的观点、新的要求,实现了对传统小康思想的超越和发展。习近平总书记指出:"全面建成小康社会中的'小康'这个概念,就出自《礼记·礼运》,是中华民族自古以来追求的理想社会状态。使用'小康'这个概念来确立中国的发展目标,既符合中国发展实际,也容易得到最广大人民理解和支持。"② 新时代,人民追求美好生活,具有更高的民生诉求,全面建成小康社会具有十分重大的意义,是实现中华民族伟大复兴的基础和关键一步。习近平总书记强调:"2020 年全面建成小康社会后,我们要激励全党全国各族人民为实现第二个百年奋斗目标而努力,踏上建设社会主义现代化国家新征程,让中华民族以更加昂扬的姿态屹立于世界民族之林。"③

全面建成小康社会不仅要求人民群众在物质层面要实现"小康",而且强调各个方面发展的"全面"性,即要实现全面的小康。全面建成小康社会还必须体现在发展的平衡性、协调性和可持续性方面,是"五大文明"协调发展的小康。全面小康不仅要实现领域的全面覆盖,也要实现人口和区域的全覆盖,不让一个人掉队,不让一个区域落下,不让一个民族滞后,要让全体中华儿女都过上幸福美好的生活。改革开放以

---

① 郑锐鑫、王学斌:《历久弥新话小康——"小康与中国"之二》,《博览群书》2021 年第 1 期。
② 中共中央文献研究室:《习近平关于全面建成小康社会论述摘编》,中央文献出版社 2016 年版,第 5 页。
③ 《习近平谈治国理政》第 2 卷,外文出版社 2017 年版,第 63 页。

来，我国的民生建设成就举世瞩目，但我们必须清醒地认识到，我们在民生建设领域还存在不少问题。其中一个突出的问题是不同地域之间、城市和乡村之间对民生资源的供给和占有存在不平衡的状况，东西部地区、城乡之间还存在民生权益不平等的现象。此外，偏僻农村地区特别是深度贫困山区民生建设极为困难，成为全面建成小康社会最难啃的硬骨头。习近平总书记指出："全面建成小康社会，最艰巨最繁重的任务在农村、特别是在贫困地区。没有农村的小康，特别是没有贫困地区的小康，就没有全面建成小康社会。"① 如何实现全面建成小康社会奋斗目标，习近平总书记指出，要把发展作为第一要务，实现高质量发展，坚持在发展中满足人民日益增长的民生诉求。总之，新时代民生建设的理论创新批判地吸收了中国传统小康思想的智慧，并在实践中进一步超越和发展，提出了全面建成小康社会的一系列论点，赋予了"小康"新的时代内涵。

第三节　直接思想渊源：新中国成立后党的民生建设思想

新中国成立后，中国共产党开启了民生建设的新征程。在民生建设实践进程中，中国共产党把马克思主义基本原理同中国具体实践相结合，探索中国特色的民生建设规律，积累了宝贵的民生建设经验，提出了关于民生建设的诸多科学论断，形成了中国共产党的民生建设思想，为新时代民生建设的理论创新提供了直接的思想渊源。新时代中国共产党坚持了历届领导集体民生建设的基本思想，并根据时代的需要进一步丰富和完善，与时俱进推进了民生建设理论的创新。

一　历届领导集体关于民生建设根本原则的坚持和丰富

坚持党的领导是我国民生建设顺利推进的根本保证，是民生建设的根本原则。自新中国成立以来，中国人民实现了从饥寒交迫到温饱，从总体小康再到全面小康的历史性跨越，最根本的就是坚持党的集中统一领导。

---

① 《习近平谈治国理政》，外文出版社2014年版，第189页。

在民生建设过程中,坚持党的领导,能够充分发挥党总揽全局、协调各方的功能,以强大的组织力和号召力确保民生发展目标和政策的贯彻落实。在新中国成立后的民生建设实践中,党始终高度重视集中统一领导的问题,党的历届领导集体都强调要坚持党对民生建设的领导。

早在新民主主义革命时期毛泽东就指出:"我们是革命战争的领导者、组织者,我们又是群众生活的领导者、组织者。组织革命战争,改良群众生活,这是我们的两大任务。"[1] 新中国成立后,随着大规模革命战争的结束,集中精力"改良群众生活"成为迫在眉睫的任务,中国共产党顺应人民的需要开创了民生建设的新起点。毛泽东认为,革命胜利后党理所当然地成为中国社会主义建设事业的领导核心。1954年,在全国人民代表大会上,毛泽东指出,中国共产党是领导我们事业的核心力量,我们有充分的信心把中国建设成为一个伟大的社会主义国家。面对新中国成立后严峻的国内外形势,集中有限的资源加快推进民生建设,满足人民群众的民生诉求,必须加强党的集中统一领导。针对民生建设中出现的一些人怀疑和否定党的领导的错误言行,毛泽东高度警惕,反复强调要"巩固共产党的领导,而不是摆脱或者削弱这种领导"[2]。毛泽东指出:"中国共产党是全中国人民的领导核心。没有这样一个核心,社会主义事业就不能胜利。"[3] 1962年,毛泽东又进一步提出,在社会主义建设中,"党是领导一切的"。他说:"工、农、商、学、兵、政、党这七个方面,党是领导一切的。党要领导工业、农业、商业、文化教育、军队和政府。"[4] 周恩来对此进行了解释说明,即党领导一切是指党要管大政方针、政策、计划,党对各部门都可以领导,而不是说党要越俎代庖直接干涉各部门的具体业务,包办一切。党对民生建设的领导最根本的就是体现在对大政方针、政策、计划的把控方面,以保证民生建设的根本方向。

改革开放后,我国逐步形成了中国特色社会主义道路,开启了民生建设的新征程。邓小平认为,建设中国特色社会主义,必须要坚持党的领导。党的十二大报告提出要"努力把党建设成为领导社会主义现代化事业

---

[1] 《毛泽东选集》第1卷,人民出版社1991年版,第139页。
[2] 《毛泽东文集》第7卷,人民出版社1999年版,第234页。
[3] 《毛泽东文集》第7卷,人民出版社1999年版,第303页。
[4] 《毛泽东文集》第8卷,人民出版社1999年版,第305页。

的坚强核心"①。作为立国之本，四项基本原则被提了出来并写入党章，成为全体党员必须遵守的行为准则。邓小平强调，实现四个现代化必须坚持四项基本原则，坚持四项基本原则的核心，是坚持党的领导。邓小平说："我们多次讲过，在中国这样一个大国，没有共产党的领导，必然四分五裂，一事无成。"② 针对改革开放实践进程中出现的"党政企不分、以党代政、以政代企"的现象，党的十二大通过的党章规定，党的领导主要是政治、思想和组织的领导，党的领导具体表现在路线、方针和政策的执行方面。针对社会主义建设中出现的工作方法粗糙、脱离群众、人浮于事和极少数党员、干部的不正之风影响党的威信等问题，邓小平深刻地指出，坚持党的领导还必须努力改善党的领导，改进党的作风。邓小平强调，改善党的领导"不是要削弱党的领导，涣散党的纪律，而正是为了坚持和加强党的领导，坚持和加强党的纪律"③。

进入 21 世纪，适应我国加快改革、发展的要求和应对国际形势的新变化，党的第三代领导集体进一步深化了对自身执政规律的认识，提出党是领导建设有中国特色社会主义伟大事业的核心力量。江泽民重申："工农兵学商，党是领导一切的。"④ 关于党的领导方式，第三代领导集体并未采纳十三大报告"党的领导是政治领导"的提法，而是坚持了十二大通过的党章中的规定，强调党的领导必须是政治、思想和组织领导的有机统一。江泽民指出："党的领导作用只提政治领导不够，还应该有思想领导和组织领导"⑤，"党是政治领导核心，离开了组织领导、思想领导，那个核心就是空的！这一点在思想上要明确"⑥。此外，江泽民还提出要不断改进党的领导，加强党的思想、作风、纪律、组织状况建设，提高党的领导和科学决策水平。只有这样才能办好中国的事情，保

---

① 中共中央文献研究室：《改革开放三十年重要文献选编》（上），中央文献出版社 2008 年版，第 286 页。
② 《邓小平文选》第 2 卷，人民出版社 1994 年版，第 358 页。
③ 《邓小平文选》第 2 卷，人民出版社 1994 年版，第 341—342 页。
④ 中共中央文献研究室：《十五大以来重要文献选编》（中），人民出版社 2001 年版，第 1105 页。
⑤ 中共中央文献研究室：《十三大以来重要文献选编》（中），人民出版社 1991 年版，第 582 页。
⑥ 中共中央文献研究室：《十三大以来重要文献选编》（中），人民出版社 1991 年版，第 582 页。

障民生建设的有序开展。党的十六大后形成了以胡锦涛为总书记的新一届领导集体。面对复杂的国内外形势，胡锦涛强调，推进建设有中国特色社会主义伟大事业，不断改善民生，必须加强党员干部尤其是高级干部的党性修养，提升他们的领导水平和执政水平，增强他们领导现代化建设的能力，"提高以经济建设为中心、驾驭和运用社会主义市场经济规律的水平"[1]。胡锦涛指出，在新形势下，坚持党的领导，加强各级领导班子建设，培养锻炼一支好的干部队伍，有利于选准经济发展的路子。促进物质和精神两个文明协调发展，改善民生，说到底，关键在于加强和改善党的领导。

新时代的民生建设理论在坚持党的领导这一民生建设根本原则的基础上，进一步提出"党的领导是中国特色社会主义最本质的特征"[2]。党的十八大以来，我国的民生建设环境发生了深刻的变化。一方面，随着中国的发展壮大，党的执政资源更加丰富和雄厚，具备开创社会主义建设新局面的物质条件。另一方面，随着改革开放的深入，目前中国的改革已经进入深水区，改革范围之广泛、触及利益格局调整之深刻、涉及矛盾之尖锐和突破体制机制之艰巨都是前所未有的。在新的形势下，坚持党的集中统一领导是凝聚力量有效应对复杂局面和化解风险，确保改革发展正确方向的根本保证，也是民生建设顺利推进的根本保障。习近平总书记强调，新时代要"坚持党对一切工作的领导"，"党政军民学，东西南北中，党是领导一切的"[3]。"坚持党对一切工作的领导"体现了党在新时代对社会主义事业领导的全覆盖性，凡是涉及国家发展和人民幸福的一切重大事宜，都必须接受党的领导。民生发展是社会主义建设的根本目的，是党执政为民的根本体现，党的领导理所当然要在民生建设中得到体现。习近平总书记指出："党的领导，体现在党的科学理论和正确路线方针政策上，体现在党的执政能力和执政水平上，同时也体现在党的严密组织体系和强大组织能力上。"[4]

如何保障党的有效领导，党中央进行了深入的探索和研究，强调必

---

[1] 《胡锦涛文选》第1卷，人民出版社2016年版，第294页。
[2] 《习近平谈治国理政》第2卷，外文出版社2017年版，第114页。
[3] 《习近平谈治国理政》第3卷，外文出版社2020年版，第16页。
[4] 中共中央文献研究室：《十八大以来重要文献选编》（上），中央文献出版社2014年版，第766页。

须"坚持和完善民主集中制,坚持党领导各项工作的体制机制"①,推进党的自我革命和建设,推进全面从严治党,提高党的执政能力和领导水平。同时,还要做到"四个善于",即善于使党的主张上升为国家意志、善于选人用人并成功推向国家机关、善于实施党对国家和社会的领导、善于维护党和国家的权威,维护全党全国的团结。总之,新时代民生建设的理论创新既坚持了党的历届领导集体关于民生建设的根本原则,始终强调党在民生建设中的领导地位,又根据时代的发展对这一原则进行了丰富和完善。

二 历届领导集体关于民生发展使命感的坚持和丰富

民生关系到人民的切身利益,是人生存和发展的必要条件。作为使命型政党,中国共产党自诞生之日起肩负着改善民生的重大使命。近代以来中国半殖民地半封建社会的性质决定了中华民族的伟大复兴就是要从根本上摆脱帝国主义、封建主义和官僚资本主义的压迫,改变中国人民蝼蚁般苟延残喘的生存状态,实现中国人民的彻底解放,使中国人民过上有尊严的生活。因而,中国共产党肩负的实现中华民族伟大复兴的历史任务本身就包含了不断改善民生的意蕴。党成立初期通过的《中国共产党宣言》就明确了党的奋斗目标"是要按照共产主义者的理想,创造一个新的社会"②。新民主主义革命时期,中国共产党多次申明,党是为人民谋民生福祉的政党。毛泽东明确指出:"共产党是为民族、为人民谋利益的政党,它本身决无私利可图。"③ 在实践层面,中国共产党领导人民为实现伟大民族复兴而奋斗的实践进程本质上就是在为中国人民民生的不断改善而奋斗。民生的不断改善和发展是党领导中国人民实现民族伟大复兴的题中应有之义和重要体现。没有民生的不断发展和改善,中国人民的生存状态得不到根本的改变,中华民族的伟大复兴就是句空话,缺乏实质性的内容。中国共产党肩负着民族复兴重大历史任务,内在地要求其必须不断推进民生发展,改善人民的生存状态。

---

① 新华社:《中国共产党第十八届中央委员会第七次全体会议公报——2017年10月14日中国共产党第十八届中央委员会第七次全体会议通过》,人民网2017年10月14日。
② 中共中央文献研究室、中央档案馆:《建党以来重要文献选编(1921—1949)》第1册,中央文献出版社2011年版,第486页。
③《毛泽东选集》第3卷,人民出版社1991年版,第809页。

新中国成立后，中国共产党始终牢记自己的民生发展使命，历代中央领导集体都以为人民谋幸福为己任，致力于民生的不断丰富和发展。毛泽东作为党的第一代领导集体的核心，始终强调党必须全心全意为人民服务，关心人民群众的现实生活。毛泽东强调，组织中国共产党的目的是要实现人民的解放，党是人民利益的忠实代表者。毛泽东还把为人民服务确立为党的宗旨，要求全体党员"紧紧地和中国人民站在一起"①，深入群众，"一定要每日每时关心群众利益"②。毛泽东对党和政府提出了殷切的要求——必须关注老百姓的现实民生需求，凡是老百姓的现实民生需求党和政府必须将其列入议事日程，大到老百姓的土地、医疗卫生、教育、基础设施修筑等福利，小到老百姓日常生活中的柴米油盐问题。

作为党的第二代领导集体的核心，邓小平言简意赅地将社会主义的本质概括为"解放生产力，发展生产力，消灭剥削，消除两极分化，最终达到共同富裕"③。邓小平曾多次在不同场合强调，我们的根本问题是要搞四个现代化，提高人民生活水平。为了减少不必要的争论，集中力量尽快改善人民生活水平，邓小平提出了判断是非标准的三个"有利于"，即"是否有利于发展社会主义社会的生产力，是否有利于增强社会主义国家的综合国力，是否有利于提高人民的生活水平"④。在这三条判断是非的标准中，发展社会主义的生产力和提高社会主义国家的综合国力最终的落脚点是要"提高人民的生活水平"。邓小平强调，中国的经济发展道路既要顺应世界经济发展的潮流，又必须根据我国的现实国情，坚持走自己的路。他还指出，中国的现代化必须在坚持社会主义和改革开放两大原则的基础上，重视提高人民的物质文化生活水平。邓小平的上述表述深刻地体现了党的第二代领导集体对改善民生、提高人民生活水平的高度重视。

党的第三代领导集体的核心江泽民强调，党必须"始终代表最广大人

---

① 《毛泽东选集》第 3 卷，人民出版社 1991 年版，第 1039 页。
② 中共中央文献研究室：《建国以来重要文献选编》第 20 册，中央文献出版社 1997 年版，第 159 页。
③ 《邓小平文选》第 3 卷，人民出版社 1993 年版，第 373 页。
④ 中共中央文献研究室：《十三大以来重要文献选编》（下），人民出版社 1993 年版，第 1991 页。

民根本利益"①，用发展的办法不断提高人民生活水平。江泽民强调，党和国家各项工作的根本出发点是满足人们日益增长的物质文化生活需要，提高人民生活水平。贯彻落实"三个代表"重要思想，最终要体现在维护和发展最广大人民的根本利益上来。要在经济发展的同时实现好、维护好、发展好人民群众的利益，把提高人民收入水平和生活质量摆在重要位置，不断增加城乡居民特别是低收入者的收入，保证他们更好地安居乐业。江泽民指出，我们要始终坚持人民群众总体受益的原则，在制定政策、出台改革措施时要充分尊重人民群众的态度，保障大多数人受益，同时"要尽心竭力帮助群众排忧解难，把贫困群众纳入干部视线之内和服务网络之中，使他们的基本生活得到保障"②。

党的十六大以来，以胡锦涛为总书记的党中央坚持以人为本，"把保障和改善民生作为经济社会发展的首要目标"③。胡锦涛指出，党和国家一切工作的出发点和落脚点是要实现好、维护好、发展好最广大人民根本利益。科学发展观的第一要义是发展，核心是以人为本。"坚持以人为本，就是要以实现人的全面发展为目标，从人民群众的根本利益出发谋发展、促发展，不断满足人民群众日益增长的物质文化需要，切实保障人民群众的经济、政治和文化权益，让发展的成果惠及全体人民。"④ 2005年，在同印度、巴西、南非、墨西哥等国领导人举行集体会晤时，胡锦涛强调，消除贫困、促进发展、提高人民生活水平是发展中国家的首要任务，彰显了党对民生发展的高度使命感。

新时代的民生建设理论坚持了历届领导集体的民生发展使命感，并根据当代中国民生建设的新特点进一步进行了丰富和完善。党的十八大以来，习近平总书记多次强调，党的初心和使命就是为中国人民谋幸福，为中华民族谋复兴，这个初心和使命是激励党不断奋斗的根本动力。我们发展的根本目的是为了增进民生福祉。习近平总书记强调："为人民谋幸福、

---

① 中共中央文献研究室：《十七大以来重要文献选编》（中），中央文献出版社2011年版，第1013页。

② 中共中央文献研究室：《十五大以来重要文献选编》（中），人民出版社2001年版，第1200页。

③ 中共中央文献研究室：《十七大以来重要文献选编》（中），中央文献出版社2011年版，第684页。

④ 中共中央文献研究室：《十六大以来重要文献选编》（上），中央文献出版社2005年版，第850页。

为民族谋复兴,这既是我们党领导现代化建设的出发点和落脚点,也是新发展理念的'根'和'魂'。"① 新中国成立特别是改革开放以来民生建设所取得的伟大成绩,为新时代民生建设奠定了良好的基础。同时,我们应当看到新时代的民生建设还存在不少短板,人民对美好生活的向往对民生建设提出了更高的要求。努力补齐民生短板是新时代民生建设的重要着力点。习近平总书记指出,人民对美好生活的向往就是我们的奋斗目标。我们要以人民为中心,顺应人民对美好生活的需要,"坚持在发展中保障和改善民生"②,不断促进人的全面发展和全体人民共同富裕。民生建设是一个动态的过程,保障和改善民生要从人民群众最关心最直接最现实的利益问题入手,切实把"补齐民生短板"工作抓好落实。习近平总书记强调,回应人民群众对美好生活需要的诉求,要着力解决民生发展的不平衡不充分问题,使全体人民有更多的获得感。总之,新时代民生建设的理论创新在坚持历届领导集体民生发展使命感的基础上,又进行进一步的阐发,实现对它的丰富和发展。

三 历届领导集体关于民生建设思路的坚持和丰富

民生建设的根本目的是优化人的生存状况,满足人的生存和发展之需。人的需求是一个不断由低级向高级的演进过程,在低层次的需求得到满足后,人们会产生更高层次的需求。人的需求的动态演进决定了中国共产党民生建设是个持续的过程,民生建设只有起点,没有终点。民生建设必须根据人民民生诉求的变化和自身的经济社会发展状况循序渐进地推进。

新中国成立后,随着我国社会主义改造的完成,无产阶级和资产阶级的矛盾基本解决。集中力量进行社会主义民生建设,满足人民对物质生活资料的需求成为党和国家的主要议题。1956 年,党的八大对社会的主要矛盾和人民的民生诉求作出了准确的判断,认为社会主义制度基本建立起来后,人民迫切要求满足自身的经济文化需要,改变贫穷落后的面貌。党的八大指出:"我们国内的主要矛盾,已经是人民对于建立先进的工业国的

---

① 习近平:《把握新发展阶段,贯彻新发展理念,构建新发展格局》,《求是》2021 年第 9 期。
② 《习近平谈治国理政》第 3 卷,外文出版社 2020 年版,第 18 页。

要求同落后的农业国的现实之间的矛盾,已经是人民对于经济文化迅速发展的需要同当前经济文化不能满足人民需要的状况之间的矛盾。"① 党的八大提出,党和全国人民当前的主要任务,就是要集中力量来解决这个矛盾,必须集中精力推动生产力的大发展,加快社会主义工业化进程,把我国尽快地从落后的农业国变为先进的工业国。1964年12月,在第三届全国人大一次会议上,周恩来"遵照毛主席的指示",提出了我国国民经济发展两步走的战略。即"第一步,建立一个独立的比较完整的工业体系和国民经济体系;第二步,全面实现农业、工业、国防和科学技术的现代化,使我国经济走在世界的前列"②。"两步走"的经济发展战略深刻揭示了社会主义建设时期中国共产党民生建设的基本思路——通过大力发展社会主义生产力改善民生。即通过建立独立、较完整的工业体系,为民生发展提供经济基础;使我国经济走在世界前列,为民生的改善提供持续动力。党的八大关于社会主要矛盾的判断是正确的,但因"左"的影响,党的八大作出的关于社会主义主要矛盾和主要任务的科学论断并未得到顺利贯彻执行,对我国社会主义民生建设造成较大的干扰,制约了我国物质民生的改善。

改革开放后,中国共产党第二代领导集体根据人民对物质民生的渴望,提出要以经济建设为中心,大力发展社会主义生产力,循序渐进地提高人民的物质生活水平。20世纪80年代初,根据我国社会发生的深刻变化,党中央再次对社会主要矛盾进行了判断,肯定了党的八大对社会主义改造完成后我国社会主要矛盾的认识,并进一步进行了完善。党中央认为,"在社会主义改造基本完成以后,我国所要解决的主要矛盾,是人民日益增长的物质文化需要同落后的社会生产之间的矛盾"③。党对我国社会主要矛盾的再认识和阐述为改革开放后的民生建设提供了科学依据。在改革开放过程中,我国提出了满足人民对物质文化的需要的民生建设目标,同时沿袭并发展了党的第一代领导集体通过大力发展社会主义生产力改善民生的基本思路。

---

① 中共中央文献研究室:《建国以来重要文献选编》第9册,中央文献出版社1994年版,第341页。
② 《周恩来选集》(下卷),人民出版社1984年版,第439页。
③ 中共中央文献研究室:《改革开放三十年重要文献选编》(上),中央文献出版社2008年版,第212页。

改革开放后，为了加快经济发展，尽快改善人民的生活水平，根据邓小平的设想，党中央将"两步走"的经济发展战略升级为"三步走"战略："第一步，实现国民生产总值比一九八〇年翻一番，解决人民的温饱问题。这个任务已经基本实现。第二步，到本世纪末，使国民生产总值再增长一倍，人民生活达到小康水平。第三步，到下个世纪中叶，人均国民生产总值达到中等发达国家水平，人民生活比较富裕，基本实现现代化。"① 1995 年，"八五"计划胜利完成，"三步走"战略中的第二步目标得以提前实现。如何更好地实现第三步战略目标成为重大而现实的问题。对此，党的十五大进一步规划，提出了 21 世纪我国经济建设的新设想。这实际上规划了 21 世纪头 50 年的民生发展图景。新规划指出："第一个十年实现国民生产总值比二〇〇〇年翻一番，使人民的小康生活更加宽裕，形成比较完善的社会主义市场经济体制；再经过十年的努力，到建党一百年时，使国民经济更加发展，各项制度更加完善；到世纪中叶建国一百年时，基本实现现代化，建成富强民主文明的社会主义国家。"② 改革开放初期，以"三步走"战略为基础，我国根据经济形势的发展状况不断把民生建设推向新的阶段，为新时代的民生建设打下了坚实的基础。

新时代的民生建设理论坚持了历届领导集体关于大力发展社会主义生产力改善民生的建设思路，并进行了进一步的丰富和完善。民生改善要有实质性的内容，必须要以社会主义生产力的发展为条件。习近平总书记强调："全面建成小康社会，不是一个'数字游戏'或'速度游戏'，而是一个实实在在的目标。"③ 人民群众对美好生活的追求是一个动态的过程，这就要求我们必须不断为人民群众提供更丰富、更优质的民生产品。当前，我国仍然处在社会主义初级阶段，生产力发展水平仍然有待进一步提高，"不能做超越阶段的事情"④。满足人民对美好生活的需要，达到共同富裕，"仍然要把发展作为第一要务，努力使发展达到一个新水平"⑤。习

---

① 中共中央文献研究室：《改革开放三十年重要文献选编》（上），中央文献出版社 2008 年版，第 478 页。

② 中共中央文献研究室：《改革开放三十年重要文献选编》（下），中央文献出版社 2008 年版，第 891 页。

③ 中共中央文献研究室：《习近平关于社会主义经济建设论述摘编》，中央文献出版社 2017 年版，第 47 页。

④ 《习近平谈治国理政》第 2 卷，外文出版社 2017 年版，第 214 页。

⑤ 《习近平谈治国理政》第 2 卷，外文出版社 2017 年版，第 75 页。

近平总书记指出:"发展是硬道理的战略思想要坚定不移坚持,同时必须坚持科学发展,加大结构性改革力度,坚持以提高发展质量和效益为中心,实现更高质量、更有效率、更加公平、更可持续的发展。"①

为了推动经济的可持续发展,新时代党进一步细化了"三步走"战略中的第三步,提出了新的"两步走"战略,使第三步走的战略时间界限更加明细化。在党的十九大报告中,习近平总书记指出,20世纪头20年我国将实现全面小康的民生宏伟目标。达成此愿景后,我国再"分两步走在本世纪中叶建成富强民主文明和谐美丽的社会主义现代化强国"②。具体设想为:"第一个阶段,从二〇二〇年到二〇三五年,在全面建成小康社会的基础上,再奋斗十五年,基本实现社会主义现代化。"③"第二个阶段,从二〇三五年到本世纪中叶,在基本实现现代化的基础上,再奋斗十五年,把我国建成富强民主文明和谐美丽的社会主义现代化强国。"④ 党的二十大报告重申了这一民生发展战略目标。新的"两步走"战略蓝图既是对邓小平、江泽民关于经济发展战略步骤的继承,更是党根据新时代民生建设的实际作出的新部署。由此可见,新时代民生建设的理论创新在坚持历届领导集体民生建设思路的基础上,又根据新时代民生建设的实际进行了丰富和发展。

---

① 《习近平谈治国理政》第2卷,外文出版社2017年版,第75页。
② 《习近平谈治国理政》第3卷,外文出版社2020年版,第15页。
③ 《习近平谈治国理政》第3卷,外文出版社2020年版,第22页。
④ 《习近平谈治国理政》第3卷,外文出版社2020年版,第23页。

第三章　新时代民生建设理论创新的实践基础

理论来源于实践，理论创新必须立足于实践的基础上。习近平总书记强调，必须"坚持实践第一的观点，不断推进实践基础上的理论创新"[①]。新时代民生建设的理论创新立足于国内外民生建设的实践基础，是对国内外民生建设实践经验的总结和提升。国外民生建设实践为新时代民生建设的理论创新提供了间接的启示。而国内，从党的成立到党的十八大之前的民生建设实践为新时代民生建设的理论创新提供了深厚的历史经验；党的十八大以来的民生建设实践为新时代民生建设的理论创新提供了直接的实践支撑。

第一节　间接基础：国外的民生建设实践

民生建设是全世界所有国家都必须面对的现实问题。从整个世界历史发展的视角而言，不同国家的民生建设都是整个人类民生建设实践活动的组成部分。世界不同类型的民生建设实践虽各有特点，但所积累的经验和形成的教训对当代中国民生建设的理论创新具有重要的启示意义。国外的民生建设实践构成了新时代民生建设理论创新的间接基础。

一　对苏东社会主义国家民生建设实践经验和教训的总结

二战后形成的以苏联为首的社会主义国家阵营，在国际舞台上叱咤风云。它们凭借制度优势与资本主义鼎足而立，一度能够与资本主义世界分

[①] 习近平：《辩证唯物主义是中国共产党人的世界观和方法论》，《前线》2019年第1期。

庭抗礼。但 20 世纪八九十年代，苏东社会主义政权却在短时期内纷纷垮台，烟消云散，苏东剧变教训极为惨痛。苏东社会主义国家从强盛转向衰败，最根本的原因在于经济发展停滞，民生改善困难，丧失民心。苏东社会主义国家的民生建设实践对当代中国民生建设的理论创新具有重要的启示意义。

（一）对苏俄（联）民生建设实践经验和教训的总结

十月革命取得胜利后，苏俄政府把改善民生作为首要任务。列宁强调，"必须立刻采取迅速的、最坚决的、最紧急的办法来改善农民的生活状况和提高他们的生产力"①。为了尽快改善民生，苏俄从 1921 年 3 月开始实行新经济政策，要求以改善民生需求为基本原则。新经济政策的实施激发了社会主义的活力，极大地提高了人民物质生产的积极性。实行新经济政策后，占人口绝大多数的苏俄农民在交完粮食税后，还可以利用手中的余粮去交换生产、生活工业品，改善和丰富全家人的生活，农民的积极性明显提高。1922 年，列宁指出："一年来农民不仅战胜了饥荒，而且交纳了大量的粮食税，现在我们已经得到几亿普特的粮食，而且几乎没有使用任何强制手段。"② 在实行新经济政策的基础上，苏俄经济发展较快，促进了民生的改善，较有效地缓解了人民的民生需求。新经济政策的实施不仅提高了农民的生活水平，工人的生活状况也有了一定的改善。列宁指出，轻工业有了普遍的高涨，"所以彼得格勒和莫斯科工人生活状况的改善也是毫无疑问的"③。

民生的有效改善赢得了民心，巩固了新生的苏维埃政权。列宁自豪地宣称，新经济政策的实行使得 1921 年很普遍的农民暴动现象，"今天差不多完全没有了"④，彼得格勒和莫斯科这两座大城市工人的不满，"现在已经完全没有了"⑤。他强调："我们天天都在注意工人的生活状况和情绪，在这个问题上我们是不会看错的。"⑥ 新经济政策是列宁根据本国生产力落后的基本国情积极探索向社会主义过渡方式和社会主义建设路径的重要尝

---

① 《列宁选集》第 4 卷，人民出版社 2012 年版，第 500 页。
② 《列宁全集》第 43 卷，人民出版社 2017 年版，第 284 页。
③ 《列宁选集》第 4 卷，人民出版社 2012 年版，第 723 页。
④ 《列宁选集》第 4 卷，人民出版社 2012 年版，第 722 页。
⑤ 《列宁选集》第 4 卷，人民出版社 2012 年版，第 723 页。
⑥ 《列宁选集》第 4 卷，人民出版社 2012 年版，第 723 页。

试，既在一定程度上改善了民生，也为30年代苏联的社会主义工业化奠定了经济基础。

斯大林上台后，转而集中全国的人力、物力、财力优先发展重工业，力图迅速实现社会主义工业化，新经济政策被放弃。在社会主义工业化进程中，苏联建立起高度集中的计划经济体制，逐步形成了苏联模式的社会主义建设道路。高度集中的计划经济体制的建立，一方面有助于国家集中资源发展重点领域，在短期内建立社会主义工业基础，为民生建设准备条件；另一方面容易造成国民经济比例的失调，经济畸形发展，不利于民生的长远发展。苏联在实施两个"五年计划"后，基本完成了对国民经济的技术改造，形成了比较完整的社会主义工业体系，其工业总产值在20世纪30年代初跃升至世界第二、欧洲第一。苏联社会主义工业化的完成，经济运行总体稳定，为民生建设提供了较雄厚的工业基础，民生建设稳步推进，使国家迅速摆脱贫困落后的面貌，较显著地改善了民生。高度集中的计划经济体制在二战期间发挥了极大的作用，为苏联打败法西斯德国的侵略立下了汗马功劳。二战结束初期，高度集中的计划经济体制一方面仍然发挥了积极的作用，苏联工农业生产在较短的时间内恢复并迅速发展，人民生活水平不断改善；另一方面其弊端也日益显现，不利于民生的可持续发展。苏联优先发展重工业的国家战略需要投入巨额的资金，消耗大量的社会资源。为了保证工业部门生产所需的资金，"苏联强制剥夺农业资源，致使农业经济逐渐衰败，为后期的粮食危机埋下了隐患"[1]。

在斯大林执政后期，随着时间的推移，苏联在经济建设中积累的问题越来越多地暴露出来。在高度集中的计划经济体制下，政府制订的计划过于精密和庞大，对经济统得过死，市场机制发挥不出作用，经济缺乏活力。企业作为微观经济主体，其积极性和主动性难以激发，对发展生产、改善经营管理的积极性不高，创新的内在动力严重不足。以此为背景，"苏联国企在当时几乎不会负债经营，导致的问题也不容忽视：如果没有国家命令，产业在自行发展的基础上更新速度不会很快，致使计划经济的创造力下降"[2]。与此同时，从20世纪50年代开始，苏联农业已出现衰退

---

[1] 田雅琼：《超级大国崩溃的财政视角——以苏联为例》，《财政科学》2021年第11期。
[2] 张志元、李政隆：《对苏联计划经济体制的再思考》，《世界社会主义研究》2021年第11期。

迹象，农产品供应量减少，粮食出口减缓。尽管从赫鲁晓夫时代开始就对经济进行了改革，但始终局限于小修小补，并未触及根本性的体制问题，效果并不理想。此后几任苏联领导人在经济领域的改革始终难见明显成效，苏联高度集中的计划经济体制问题越来越严重，已经到了积重难返的地步。

20 世纪 80 年代中后期，苏联经济增长放缓，加之美苏争霸的战略环境，苏联在军事领域开支过大，财政支出不堪重负，民生发展停滞，民生产品短缺。"据苏联统计，在 1200 多种基本消费品中，95% 以上供应经常短缺。1985 年食品短缺总额达 175 亿卢布，1988 年达 210 亿卢布，1990 年达 1000 亿卢布，能提供的商品总额只及居民货币收入的 12.9%。在 211 种食品中有 188 种不能自由买卖。通货膨胀愈演愈烈。据苏联计委的数据，消费领域的通货膨胀率，1987 年为 7.3%，1988 年为 8.4%，1989 年为 10%—11%，1991 年已达到 145%。"[①] 除了基本生活物质供应的不足，这一时期的苏联在享受性产品，诸如小汽车、音响、彩电、录像机等现代消费品的生产和消费方面更与发达资本主义国家相差甚远，甚至不如一些发展中国家。在民生发展停滞，民生产品供给严重不足的情况下，苏联政府却鼓吹很快将建成"发达社会主义"，对人民作出过高的民生许诺，开"空头支票"，更加引发人民的反感。与普通老百姓民生窘迫的状况形成鲜明对比的是苏共的特权和腐败。在高度集权的政治体制下，苏共党内形成了许多大大小小的利益集团，他们利用手中的特权享受优厚的物质生活条件，严重破坏了党和政府的公信力，消解了苏共执政的合法性，使苏共彻底失去民心，导致苏共的亡党亡国。

苏俄（联）的民生建设实践是社会主义国家探索民生发展规律和路径的重要尝试，为新时代民生建设的理论创新提供了重要的间接经验。一是民生连着民心，只有不断改善民生才能得到人民的拥护和支持，政权才能稳固。民生作为人生存和发展的基本之需，是人民利益的根本体现，不论什么类型的国家都不能忽视民生建设。社会主义作为一种先进的社会制度，民生的不断改善是其优越性的根本体现。十月革命胜利后，列宁领导苏俄在极端困难的条件下巩固了苏维埃政权，最根本的原因就是实现了民生的改善，使人民群众认识到社会主义制度的优越性，相信苏维埃政权能

---

① 卢继元：《民生问题摧垮了苏联》，《社会科学报》2012 年 1 月 12 日第 3 版。

够保障他们的民生福祉。苏联社会主义工业化后长达几十年时间里国力强盛，民族团结，成为发展社会主义的耀眼明星，从根本上而言也是得益于民生的改善、人民的支持。苏联最终的崩塌，根本的原因就在于"民生问题的长期积累和集中爆发，摧毁了国民对社会主义的信仰，动摇了民族团结统一的基石"[①]，失去了民心。由此可见，社会主义的繁荣昌盛离不开人民群众的支持，而要获得人民群众的支持最根本的就是要改善民生。因而，发展社会主义必须高度重视民生问题，必须以改善民生作为发展的根本目的。新时代民生建设的理论创新坚持以人民为中心的发展理念，始终强调发展的根本目的是为了持续改善民生。

二是民生建设是一个动态的过程，必须在经济发展的基础上循序渐进地补齐民生短板。苏联的民生建设经过几十年的努力，既取得了积极的成效，也存在明显的短板，发展存在不平衡性。苏联的社会福利与补贴、文化、教育、卫生等事业发展较快，在较长时间内处于世界领先水平。但由于经济结构的不合理，食品和日用消费品等长期处于短缺状态，不能满足人民群众对物质消费品数量和质量的需求，引发人民群众的不满。这充分说明，民生建设是一个动态的过程，民生的改善依赖于经济的可持续发展，必须在经济发展的基础上根据人民的需要持续改善民生。新时代民生建设的理论创新深刻阐述了经济发展与民生改善的辩证关系，民生改善既要尽力而为，又要根据经济发展的实际情况量力而行。习近平总书记多次强调要推动经济的高质量发展，在经济发展中保障和改善民生，同时不断完善分配制度，分好"蛋糕"，满足人民群众的美好生活需求。

（二）对东欧社会主义国家民生建设实践经验和教训的总结

东欧各国的社会主义制度基本上都是在苏联的帮助或扶持下建立起来的。社会主义建立之前，东欧国家除捷克斯洛伐克工业较发达外，其余的都是农业国家，工业发展相对滞后。20世纪40年代，在苏联红军的帮助下，东欧国家赶跑了德国侵略者后陆续建立起了人民民主国家，并逐步过渡到社会主义。这些国家独立后基本都面临着发展生产力、改善民生的重任，需要苏联的大力帮助。苏联基于自身全球利益的考量，在向东欧国家提供经济援助的同时，加强了对这些国家的控制，在政治上清洗具有独立倾向、"不听话"的东欧国家领导人，在经济上强制推行苏联模式，扼杀

---

① 卢继元：《苏联民生问题及启示》，《海军工程大学学报》（综合版）2012年第1期。

了东欧各国独立自主探索社会主义建设道路的苗头。在苏联的控制和影响下,东欧社会主义国家脱离本国实际照搬苏联社会主义建设模式,建立起高度集中的计划经济体制。

这种高度集权的经济体制在短期内发挥过积极作用,促进了东欧社会主义国家的工业化进程,在短时间内恢复了被战争破坏的经济,改善了民生。但其弊端也显而易见,这一体制"管理方式上实行自上而下的严格的等级组织形式和高度垄断的决策权;资源配置上实行排斥市场的计划方式;排斥甚至取消市场价格信号的纵向信息传递方式"[1]。对苏联社会主义建设模式的简单"移植",使东欧国家出现"水土不服"的状况,经济发展出现较严重的问题。东欧各国仿照苏联模式在经济发展道路上片面追求高速度,优先发展重工业,忽视农业和轻工业,引发国民经济比例的严重失调;搞农业集体化,消灭小农经济,挫伤了农民生产的积极性,直接影响了民生的改善。苏联对东欧社会主义国家的大国沙文主义态度和控制激起了这些国家的不满,激发了苏联同这些国家的矛盾。

1948年,南斯拉夫与苏联的矛盾激化,两国关系迅速恶化,苏联社会主义模式在南斯拉夫被率先抵制。在铁托的领导下,南斯拉夫开始探索自己的社会主义建设道路。南斯拉夫首先在经济领域进行改革,引入市场机制代替计划指令,制定"工人自治法",创新经济和社会管理形式,扩大企业经营自主权,提高经济效益;解散集体农庄,鼓励和支持个体农业和多种经营,推动轻工业和重工业协调发展。南斯拉夫对社会主义建设道路的探索不仅推动了本国经济的发展和民生的改善,而且对东欧社会主义国家产生了积极的示范效应。

斯大林逝世后,东欧社会主义国家对苏联社会主义建设模式的不满进一步爆发,要求探索符合自己国情的社会主义道路的呼声此起彼伏。1968年,捷克斯洛伐克和匈牙利进行经济改革,试图探索适合本国国情的社会主义道路,改革取得了一些积极的效果,但很快被苏联强力介入而中断了。此后,苏联对东欧社会主义国家的控制进一步加强,东欧国家试图探索适合自己社会主义发展道路的尝试最终失败。纵观东欧社会主义国家的发展历程,尽管一开始就对苏联模式产生了种种不适,一些国家也试图进行改革以摆脱苏联模式的影响,但在苏联的干预和自己本身认知局限的影

---

[1] 胡延新:《对东欧剧变原因的再思考》,《内部文稿》1999年第24期。

响下，最终未能摆脱苏联社会主义模式的控制，积累的问题越来越多。到20世纪80年代末，东欧国家经济发展停滞，民生建设举步维艰，人民生活水平长期得不到改善，与西方资本主义国家的差距越来越大，民心丧失殆尽，最终导致剧变的悲剧。

东欧社会主义国家的民生建设实践为新时代民生建设的理论创新提供了重要间接经验。它警示我们：发展社会主义必须坚持独立自主，民生建设没有固定模式，必须根据本国国情努力探索适合自己的道路。我们在新民主主义革命中也吃过照搬他国模式的亏，此后才吸取教训独立自主地探索出自己的革命道路。新中国成立后，鉴于自己经验的缺乏，我们也经历过照搬苏联经验的短暂时期，此后不久就提出要探索适合自己的社会主义建设道路。正是坚持独立自主的原则，我们逐步探索和走上了中国特色社会主义道路，实现了民生的不断改善。新时代的民生建设也必须坚持独立自主的原则，满足人民对美好生活的民生需求必须从当前的实际出发，努力探索新时代的民生建设道路。党的十八大以来，习近平总书记多次强调要坚持独立自主、自力更生的发展道路。他说："不论过去、现在和将来，我们都要把国家和民族发展放在自己力量的基点上，坚持民族自尊心和自信心，坚定不移走自己的路。"①

中国人民民生的改善只能依靠自己的努力奋斗才能实现，幸福是奋斗来的，不可能通过依赖外部力量，成为别人的附庸而能过上美好生活。"世界上没有放之四海而皆准的具体发展模式，也没有一成不变的发展道路"②，只能靠中国人民立足本国国情、走好自己的路。党的十九届六中全会通过的"历史决议"指出："独立自主是中华民族精神之魂，是我们立党立国的重要原则。"③ 党的二十大报告强调，坚持独立自主、自力更生，要把中国发展进步的命运牢牢掌握在自己手中。在新时代的民生建设中坚持独立自主，就必须做到中国人民的幸福生活由中国人自己做主、自己处理，由中国人民自己说了算，任何势力都无权干涉，也不能阻挠中国人民追求美好生活的脚步。习近平总书记指出："我们走自己的路，具有无比

---

① 《习近平谈治国理政》，外文出版社2014年版，第29页。
② 《习近平谈治国理政》，外文出版社2014年版，第29页。
③ 新华社：《中国中央关于党的百年奋斗重大成就和历史经验的决议——2021年11月11日中国共产党第十九届中央委员会第六次全体会议通过》，《人民日报》2021年11月17日第1版。

广阔的舞台，具有无比深厚的历史底蕴，具有无比强大的前进定力。"① 由此可见，在民生建设中坚持独立自主的原则已深刻融入新时代民生建设的理论创新中。

二 对当代发达资本主义国家民生建设实践经验的借鉴和反思

二战以降，发达资本主义国家发生了一系列新的变化。为了缓和阶级矛盾，巩固统治，发达资本主义国家主动对资本主义生产关系进行了调整，建立并实施所谓的"全民化""普及化"的社会福利制度。资本主义福利制度的建立一定程度上回应了劳动人民对生存所需的民生诉求，使他们的基本民生之需有了必要的保障，在一定程度上促进了民生的改善。

在当代，随着新一轮科技革命的到来，物联网、虚拟技术、人工智能等新兴科技粉墨登场，进一步推动了资本主义生产方式和分配方式的调整。现代科技的进步使得人工智能异军突起，人工智能的迅猛发展犹如在资本主义生产领域注入了一剂强心剂，极大地提高了劳动生产率。在科学技术不断进步的基础上，资本主义生产过程中社会必要劳动时间大大降低，资本家能够在更短的生产时间追逐到更高的剩余价值，为资本主义福利政策的广泛实施奠定了经济基础。同时，现代科技的发展进一步加剧了资本主义竞争的惨烈程度。为了应对更加剧烈的市场竞争，保证源源不断地获取超额剩余价值，稳定社会秩序，资本主义国家进一步完善了社会福利制度和措施，客观上有助于保障劳动者的基本权益，促进民生的改善。

具体来说，当代资本主义国家的民生建设主要体现在保障基本教育权益、强化医疗保障体系、加强就业培训、完善社会养老模式和住房保障等方面。在保障基本教育权益方面，日本政府进行了比较成功的实践探索。日本建立了九年免费义务教育制度。在办学经费上，义务教育阶段和公立学校办学所需经费由国家财政负担，同时还规定了政府在私立学校校舍翻新、扩建方面承担的费用比例。日本还通过建立小学教师定期调换制度和扶助制度促进教育公平。教师定期调换主要在同一县、市的公立小学之间进行，教师平均每 7 年调换一轮学校。帮扶制度的设立主要是为有特殊需要的学生提供帮扶，比如对偏远地区、经济困难、残

---

① 《习近平谈治国理政》，外文出版社 2014 年版，第 29 页。

障等学生进行帮扶。在医疗方面，英国推行了"公费医疗"模式，规定全体公民医疗保健服务的支出由政府财政支付，范围包括全部社区医院和诊所的设备设施、医用物资、工作人员薪酬等。在就业方面，英国设置了隶属于政府的就业服务机构，专门为失业人员提供免费的专业指导和培训。在养老模式方面，加拿大推行了老年收入保障计划和养老金计划。老年收入保障计划所需资金由国家税收承担，养老金则来源于雇主和雇员的缴费。在住房方面，发达资本主义国家推行"居者有其屋"计划，保障公民的住房权利。

从本质上来看，发达资本主义国家建立并完善社会福利制度的举措是为了缓和阶级矛盾，进而巩固资产阶级的统治，但客观上在一定程度改善了人民的生存状态，促进了民生的发展。此外，发达资本主义国家在民生建设中存在着明显弊端，就是随着新技术的兴起，特别是西方国家推行新自由主义政策以来，发达国家贫富悬殊越拉越大。贫富差距拉大的趋势引发民众的强烈不满。近年来，西方国家民众街头抗议运动此起彼伏，诸如"占领华尔街"、法国"黄背心"等此类运动就是对贫富两极分化抗争的具体体现。由此可见，西方国家社会福利制度的建立和完善并不能从根本上解决民生发展的难题，社会的公平正义问题十分突出。国际货币基金组织2021年6月警告称，全球收入不平等成为"这个时代最明显的挑战"，发达经济体的贫富差距达到数十年来最大。[①]

当代发达资本主义国家在民生建设实践中进行了许多政策性和策略性的有益探索，为新时代民生建设的理论创新提供了经验借鉴。新时代民生建设的理论创新既要坚持从当代中国的实际出发，立足于中国的实践土壤，又要"虚心学习借鉴国外的有益经验"[②]。当代西方国家对社会福利制度的探索和完善，诸如上文提到的保障基本教育权益、强化医疗保障体系、加强就业培训、完善社会养老模式和住房保障等制度举措对当代中国补齐民生短板就具有借鉴意义。新时代民生建设的理论创新对此进行了吸收和借鉴，提出要改革和完善民生保障制度体系。习近平总书记强调，要

---

① 朱香敏：《中国式现代化道路的独特优势》，《红旗文稿》2022年第3期。
② 新华社：《中共中央关于党的百年奋斗重大成就和历史经验的决议——2021年11月11日中国共产党第十九届中央委员会第六次全体会议通过》，《人民日报》2021年11月17日第1版。

"完善覆盖全民的社会保障体系，促进社会保障事业高质量发展可持续发展"①。新时代的民生建设理论不仅提出了完善社会保障制度体系的总体目标，而且明确了完善社会保障制度体系的根本方向。

发达国家民生建设实践中暴露的弊端为新时代民生建设的理论创新提供了重要的实践反思——必须把促进全体人民的共同富裕"摆在更加重要的位置"。表面上看，当代发达资本主义国家随着科学技术的进步不断调整分配关系，越来越重视民生的改善。但实际上资本主义的本质并未发生变化，资本在社会经济关系中的支配地位并未根本改变，资产阶级与人民支配与反支配、剥削与反剥削的斗争仍在继续。资本主义民生建设缓和了资本主义分配关系的矛盾，但未改变造成财富占有两极分化的制度基础。当代发达资本主义国家贫富差距扩大，社会不平等及对抗加剧，必然导致社会矛盾丛生，社会关系撕裂。

共同富裕是社会主义的本质特征，全体人民共同富裕是中国特色社会主义必须坚持的基本方向。坚持共同富裕的民生建设方向是社会主义区别资本主义的重要标志，是保持社会和谐安定的基础。新中国成立以来我们始终坚持共同富裕的基本方向，实现了我国经济社会的跨越式发展，为新时代促进共同富裕奠定了良好的基础。习近平总书记指出："我们决不能允许贫富差距越来越大、穷者愈穷富者愈富，决不能在富的人和穷的人之间出现一道不可逾越的鸿沟。"② 习近平总书记还提出了实现共同富裕的时间表，强调要分阶段促进共同富裕，分别提出了"十四五"末、2035年和21世纪中叶共同富裕的阶段性目标。即，"十四五"末——逐步缩小居民收入和实际消费水平差距，共同富裕迈出坚实步伐；2035年——基本公共服务实现均等化，共同富裕取得实质性进展；21世纪中叶——基本实现全体人民的共同富裕。由此可见，新时代民生建设的理论创新既吸收和借鉴发达资本主义国家民生建设的实践经验，又对其弊端进行了深刻反思，坚持了社会主义的本质特征。

---

① 新华社：《习近平在中共中央政治局第二十八次集体学习时强调完善覆盖全民的社会保障体系促进社会保障事业高质量发展可持续发展》，《人民日报》2021年2月28日第1版。

② 中共中央党史和文献研究院：《论把握新发展阶段、贯彻新发展理念、构建新发展格局》，中央文献出版社2021年版，第480页。

第二节 深厚基础：中国共产党成立以来的民生建设实践

从中国共产党成立到党的十八大之前，党领导民生建设经历了不同的阶段，大致可分为"生存型"民生建设实践、"温饱型"民生建设实践和"小康型"民生建设实践等阶段。党领导民生建设的丰富实践为新时代民生建设的理论创新提供了深厚的实践基础。

一 "生存型"民生建设实践经验的启示

"生存型"民生是保障人的生存的最低条件，是最低的民生需求。近代以来，中国人民在反动势力的压迫下日益陷入痛苦的深渊，生命财产安全得不到基本的保障，食不果腹，生存条件极度恶劣。瞿秋白悲愤地指出："人民的痛苦，人民的受压迫，内内外外不知道有几百重。"[①] 自鸦片战争以来，资本—帝国主义势力在中国划分势力范围，凭借攫取的经济、政治特权在中国掠夺原料，倾销商品，逐步操纵了中国的经济命脉。"帝国主义者掠取了中国辽广的边疆领土、岛屿和附属国，做他们新式的殖民地，还夺去许多重要口岸，做他们的租界，并自行把中国画成几个各自的势力范围圈，实行其专利的掠夺事业。"[②] 中国不仅丧失了关税自主权，而且铁路、矿山、商埠、银行等尽数落入帝国主义的魔掌中。1/3 的铁路为外国资本家所有，其余的铁路则直接或间接被外国债权人控制。资本—帝国主义对华商品倾销严重冲击了中国的手工业，导致手工业者大量破产，失去生活来源。"外国商品如潮的输入，漫说布匹纸张之类，旧有的针和钉都几乎绝了种，因此生活程度日渐增高，三万万的农民日趋于穷困，数千万手工业者的生活轻轻被华美的机器制造品夺去，而渐成为失业的无产阶级。"[③] 资本—帝国主义势力还与国内封建军阀相勾结，共

[①] 中共中央文献研究室、中央档案馆：《建党以来重要文献选编（1921—1949）》第 1 册，中央文献出版社 2011 年版，第 377 页。

[②] 中共中央文献研究室、中央档案馆：《建党以来重要文献选编（1921—1949）》第 1 册，中央文献出版社 2011 年版，第 122—123 页。

[③] 中共中央文献研究室、中央档案馆：《建党以来重要文献选编（1921—1949）》第 1 册，中央文献出版社 2011 年版，第 123 页。

同压迫中国人民,加剧了中国人民的痛苦。

面对严酷的生存危机,中国共产党以高度的责任感和使命担当肩负起挽救中华民族的重任,坚持不懈地改善中国人民的生存状态,开启了"生存型"民生建设的实践进程。1922 年,党中央发布的《中国共产党对于时局的主张》,阐述党的短期奋斗目标是要取消帝国主义在华特权和推翻军阀的统治,改善中国人民的生存状态。该宣言指出,无产阶级在当前最紧迫的任务,是要用革命手段取消帝国主义在华的各种特权,"没收军阀官僚的财产,将他们的田地分给贫苦农民"①。1937 年,中国共产党指出:"实现中国人民之幸福与愉快的生活,首先须切实救济灾荒,安定民生,发展国防经济,解除人民痛苦与改善人民生活。"② 在实践中,中国共产党领导人民同反动派进行坚决地斗争,迫使反动派作出有利于人民的让步,缓解人民的生存困境。

在建立农村革命根据地后,中国共产党通过开展土地革命,加强根据地建设,发展根据地经济等方式改善人民生活水平。中国共产党深刻认识到,中国本质是一个农业国家,自然经济占主导地位,农民占总人口绝大多数。在这样的状况下,土地作为基本的生产资料对农民的生存状态具有决定性的影响。推进民生建设,缓解人的生存状态,最根本的就是要解决农民的土地问题。因此,建立农村革命根据地后,中国共产党旋即发动农民开展土地革命,无条件没收一切地主的土地平均分配给农村有劳动能力的男女公民,满足了农民对土地的渴望。同时废除封建剥削和债务,使农村的社会关系焕然一新。土地革命解放了根据地的生产力,推动了经济的发展,明显地改善了根据地人民的生存状况。时任中共赣西南特委书记刘士奇的报告写道:开展土地革命后,农民不还租,不还债,不完粮,不纳捐税,工人增加了工资,农民分得土地,好像解下一种枷锁,个个喜形于色。在解决农民土地问题的基础上,党加强了根据地的经济建设,把农业生产摆在首位,发动农民开展互助合作,兴修水利,开垦荒地,扩大粮食种植面积,增加了粮食产量。据统计,1933 年中央革命根据地的农业产量

---

① 中共中央文献研究室、中央档案馆:《建党以来重要文献选编(1921—1949)》第 1 册,中央文献出版社 2011 年版,第 98 页。
② 中共中央文献研究室、中央档案馆:《建党以来重要文献选编(1921—1949)》第 14 册,中央文献出版社 2011 年版,第 370 页。

比 1932 年增加了 15%，而闽浙赣革命根据地则增加了 20%。除了发展农业生产，中国共产党还在根据地发展工业，建立了烟、糖、纺织等民用工厂，缓解了人民群众对工业生活用品的需求。根据地还实行对特殊社会群体进行照顾和救助的政策。1930 年制订的《中央政治局关于苏维埃区域目前工作计划》，要求在土地分配时对丧失劳动能力负担较重的农民"酌量增加些土地"，对"没有容养之处并且没有劳动能力的孤寡，由当地苏维埃实行社会救济"[1]。

抗日战争时期，中国共产党把加强抗日根据地的经济建设、改善根据地军民的生活作为党和边区政府的重要工作。党根据抗战形势的变化调整了土地政策，提出"扶助农民，减轻地主的封建剥削，实行减租减息，保证农民的人权、政权、地权、财权，借以改善农民的生活"[2]。根据地实行"地主减租减息，农民交租交息"政策，减轻了地主对农民的剥削，改善了农民的物质生活。面对日军的封锁和扫荡造成的严重生活困难，毛泽东要求根据地军民"自己动手"，开展大生产运动。中国共产党从根据地的实际出发，制定了加强经济建设的基本方针，即以加强农业生产为主，推动农业、畜牧业、工业、手工业、运输业和商业的全面发展。为了加强农业生产，八路军三五九旅受命开赴南泥湾开荒种地，种植农产品，把荒无人烟的南泥湾打造成了"陕北的好江南"。与此同时，延安数万名党政军学各方面人员主动投入到大生产的热潮之中，创造了多种形式的大生产运动。大生产运动促进了根据地农业和工商业的发展，减轻了农民的负担，改善了群众的生活。1943 年，《陕甘宁边区第一届劳动英雄代表大会宣言》指出："咱全边区的农民、工人、士兵、学生和工作人员没有一个不是过着幸福快乐的生活，凡是好好组织了劳动的家户、机关或部队，都已作到'猪羊满圈，骡马成群，瓜菜满地，粮食满囤'，真正丰衣足食了。"[3] 解放战争时期，中国共产党在解放区进行土地改革，没收地主土地，实行"耕者有其田"，改善了农民的生存条件。

---

[1] 中共中央文献研究室、中央档案馆：《建党以来重要文献选编（1921—1949）》第 7 册，中央文献出版社 2011 年版，第 595 页。

[2] 中共中央文献研究室、中央档案馆：《建党以来重要文献选编（1921—1949）》第 19 册，中央文献出版社 2011 年版，第 20 页。

[3] 中共中央文献研究室、中央档案馆：《建党以来重要文献选编（1921—1949）》第 20 册，中央文献出版社 2011 年版，第 676 页。

"生存型"的民生建设实践为新时代民生建设的理论创新提供了重要的实践经验启示。它启示我们，马克思主义是指引民生建设的科学真理，是改善中国人民民生的根本指导思想。在全国陷入苦难深渊、民生日益恶化、人民生存受到极大威胁的状况下，各方势力提出的各种救国救民方案均失效的情况下，唯有中国共产党领导的根据地呈现出一片生机勃勃的景象。根据地人民生活虽然仍然贫困，但能够保障基本的生存，使人民看到希望。根据地呈现出的生机和活力与国统区死气沉沉、哀嚎遍野的状况形成了鲜明的反差，最根本的原因就在于中国共产党坚持了马克思主义的指导。马克思主义作为一种科学的世界观和先进理论，始终强调要维护人民群众的根本利益，把改善民生作为重要使命，这是根据地民生发展的前提。在1934年召开的第二次全国苏维埃代表大会上，毛泽东指出："我们对于广大群众的切身利益问题，群众的生活问题，就一点也不能疏忽，一点也不能看轻。"[①] 作为一种科学的方法论，马克思主义坚持一切从实际出发，尊重客观规律，倡导深入调查研究，确保了中国共产党制定的民生政策符合根据地实际，这是根据地民生发展的关键。可以说，马克思主义是指导中国革命的有力武器，也是民生建设的根本指引。新时代民生建设的理论创新汲取了"生存型"民生建设实践的历史经验，坚持了马克思主义在民生建设中的指导地位，强调要"用马克思主义的立场、观点、方法观察时代、把握时代、引领时代"[②]。

二 "温饱型"民生建设实践经验的启发

工业发展水平是一个国家强大的基础，更是民生改善的基本保证。新中国成立前，中国的工业水平极端落后，工业门类残缺不全，产品质量低劣，大多数工业产品我们没有能力生产，全国只有纺织业、采矿业和简单的加工业。工业的落后严重制约了人民生活水平的提高。中国当时的经济状况不仅与欧美发达国家相比严重落后，就是同不少亚洲国家相比都有差距。1949年，中国国民收入人均只有27美元，只相当于亚洲国家平均值的三分之二。天灾和战乱造成的灾民高达4000万人，城市失业工人达400

[①] 《毛泽东选集》第1卷，人民出版社1991年版，第136页。
[②] 新华社：《中共中央关于党的百年奋斗重大成就和历史经验的决议——2021年11月11日中国共产党第十九届中央委员会第六次全体会议通过》，《人民日报》2021年11月17日第1版。

万人。在这样的状况下，人民群众迫切要求改变贫穷落后的面貌，改善物质民生，优化生存状态。新中国成立后，鉴于我国工业基础极端落后的残酷现实，中国共产党实事求是地确立了"温饱型"的民生建设目标，希望迅速解决人民的温饱问题。

新中国成立初期，在中国共产党的带领下，我们在较短的时间内医治战争创伤，恢复了国民经济。为了尽快改善民生，党在国民经济恢复的基础上迅速实行社会主义改造，推进社会主义工业化。社会主义改造后，我国建立起了公有制的经济基础，整个社会的性质和面貌发生了巨变，中国人民实现了当家作主，激发了人民建设社会主义的热情。中国共产党高度重视社会主义工业化问题，把工业化视为全国人民的最高利益。《人民日报》1953年的社论写道："工业化——这是我国人民百年来梦寐以求的理想，这是我国人民不再受帝国主义欺侮不再过穷困生活的基本保证，因此这是全国人民的最高利益。"[①] 为了建立独立完整的工业体系，我国学习苏联制订"五年计划"，以最大限度地发挥社会主义集中力量办大事的优势。随着第一个"五年计划"的实施，我国建立起了一大批原来没有的工业部门，在内地兴办了大量工矿企业，极大地改观了旧中国工业基础落后和布局不合理的状况。"一五"计划的顺利实施奠定了我国社会主义工业化的基础，为改善民生创造了有利的条件，人民生活水平逐步有所提高。

20世纪50年代后期，苏联社会主义建设模式弊端逐步暴露，引起了中国共产党的高度警觉。在此背景下，中国开始探索适合自己国情的社会主义建设道路，我国的民生建设开始了新的探索。党的八大关于社会主要矛盾的正确判断和提出的"既反保守又反冒进即在综合平衡中稳步前进"的经济建设方针，为我国的民生建设提供了有利的条件。党的八大后，我国经济建设采取了巩固和扩大集体所有制和全民所有制经济的举措，坚持以重工业为中心，进一步发展农业、轻工业、手工业，相应地发展商业和交通运输业，以提高人民的物质生活水平。为了更好地改善民生，尽量满足人民对物质生活资料的需求，陈云提出了"三个主体、三个补充"的思想。即在商品经销主体上，强调国家和集体的主体地位，但也不排斥个体的补充作用；在商品生产上，以按国家计划进行生产为主体，同时准许部

[①] 中共中央文献研究室：《建国以来重要文献选编》第4册，中央文献出版社1993年版，第3页。

分产品按照市场原则进行自由生产,作为国家计划生产的补充;在市场流通方面,在统一的社会主义市场中,国家市场是主体,一定范围内的自由市场作为国家市场的补充。陈云的这个思想极具开创性,是符合中国当时实际的,因而被党中央所采纳,成为探索中国自己经济建设道路的成功典范,有助于促进我国物质民生的改善。

党的八大后,中国探索适合自己国情的社会主义建设道路的实践脱离实际,出现偏差。以"大跃进"和人民公社化运动为标志性事件,党在经济建设实践中脱离实际,违背经济规律、夸大主观意志、急于求成的冒进之风愈演愈烈,严重损害了国民经济的健康发展。这一时期,我国国民经济比例严重失调,重工业畸形发展。"从1957年到1960年,重工业增长了2.3倍,而农业下降22.8%;工业内部各部门比例也失调,钢铁工业生产挤占大量的能源、原材料、交通运输,使其他部门无法正常生产。"[①] 加上从1959年到1961年的自然灾害,中国经济发展遭遇严重困难,农副产品产量急剧下降,市场物资供应紧张,制约了民生的改善。随着"左"倾思想的进一步发展,"文化大革命"爆发,给党和国家带来了严重损失,"温饱型"民生建设遭遇较严重的挫折。

党的十一届三中全会后,"温饱型"的民生建设实践再次扬帆起航。以党的工作重心转向经济建设领域为标志,我国的民生建设蓄势待发,迎来新的局面。随着全党全国工作重心的转移,改善民生被赋予极具历史意义的意蕴,成为党的重要历史任务。党的十一届三中全会公报指出:"我们能否实现新时期的总任务,能否加快社会主义现代化建设,并在生产迅速发展的基础上显著地改善人民生活,加强国防,这是全国人民最为关心的大事,对于世界的和平和进步事业也有十分重大的意义。"[②] 由此可见,这一时期民生建设主要以改善物质民生为重点,着重强调改善人民的物质生活水平,解决人民的温饱问题。在民生建设的具体举措方面,首先抓住了农业这一物质资料生产的基础环节,扩大农村社队的自主权,恢复集市贸易、集体副业、家庭副业和自留地,提高农产品收购价格。由此,中国农村的面貌发生显著的变化,逐步繁荣起来。其次以农业调整为起点,在工业领域进行了结构调整。

---

① 人民教育出版社历史室:《中国近现代史》(下册),人民教育出版社2003年版,第108页。
② 中共中央文献研究室:《改革开放三十年重要文献选编》(上),中央文献出版社2008年版,第15页。

主要调整了重工业的服务方向，着力解决轻重工业比例失调的问题，促进了轻工业的发展。通过对农业和工业生产的调整，较好地改善了物质生活资料供需的矛盾，提高了人民的物质生活水平。

20 世纪 80 年代初，我国继续探索"温饱型"民生建设的规律，推进"温饱型"民生建设的实践进程。在党的十二大上，中央确立了农业、教育、能源、交通等几个与人民群众民生福祉息息相关的领域作为经济建设的重点，集中力量保障和改善物质民生。党的十二大后，我国物质消费品生产增长较快，"基本扭转了过去那种消费品长期严重匮乏的局面"①。在人民生活水平提高的基础上，与我国民生建设密切相关的其他各项事业也逐步发展起来。从党的十一届三中全会到党的十三大召开，我国牢牢抓住经济建设这个中心，经济实现了持续稳定的增长。这期间，我国国民生产总值、国家财政收入和城乡居民平均收入都大体上翻了一番，国家的整体面貌发生了深刻的变化。随着经济的发展，一些长期困扰我们的社会经济问题开始得以解决，其中最具历史意义的就是基本解决了过去几千年没有解决的温饱问题。党的十三大报告指出："十亿人口的绝大多数过上了温饱生活。部分地区开始向小康生活前进。还有部分地区，温饱问题尚未完全解决，但也有了改善。"②

"温饱型"的民生建设为新时代民生建设的理论创新提供了重要的实践经验启发。它启发我们：民生建设必须一切从实际出发，解决好吃饭问题始终是民生建设的头等大事。中国是个人口大国，人多耕地少是客观事实，解决全体人民的吃饭问题及其不易。新中国成立后，在党的领导下，我国用了近 40 年的时间基本解决了人民的温饱问题，充分彰显了社会主义制度的优势。解决温饱问题，必须正确处理好工业生产和农业生产的关系。农业是国民经济的基础，工业是主导，工业的发展能够改进农业生产的技术水平，促进农业的发展。新时代既要进一步加快社会主义工业化进程，把我国变成工业强国，同时又要重视农业的基础地位，加快发展现代农业。农业现代化，关键是农业科技现代化。中共中央、国务院发布的

---

① 中共中央文献研究室：《改革开放三十年重要文献选编》（上），中央文献出版社 2008 年版，第 471—472 页。
② 中共中央文献研究室：《十三大以来重要文献选编》（上），人民出版社 1991 年版，第 5 页。

《关于做好2022年全面推进乡村振兴重点工作的意见》指出,要强化现代农业基础支撑,大力推进种源等农业关键核心技术攻关,推进种业领域国家重大创新平台建设,加快实施农业关键核心技术攻关工程,强化种业知识产权保护。新时代的民生建设坚持农业的基础地位,把解决全体人民的吃饭问题作为头等大事,同时必须高度重视粮食安全问题。改革开放以来,尽管我国粮食年年丰收,特别是党的十八大以来,我国粮食年产量稳定在1.2万亿斤以上,粮食储备充裕,但绝不能高枕无忧,必须始终绷紧粮食安全这根弦。尽管我国当前粮食供应处于历史最好水平,但也应当看到全国的粮食消费总量正处于刚性增长中,我国粮食供需仍将长期处于紧平衡状态。习近平总书记多次强调要重视粮食生产安全问题,要求中国人民的饭碗必须掌握在中国人自己手里。党的二十大报告指出,要"树立大食物观,发展设施农业,构建多元化食物供给体系"①。总之,新时代民生建设的理论创新吸收了"温饱型"民生建设实践的历史经验和实践启示。

三 "小康型"民生建设实践经验的启迪

成功解决温饱问题后,人民群众产生了新的民生诉求,渴望过上更加宽裕的小康生活。党的十三大对社会主义初级阶段的路线进行了总体规划,明确了以经济建设为中心的民生发展战略。党的十三大后,中国经济开始加速发展,呈现出社会主义生机勃勃的生动局面,经济社会发展提高到新的水平,在基本解决了全国人民温饱问题的基础上,民生建设朝着小康阶段迈进,中国共产党由此开启了"小康型"的民生建设实践进程。

为了加快推进"小康型"民生建设实践,我国加快了对计划经济体制改革的步伐。党的十四大明确提出了建立社会主义市场经济体制的改革目标,提出经济体制改革的目标模式关系到整个社会主义现代化建设的全局,其核心是要处理好计划与市场的关系。社会主义市场经济体制改革目标的确立,有助于实现计划和市场的有机结合,更好地发挥计划与市场两种手段在民生建设中的优势,兼顾了公平与效率。党的十四大后,我国经济快速增长,人民收入稳步增加,人民生活水平显著提高,全国农村贫困

---

① 习近平:《高举中国特色社会主义伟大旗帜 为全面建设社会主义现代化国家而团结奋斗——在中国共产党第二十次全国代表大会上的报告》,人民出版社2022年版,第31页。

人口大幅减少,人民群众的衣食住用行条件明显改善。党的十五大把邓小平理论确立为党的指导思想,表明了我们党坚定地走中国特色社会主义道路的决心,坚持把发展生产力作为根本任务,以经济建设为中心,从根本上保证了民生建设的持续推进。党的十五大根据我国社会主义初级阶段的基本国情,提出了"以公有制为主体,多种所有制经济共同发展"的基本经济制度,既强调了公有制的主体地位,又肯定了非公有制经济在我国社会主义市场经济中的重要地位。党的十五大还提出了党在社会主义初级阶段的基本纲领,包括经济、政治、文化等方面的内容。其中,经济纲领提出要在社会主义条件下发展市场经济,坚持完善基本经济制度、社会主义市场经济体制和社会主义初级阶段的分配方式,保证人民共享经济繁荣成果。党的十五大后,我国初步建立了社会主义市场经济体制,我国国有企业改革取得了突破性进展,逐步探索建立中国特色现代企业制度,增强了国有企业的影响力和控制力,夯实了公有制经济在民生建设中的基础地位。在壮大公有制经济的同时促进非公有制经济的发展,发挥了非公有制经济在民生建设中的积极作用。经过十几年的努力,人民群众的生活质量不断提高,不仅大幅改善了人们的衣、食、住、行、用等状况,而且也促进了教育、科技、卫生、文化、体育等事业的全面发展,人民生活总体达到小康。在庆祝中国共产党成立 80 周年大会上,江泽民自豪地宣布:"十二亿多中国人不仅解决了温饱问题,而且总体上达到小康水平。"①

人民生活达到总体小康后,党在十六大正式提出了"全面建设小康社会"的民生建设目标。党的十六大报告指出:"我们要在本世纪头二十年,集中力量,全面建设惠及十几亿人口的更高水平的小康社会,使经济更加发展、民主更加健全、科技更加进步、文化更加繁荣、社会更加和谐、人民生活更加殷实。"② 以全面建设小康社会的提出为标志,我国社会主义民生建设又跨入了一个新的阶段。改革开放以来,我国经济经过多年的高速增长,为民生的改善提供了坚实的物质基础,但粗放型经济增长方式的弊端也日益显现,制约了全面小康社会的实现。对此,以胡锦涛为总书记的党中央提出了以人为本、全面协调可持续发展的科学发展观,要求在不断

---

① 中共中央文献研究室:《十五大以来重要文献选编》(下),人民出版社 2003 年版,第 1897 页。

② 《江泽民文选》第 3 卷,人民出版社 2006 年版,第 542—543 页。

满足人民日益增长的物质文化需要的基础上,妥善处理人与自然的关系,实现经济社会的可持续发展。

为适应全面建设小康社会的新形势,党的十六大提出要加快推进改革,建成完善的社会主义市场经济体制。按照党的十六大的总体部署,党的十六届三中全会审议通过了《中共中央关于完善社会主义市场经济体制若干问题的决定》,强调:"要按照统筹城乡发展、统筹区域发展、统筹经济社会发展、统筹人与自然和谐发展、统筹国内发展和对外开放的要求,更大程度地发挥市场在资源配置中的基础性作用,为全面建设小康社会提供强有力的体制保障。"① 在民生建设具体措施上实施积极的就业政策,坚持把扩大就业放在经济社会发展更加突出的位置,优化创业和就业环境,制定灵活多样的就业方针。同时,进一步完善收入分配制度,加大对收入差距扩大的调节力度。加快社会保障体系建设,健全失业保险制度,改革完善城镇职工基本医疗保险制度和企业职工基本养老保险制度,初步建立了城乡居民最低生活保障制度。

党的十六届四中全会提出了构建社会主义和谐社会的任务,进一步优化了全面小康社会建设的环境。党的十六大以来,我国经济保持平稳快速发展,经济实力大幅提升,经济效益明显提高,人民生活水平进一步改善,人民群众享有的公共服务明显增强。党的十七大顺应人民群众对过上更好生活的新期待,提出了实现全面建设小康社会奋斗目标的新要求,强调要增强发展协调性,更好地保障社会公平正义,完善民生保障体系。党的十七大后,我国全面小康的民生建设力度不断加大,民生显著改善,基本公共服务水平和均等化程度明显提高,就业保障更加充分,教育体系进一步完善,全面实现了城乡免费义务教育。社会保障体系建设成效显著,基本形成新型社会救助体系,全面建立城乡基本养老保险制度,全民医保基本实现。党的十八大接续全面建设小康社会的任务,提出了全面建成小康社会的宏伟目标。总之,从党的十六大中国共产党开启全面建设小康社会的新征程,经过十余年的努力,到 2012 年党的十八大召开,我们已经完成党的十五大报告提出的新"三步走"战略的第一步,成功实现了国民生产总值比 2000 年翻一番的目标,使人民达到了更加宽裕的小康生活,

---

① 中共中央文献研究室:《十六大以来重要文献选编》(上),中央文献出版社 2005 年版,第 465 页。

推动了民生建设由总体小康向全面小康的迈进。

"小康型"民生建设实践为新时代民生建设的理论创新提供了重要实践经验启迪：民生建设是党的使命担当，在任何时候都必须把改善民生、创造幸福生活作为党始终不渝的奋斗目标。民生建设是一项系统工程，牵涉到社会的方方面面，必须制定系统的战略，全方位、多举措推进。国民经济的持续、稳定发展是民生改善的基础，改善民生首先要保证经济的健康稳定发展，努力把"蛋糕"做大。改革开放以来，我国经济保持了多年持续高速增长，经济总量不断做大，这是中国人民民生实现从温饱到总体小康再到全面小康跨越的关键。民生建设必须走适合中国自己的道路，坚持一切从实际出发，实事求是，尊重客观规律，量力而行，不可超越社会发展阶段和经济发展水平，定下过高的目标，作出过高的承诺。必须把民生改善作为一个动态的过程，根据人民的需要和经济社会发展的实际状况尽力而为，并保持政策的连续性。新时代民生建设的理论创新充分吸收了上述实践启示，进一步丰富和发展了中国特色社会主义民生建设理论。

第三节　直接基础：党的十八大以来的民生建设实践

党的十八大以来，中国共产党牢记民生发展使命，以巨大的政治勇气和强烈的责任担当继续推进民生建设，我国民生建设迈向新征程。在党的领导下，围绕人民美好生活需要的民生建设目标，党和政府出台一系列关于民生建设的重大方针政策，推出一系列民生建设的重大举措。我国的民生建设蓬勃开展，取得了不平凡的成就，积累了丰富的经验，为新时代民生建设的理论创新提供了直接实践基础。

一　党的十八大以来民生建设的丰富实践

党的十八大以来，我国国内外形势发生了重大变化，世界正经历"百年未有之大变局"[①]，民生建设面临新的机遇与挑战。一方面，经过几十年

---

① 《习近平谈治国理政》第 3 卷，外文出版社 2020 年版，第 77 页。

的稳定发展，我国的总体社会面貌发生了巨大的变化：经济长期稳步增长，经济总量稳居世界第二位；综合国力显著增强，国际竞争力和影响力大幅跃升。全球化进一步深入发展，国际交流继续加强，中国经济的健康、稳定发展成为引领全球经济增长的重要引擎，"全球力量的天平正在从西方向东方转移"①。我国人民生活水平逐年提高，民生不断改善。这些变化为新时代我国的民生建设提供了极为有利的条件，民生改善具备了更雄厚的实力。

另一方面，党的十八大以来，我国经济正处于由量的增长到质的提高的关键时期，经济面临发展转型，必须把改革开放进一步推向深入。但不论是改革还是开放，我们都面临不小的压力。在改革方面，中国的改革已进入深水区，容易改的都改完了，剩下的都是难啃的硬骨头。继续推进改革涉及重大的利益调整，牵涉面广泛。我们既要深入推进经济体制改革，还必须深化政治、文化、社会、生态体制和党政军全方位的改革，可谓牵一发而动全身。在此背景下，继续深入推进改革要求党以高度的使命感和责任感勇立时代潮头，"以壮士断腕的决心和勇气，积极主动、坚定不移地推进改革，进一步解放和发展社会生产力"②。在深化对外开放方面，国际形势发生了重大变化，正处于新一轮的大变革、大调整中。党的十八大以来，国际格局进一步深刻调整，国与国之间的战略博弈异常激烈，贸易保护主义抬头，经济全球化遭遇挑战。国内外形势的重大变化使得新时代我国的民生建设挑战增多、风险加大。

尽管新时代我国民生建设的形势发生了深刻的变化，"艰和险在增多"，但中国共产党冷静思考，沉着应对，认为"时和势总体有利"③，以高度的使命感和历史担当精神继续推进民生建设。新时代中国共产党紧紧抓住人民对美好生活的需要这一核心诉求，不断拓展民生建设的内容，努力补齐民生短板。党的十八大以来，中国共产党以人民对美好生活的向往作为自己的奋斗目标，带领全国人民为全面建成小康社会而奋斗，谱写了

---

① 杜庆昊：《大历史视野中的"百年未有之大变局"》，《学习时报》2019 年 3 月 11 日第 2 版。

② 中共中央文献研究室：《十八大以来重要文献选编》（上），中央文献出版社 2014 年版，第 784 页。

③ 中共中央文献研究室：《习近平关于协调推进"四个全面"战略布局论述摘编》，中央文献出版社 2015 年版，第 13 页。

新时代民生建设的华丽篇章。贫困是人类社会的顽疾，古往今来一直是制约人们过上美好生活的拦路虎。实施脱贫攻坚战略，是中国人民摆脱贫困全面建成小康社会的关键。在党中央的全面部署和坚强领导下，全国人民一盘棋，全面投入到脱贫攻坚战中。

经济发展是社会全面进步的基础，是摆脱贫困的根本手段。新时代，我国仍然坚持以经济建设为中心，实现经济的可持续增长，不断提高经济发展质量，满足人民对美好生活的需求。在全面建成小康社会目标的引领下，我国"大力实施创新驱动发展战略，推动科技和经济紧密结合，推动科技创新和新兴产业发展"[①]，实现经济"从量的扩张向质的提高转变"[②]。党的十八大以来，我们认真防范和化解经济发展过程中的重大风险，坚持推进供给侧改革，实现实体经济和虚拟经济的良性互动。

围绕全面建成小康社会的任务，我国在推动经济发展的基础上建立健全民生建设的体制机制，完善民生建设制度体系，使改革发展成果更好、更公平惠及全体人民，在就业、住房、医疗、教育等民生领域不断取得新成绩。从党的十八大到十九大，中国的民生建设取得了极不平凡的成绩。在十九大报告中，除了列举经济建设、民主法治、思想文化建设、生态文明建设、全面从严治党等方面取得的巨大成就，还特别提到了民生建设的成绩。党的十九大报告指出，党的十八大以来，我国人民生活水平不断改善，成功实现了6000多万贫困人口的脱贫，人民收入增多，中等收入群体持续扩大。党的十九大后，我国继续深入推进精准扶贫，改善深度贫困地区人民群众的生活水平，努力实现全面小康"一个民族也不能少"的目标。经过全国人民的不懈奋斗，我国终于取得了脱贫攻坚战的全面胜利。在2021年召开的全国脱贫攻坚总结大会上，习近平总书记庄严宣告了我国脱贫攻坚战取得了全面胜利，历史性完成了消除绝对贫困的艰巨任务。除了物质民生建设，党的十八大以来我国以"美丽中国"建设为依托，不断改善生态环境"坚决打赢蓝天保卫战，让天更蓝、山更绿、水更清"[③]，努力满足人民群众的生态

---

① 中共中央文献研究室：《十八大以来重要文献选编》（上），中央文献出版社2014年版，第436页。

② 习近平：《干在实处走在前列——推进浙江新发展的思考与实践》，中共中央党校出版社2016年版，第128页。

③ 杜庆昊：《大历史视野中的"百年未有之大变局"》，《学习时报》2019年3月11日第2版。

民生需求，不断补齐生态民生短板。党的十八大以来我国民生建设取得的历史性成绩，国外政要和友好人士都钦佩不已，纷纷在党的十九大和二十大召开之际发来贺电、贺函。他们一致认为，党的十八大以来，中国人民在中国共产党的领导下解决了许多发展难题，办成了许多大事，在全国范围内消除了绝对贫困，增进了民生福祉，不仅改变了中国，而且震撼了世界，对全球民生的发展产生巨大影响。

二 党的十八大以来民生建设的实践特点

党的十八大以来，我国民生建设呈现鲜明的实践特点。具体表现在：

第一，人民对美好生活的向往成为党的奋斗目标，民生建设肩负着新的任务。新时代，我国社会主要矛盾已经转化为人民日益增长的美好生活需要和不平衡不充分的发展之间的矛盾。同过去人民群众的"物质文化"民生诉求相比，人民对美好生活的民生需要更加广泛，不仅对物质文化生活提出了更高诉求，而且在民主、法治、公平、正义、安全、环境等方面的需求日益增长。社会主要矛盾的转化和人民民生需求的变化要求党必须坚持以人民为中心，立足于社会主义初级阶段的基本国情，扎实推进民生建设，努力实现更均衡、更充分的发展，满足人民日益增长的美好生活需要。《中共中央关于制定国民经济和社会发展第十四个五年规划和二〇三五年远景目标的建议》指出，新时代的民生建设要"以满足人民日益增长的美好生活需要为根本目的，统筹发展和安全，加快建设现代化经济体系，加快构建以国内大循环为主体、国内国际双循环相互促进的新发展格局，推进国家治理体系和治理能力现代化，实现经济行稳致远、社会安定和谐，为全面建设社会主义现代化国家开好局、起好步"[①]。

人民对美好生活的向往是一个动态的过程，其内容会随着社会的发展和人民需求的增长而不断拓延。党的十九大报告强调，满足人民日益增长的美好生活需要，既要为人民群众创造更多的物质和精神财富，还要坚持从人民群众关心、让人民群众满意的事情做起，为人民群众提供

[①] 新华社：《中共中央关于制定国民经济和社会发展第十四个五年规划和二〇三五年远景目标的建议——二〇二〇年十月二十九日中国共产党第十九届中央委员会第五次全体会议通过》，《人民日报》2020年11月4日第1版。

优质的生态产品。在庆祝改革开放40周年大会上,习近平总书记指出,要不断实现人民对美好生活的向往,"不断"一词深刻体现了满足人民对美好生活需要的动态性。满足人民对美好生活的需要,不仅要解决民生产品的种类、数量问题,还要不断提高民生产品的质量以满足人民群众多样化、多层次的民生需求。党的十九届四中全会进一步强调:"坚持和完善统筹城乡的民生保障制度,满足人民日益增长的美好生活需要。"①

第二,民生建设进入"补齐民生短板"的历史时期。改革开放40多年来,我国生产力整体跃升,经济总量不断增大,多年稳居世界第二,城镇化进程显著加快,民生产品供应不断丰富,人民生活水平显著提高。党的十九届六中全会通过的《中共中央关于党的百年奋斗重大成就和历史经验的决议》指出:"改革开放和社会主义现代化建设的伟大成就举世瞩目,我国实现了从生产力相对落后的状况到经济总量跃居世界第二的历史性突破,实现了人民生活从温饱不足到总体小康、奔向全面小康的历史性跨越,推进了中华民族从站起来到富起来的伟大飞跃。"②

在人民生活水平整体改善的同时,不可否认我们还存在不少民生短板,严重制约了人民对美好生活的追求。新时代,满足人民对美好生活的向往涉及方方面面的工作,补齐民生短板是其中一项重要任务。习近平总书记指出,全面建成小康社会中存在的突出短板,从人群看,主要是老弱病残贫困人口;从区域看,主要是深度贫困地区;从领域看,主要是生态环境、公共服务、基础设施等方面。2016年"两会"期间,习近平总书记在参加湖南代表团审议时明确要求,要一手抓结构性改革,一手抓补齐民生短板。在2020年的新年贺词中,习近平总书记号召全国人民万众一心加油干,在民生建设中"把短板补得再扎实一些,把基础打得再牢靠一些"③。2021年3月7日习近平总书记在参加十三届全国人大四次会议青海代表团审议时又强调:"要着力补齐民生短板,破解民生难题,兜牢民生底线,办好就业、教育、社保、医疗、养老、托幼、住房等民生实事,

---

① 新华社:《中共中央关于坚持和完善中国特色社会主义制度 推进国家治理体系和治理能力现代化若干重大问题的决定》,《人民日报》2019年11月6日第1版。
② 新华社:《中共中央关于党的百年奋斗重大成就和历史经验的决议——2021年11月11日中国共产党第十九届中央委员会第六次全体会议通过》,《人民日报》2021年11月17日第1版。
③ 《国家主席习近平发表二〇二〇年新年贺词》,《人民日报》2020年1月1日第1版。

提高公共服务可及性和均等化水平。"① 党的二十大报告再次强调，要采取更多惠民生、暖民心举措，增强公共服务供给的均衡性和可及性，扎实推进共同富裕。

第三，促进社会公平正义比以往历史时期更加迫切，意义更加重大。公平正义是社会主义的本质要求。我国民生建设经过几十年的努力，取得了举世瞩目的成就，中国人民逐步富裕起来，生活越来越美好。同时，发展中存在的不平衡不充分的问题比以往更加突出，地区差距、收入差距和城乡差距不断拉大，社会公平正义问题亟待解决。《2014 年国民经济和社会发展统计公报》显示，2014 年我国居民收入基尼系数为 0.469，已超过国际公认 0.4 的贫富差距警戒线。此外，根据国家卫生计生委公布的《中国家庭发展报告 2015》披露，我国家庭收入差距明显，收入最多的 20% 的家庭和收入最少的 20% 的家庭相差 19 倍左右。因而，新时代的民生建设必须高度关注社会公平正义问题。新时代能否实现和维护社会公平正义不仅影响人民对美好生活的追求，而且关系到国家的稳定和长治久安。正是基于此，习近平总书记在《中共中央关于全面深化改革若干重大问题的决定》说明中，把"进一步形成公平竞争的发展环境""进一步实现社会公平正义"② 作为全面深化改革的关键内容。《中共中央关于制定国民经济和社会发展第十四个五年规划和二〇三五年远景目标的建议》指出："坚持共同富裕方向，始终做到发展为了人民、发展依靠人民、发展成果由人民共享，维护人民根本利益，激发全体人民积极性、主动性、创造性，促进社会公平，增进民生福祉，不断实现人民对美好生活的向往。"③

三　对党的十八大以来民生建设实践经验的吸收和提炼

党的十八大以来的民生建设实践为新时代民生建设的理论创新提供了直接的实践基础。在新时代的民生建设实践中，我们积累了许多实践经验，深化了对社会主义民生建设规律的认识，这些经验和新认识成为新时

---

① 新华社：《习近平在参加青海代表团审议时强调：坚定不移走高质量发展之路，坚定不移增进民生福祉》，《人民日报》2021 年 3 月 8 日第 1 版。
② 《习近平谈治国理政》，外文出版社 2014 年版，第 74 页。
③ 《中共中央关于制定国民经济和社会发展第十四个五年规划和二〇三五年远景目标的建议——二〇二〇年十月二十九日中国共产党第十九届中央委员会第五次全体会议通过》，《人民日报》2020 年 11 月 4 日第 1 版。

代民生建设理论创新的直接来源。

新时代民生建设实践紧扣社会主要矛盾的变化和人民对美好生活的需要日益广泛的现实，统筹物质民生和生态民生的协调发展。一方面，新时代民生建设紧紧抓住发展这个执政兴国的第一要务，在继续推动经济高质量发展的基础上改善物质民生，满足人民对高质量物质民生产品的需求。另一方面，在民生建设中着力解决好发展不平衡不充分问题，努力补齐民生短板，推进生态民生建设，满足人民对良好生态环境的诉求。在吸收这一实践经验的基础上，新时代的民生建设理论总结提炼出当代中国民生建设的目标任务、基本内容、方案和路径等，推动了民生建设理论的创新。即新时代的民生建设理论确立了"人民美好生活"的民生建设目标，把物质民生和生态民生作为民生建设的基本内容，制定了"五位一体"的民生建设方案，深刻阐明了经济发展与民生改善的辩证关系，强调经济发展是民生改善的物质基础，始终强调在经济发展的基础上改善民生，民生建设既要尽力而为，又要量力而行。

为缓解人民美好生活需要同发展不平衡不充分的矛盾，新时代民生建设实践更加注重社会公平，加大脱贫攻坚力度，提高公共服务水平和质量，增强创新能力，加强对基础设施薄弱环节建设，更好地满足人民对经济、政治、文化、社会、生态等各方面日益增长的需要。通过吸收这一实践经验，新时代的民生建设理论明确提出，公平正义是中国特色社会主义的内在要求，要让人民群众都能感受到公平正义。制度是保证社会公平正义的根本手段。必须在全体人民共同奋斗、经济社会不断发展的基础上，加强保障社会公平正义的制度建设，逐步建立以规则公平、权利公平、机会公平为主要内容的社会公平保障制度体系，努力营造公平的社会环境，保证人民平等参与、平等发展的权利。

实现好、维护好、发展好最广大人民的根本利益是我们党追求社会公平正义的基本价值取向。在新时代民生建设中坚持公平正义，就是要通过制度安排更好保障人民群众各方面权益，正确处理公平与效率的关系，调整国民收入分配格局，"让改革发展成果更多更公平惠及全体人民，朝着实现全体人民共同富裕不断迈进"[①]。要坚守底线、突出重点，保障人民群众基本生活，增强对脱贫地区以及一些欠发达地区的社会保障，通过城乡

---

① 《习近平谈治国理政》第 3 卷，外文出版社 2020 年版，第 35 页。

资源要素的双向流动,加强资金、基础设施、人才力量等方面的政策支持。针对人民群众普遍关心的民生痛点、难点,进一步完善公共服务体系,提升公共服务均等化水平,增强人民群众的获得感和幸福感,不断满足人民日益增长的美好生活需要。习近平总书记指出:"我们的责任,就是要团结带领全党全国各族人民,继续解放思想,坚持改革开放,不断解放和发展社会生产力,努力解决群众的生产生活困难,坚定不移走共同富裕的道路。"①

党的十八大以来,我国充分发挥人民群众在民生建设实践中的积极性和主动性,坚持人人尽责、人人享有,通过党员干部带领人民群众一起创造美好生活,有效地避免了领导热群众不热或群众热领导不热等不利局面的出现。通过吸收这一民生建设的实践经验,新时代的民生建设理论总结提炼出以人民为中心的民生建设理念,要求民生建设在党的领导下尊重人民群众的实践主体地位和价值主体地位,坚持民生建设为了人民,民生建设依靠人民的价值取向。习近平总书记强调,既要坚持人民群众的主体地位,发挥群众首创精神,紧紧依靠人民推动民生建设,又要通过制度安排,依法保障人民权益,使人民共享改革发展成果,不断满足人民日益增长的美好生活需要。由此可见,新时代民生建设的理论创新立足于当代中国民生建设的伟大实践,在充分吸收新时代民生建设实践经验的基础上进一步进行理论提炼,形成了新时代的民生建设理论。

总之,新时代民生建设的理论创新既对国外民生建设实践经验进行了总结、借鉴和反思,又受到党成立初期到党的十八大之前民生建设实践的启示、启发和启迪,还立足于党的十八大以来我国民生建设的生动实践,在充分吸收新时代民生建设实践经验的基础上进一步进行总结提炼,进而实现了新时代民生建设理论的创新。

---

① 中共中央文献研究室:《十八大以来重要文献选编》(上),中央文献出版社2014年版,第70页。

第四章 新时代民生建设理论创新的内容

新时代，我们党继续坚持从中国的实际出发，坚定理论自信，与时俱进推进了民生建设理论的创新。新时代民生建设的理论创新是系统的、多方位的，提出了关于民生建设的许多新观点，由此构建起当代中国民生建设的新理论。新时代民生建设的理论创新主要体现在对民生建设理念的升华、对民生建设目标的深化、对民生建设内容的拓延、对民生建设方案的丰富、对民生建设制度改革思路的创新等方面。

第一节 对民生建设理念的升华

民生建设理念体现了民生建设的初衷和根本目的。坚持保障和改善民生是中国共产党以民为本、执政为民的最根本体现。新时代的民生建设理论确立了以人民为中心的民生建设理念，要求在民生建设中以人民为中心，把改善民生、增进民生福祉作为发展的根本目的。以人民为中心的民生建设理念坚持了民生建设实践主体与价值主体的统一，进一步提升了人民群众在民生建设中的主体地位，实现了民生建设理念的进一步升华。

一 以人民为中心民生建设理念的提出

人民群众是历史的创造者，是实践的主体，也应当是实践成果的享受者。在民生建设实践中，中国共产党高度重视人民群众的主体地位，坚持了人民至上的价值理念。党的第一代领导集体尊重人民群众的主体地位，在民生建设中形成了群众路线的工作方法，坚持依靠群众，全心全意为人民服务。党的第二代领导集体在民生建设中坚持紧密联系和依靠人民群众，要求以人民群众是否满意作为评价民生建设工作成效的标准。党的第三代领导集体要求始终代表和维护最广大人民的根本利益，深刻阐明了党推进民生建设的价值追求。进入21世纪，以胡锦涛为总书记的党中央在民生建设中坚守人民立场，逐步形成了以人为本的民生建设理念。

以人为本是科学发展观的本质和核心，深刻地体现了新世纪中国共产党民生建设的根本价值追求。在人类历史上，不少思想家、理论家都对"以人为本"这个概念有所论及，但他们中的大多数人都是脱离现实抽象地探讨"人"的本质和属性。中国共产党提出的"以人为本"是从现实的人出发，关注的是人民群众现实生存状况，与历史上探讨抽象的人的思想流派有着本质的区别。中国共产党以人为本的民生建设理念着眼于现实的人的现实民生诉求，落脚点是要不断创造条件使人民过上更美好的生活。2004年5月，胡锦涛在江苏考察工作时指出："坚持以人为本，始终把最广大人民根本利益放在第一位"①，明确指出了以人为本民生建设理念的人民立场。时任国务院总理温家宝要求把以人为本融入维护人民群众利益、促进民生发展的目标和行动中。温家宝强调，以人为本必须坚持唯物史观的基本原理，坚决维护人民的民生权益，不断满足人民多元化的民生诉求，促进人的全面发展。2007年，在学习贯彻党的十七大精神研讨班上，胡锦涛清晰地阐述了以人为本的基本内涵。他指出："我们提出以人为本的根本含义，就是坚持全心全意为人民服务，立党为公、执政为民，始终把最广大人民的根本利益作为党和国家工作的根本出发点和落脚点。"② 胡锦涛还阐明了坚持以人为本的价值旨趣和根本目的。他强调，坚持以人为本的根本目标是改善人民的生活状况，推动人的全面发展。具体而言，在当前就是要通过大力发展生产，保障人民的基本物质文化需求，保证社会的公平正义，使发展成果惠及全体人民。党的十八大报告重申了坚持以人为本的基本立场，强调要切实实现好、维护好、发展好最广大人民的民生权益。从上述表述来看，以人为本的民生建设理念要求把维护好、发展好人民的根本利益和促进人的全面发展作为党推进民生建设的出发点和归宿，着重突出了我国社会主义民生建设为了谁的价值指向。

---

① 《胡锦涛文选》第2卷，人民出版社2016年版，第181页。
② 中共中央文献研究室：《十七大以来重要文献选编》（上），中央文献出版社2009年版，第107页。

党的十八大后，随着我国社会主要矛盾的转化，人民的主体意识进一步强化，民生诉求更加多元化，我国民生建设面临新的形势，必须进一步凸显人民群众的主体地位。以习近平同志为核心的党中央逐步提出了以人民为中心的执政理念。习近平对人民饱含深情，他在担任浙江省委书记时就曾告诫当地领导干部要牢记"心系群众鱼得水，背离群众树断根"[1]的道理。2012年当选为中共中央总书记后，"人民"更是成为习近平时常挂在嘴边的一个高频词，在不同场合习近平时刻体现出深刻的人民情怀。2013年，在十二届全国人大一次会议上，习近平阐明了人民至上的立场，强调要"始终把人民放在心中最高的位置"[2]，在实现中国梦的过程中不断造福人民。随后，在接受金砖国家媒体联合采访时，习近平再次表达了"把人民放在心中最高的位置"的执政理念。他指出："对我来讲，人民把我放在这样的工作岗位上，就要始终把人民放在心中最高的位置，牢记人民重托，牢记责任重于泰山。领导者要深入了解国情，了解人民所思所盼，要有'如履薄冰，如临深渊'的自觉，要有'治大国若烹小鲜'的态度，丝毫不敢懈怠，丝毫不敢马虎，必须夙夜在公、勤勉工作。"[3] 同年，习近平在党的群众路线教育实践活动工作会议上又指出：党无论在什么时候、什么情况下都必须坚持唯物史观的基本观点，牢记全心全意为人民服务的宗旨，坚持立党为公、执政为民，始终保持与人民的血肉联系。

以人民为中心的执政理念深刻地贯彻于民生建设领域，成为新时代民生建设的核心理念。2015年9月，习近平在联合国发展峰会上深刻阐明了站在人民的立场发展生产的观点，指出我们发展的最终目的是为了改善民生。2015年10月，党的十八届五中全会召开，会议通过的《中共中央关于制定国民经济和社会发展第十三个五年规划的建议》明确阐明了以人民为中心的民生建设理念。《建议》指出："必须坚持以人民为中心的发展思想，把增进人民福祉、促进人的全面发展作为发展的出发点和落脚点。"[4] 党的十九大报告进一步指出，必须坚持以人民为中心，把人民对美好生活的向往作为党的奋斗目标。在博鳌亚洲论坛2022年年会开幕式上习近平

---

[1] 习近平：《之江新语》，浙江人民出版社2007年版，第267页。
[2] 《习近平谈治国理政》，外文出版社2014年版，第43页。
[3] 《习近平谈治国理政》，外文出版社2014年版，第409—410页。
[4] 中共中央文献研究室：《十八大以来重要文献选编》（中），中央文献出版社2016年版，第789页。

又指出:"要坚持以人民为中心,把促进发展、保障民生置于突出位置,实施政策、采取措施、开展行动都要把是否有利于民生福祉放在第一位。"① 党的二十大报告再次强调要坚持以人民为中心,增进民生福祉,提高人民生活品质,让现代化建设成果更多更公平惠及全体人民。

以人民为中心的民生建设理念是对以人为本民生建设理念的进一步丰富和发展,彰显了党在新时代民生建设中对人民立场的坚守。坚持以人民为中心不仅要求党始终坚持马克思主义的人民立场和全心全意为人民服务的宗旨,在发展中不断改善民生,造福人民,更要尊重人民群众在民生建设中的主体地位和首创精神,调动人民群众主动参与民生建设的热情,展现人民创造历史的磅礴力量。党的十八大以来,我们党把满足人民的美好生活需求作为自己的奋斗目标,提出"小康路上,一个都不能少",强调人民群众是党执政的根基和最大底气,指出党的事业就是要让人民幸福,既体现了党对人民民生权益的维护,又展现了党对人民实践主体地位的充分尊重。党的十九大报告强调,坚持以人民为中心,必须做到立党为公、执政为民,贯彻党的根本宗旨,维护人民群众的根本利益,依靠人民创造历史伟业,满足人民群众的美好生活需求。总之,以人民为中心的民生建设理念既强调了民生建设的目的和归宿,坚持民生建设为了人民,突出了人民利益至上的价值取向,又科学阐释了民生建设必须依靠人民,保障人民群众参与民生建设的权利,人尽其力,彰显了人民的实践主体地位,实现了民生建设实践主体和价值主体的有机统一。

二 以人民为中心民生建设理念的内涵

习近平总书记指出:"为什么人、靠什么人的问题,是检验一个政党、一个政权性质的试金石。"② 以人民为中心的民生建设理念内涵丰富,它深刻阐明当代中国民生建设的根本目的、依靠力量和受益者,科学解答了新时代民生建设"为了谁、依靠谁"的问题。

(一)促进人的全面发展:民生建设的根本目的

为人民谋利益是马克思主义执政党的阶级立场,其最高体现是促进人的全面发展。任何政党都具有阶级属性,代表的都是其所属阶级的利益。

---

① 习近平:《携手迎接挑战,合作开创未来》,《人民日报》2022年4月22日第2版。
② 《习近平谈治国理政》第2卷,外文出版社2017年版,第52页。

"政党本质上是特定阶级利益的集中代表者,是特定阶级政治力量中的领导力量,是由各阶级的政治中坚分子为了夺取或巩固国家政治权力而组成的政治组织。"① 共产党是以无产阶级为基础的政治组织,是人民利益的代表者和维护者。早在 170 多年前,马克思、恩格斯在《共产党宣言》中就明确指出,共产党没有自己的私利,其利益与无产阶级即广大人民群众是一致的,代表的是全体劳动人民的利益。中国共产党作为无产阶级政党,党一经成立后,就始终恪守着社会主义运动的基本原则,坚定地维护人民群众的根本利益。习近平总书记指出:"西方某个政党往往是某个阶层或某个方面的代表,而我们必须代表全体人民。"②

从人类历史发展的过程来看,中国共产党代表广大人民的根本利益,其最高体现就是实现人的解放和全面发展。人的自由而全面的发展是一个长期的过程,需要各种条件的支撑,不可能一蹴而就。在马克思主义看来,只有共产主义社会才能实现人的全面发展。共产主义社会具备每个人自由而全面发展所需的一切必要条件:物质财富的充分涌流、人们的思想道德水平极大提高、社会摆脱了盲目的异己力量的支配,人们能够自由自觉地创造美好生活。马克思、恩格斯指出:"代替那存在着阶级和阶级对立的资产阶级旧社会的,将是这样一个联合体,在那里,每个人的自由发展是一切人的自由发展的条件。"③ 中国共产党一经成立,就确立了追求共产主义的崇高理想,体现了无产阶级政党的鲜明特征。《中国共产党第二次全国大会宣言》明确指明了党的最高纲领是实现共产主义。《宣言》指出:"中国共产党是中国无产阶级政党。他的目的是要组织无产阶级,用阶级斗争的手段,建立劳农专政的政治,铲除私有财产制度,渐次达到一个共产主义的社会。"④ 这就意味着党必须为实现人的自由全面发展不懈奋斗。中国共产党成立 100 余年来,不管国际、国内形势如何变化,党的共产主义追求从未动摇过,促进人的全面发展的努力从未松懈过。尽管《中国共产党章程》根据形势的变化进行了多次修改,但从未降低或放弃党的共产主义信仰和对人的自由全面发展的价值追求,始终明确规定党的最高

---

① 王浦劬:《政治学基础》,北京大学出版社 2018 年版,第 259 页。
② 杜小杜:《习奥瀛台夜话》,人民网 2014 年 11 月 14 日。
③ 《马克思恩格斯文集》第 2 卷,人民出版社 2009 年版,第 53 页。
④ 中共中央文献研究室、中央档案馆:《建党以来重要文献选编(1921—1949)》第 1 册,中央文献出版社 2011 年版,第 133 页。

理想和最终目标是实现共产主义，并要求党员为实现人的彻底解放和全面发展奋斗终身。

民生建设本质上是为人的全面发展创造条件。以人民为中心的民生建设理念深刻地彰显了新时代党对人民群众发展的价值关怀，坚持了社会主义民生建设为人的全面发展创造条件的价值情怀。坚持以人民为中心的民生建设理念，就是要本着对历史、对人民高度负责的精神，顺应民意，满足人民群众的民生诉求，促进中国人民的全面发展。人民有民生需求，我们就必须有所回应。党的十九大报告指出，我们必须推动经济的持续发展，满足人民日益增长的多方面民生需求。新时代，人民对美好生活提出了新的需求，我们就必须顺应人民的诉求，坚持保障和改善民生，维护最大多数人的利益，确保人民群众有更多的获得感。党的十九大报告要求，必须坚持以人民为中心，推进民生建设，满足人民的民生需要，持续推动人的全面发展。报告明确指出了新时代民生建设的价值取向是要"更好地推动人的全面发展"。因而，新时代民生建设在为人民群众提供更多更好的民生产品的同时，还必须高度关注和解决好社会公平正义问题，创造更优越的条件促进人的全面发展。

通过改善民生不断促进人的全面发展必须坚持一切从实际出发，不能超越历史阶段。党的十八大以来，我国经济社会发展出现翻天覆地的变化，经济社会实现历史性的发展，民生建设成就巨大，中国人民的面貌发生了前所未有的变化。但应当看到，我国处于社会主义初级阶段的基本国情仍未变，生产力还不够发达，尚不具备实现人的自由全面发展的全部条件，因而不能超越客观现实空谈人的全面发展，但我们有能力为促进中国人民的全面发展不断创造更好的条件。保障和改善民生既要量力而行，也要尽力而为。我国必须遵循社会发展的基本规律，以人的全面发展为价值指引，脚踏实地改善民生，不断创造条件促进中国人民的不断发展。2014年，习近平总书记在中央经济工作会议上的讲话强调，必须努力解决困难群众的就业问题，"努力让劳动者实现体面劳动、全面发展"[①]。为了实现这个目标，我们在施政过程中就必须千方百计创造条件为民谋利，从解决关涉人民群众切身利益的事情入手，不断补齐民生短板，满足人民日益多

---

① 中共中央文献研究室：《习近平关于全面建成小康社会论述摘编》，中央文献出版社2016年版，第149页。

样的民生需求，解决人民群众的后顾之忧，保证全体人民共享民生福祉。

（二）民生建设的依靠力量：人民群众

人民群众是实践的主体，对实践活动的成败起决定作用。实践是人的本质性活动，在实践活动中，人们不是被动地适应外部世界，而是要发挥主观能动性充分认识和利用规律建构主体与客体辩证统一的对象性关系。在这个过程中，人的本质力量被充分展示出来，凸显了人民群众的主体性地位。物质生产实践构成社会历史发展的根本动力，人的实践活动与社会历史发展紧密联系，社会历史发展的动力系统就是由实践的基本要素及内在关系构成的，改造社会的实践活动推动着社会历史的变迁和进步。由此可见，人民群众既是实践的主体，又是创造历史的主体，"人们自己创造自己的历史"[①]。人民群众是物质财富的创造者。在创造历史的实践活动中，人民群众将自己的本质力量作用于自然界，创造了一个"人化的自然"，生产出了丰富的物质产品，满足社会成员生存和发展之需。人民群众又是精神财富的创造者，一方面为精神生产提供物质基础和实践源泉；另一方面人民群众直接参与精神生产，创新文化事业，推动科学发展。人民群众还是社会发展和变革的决定力量。一方面，在物质生产和社会交往中建立起丰富的社会关系，建构起复杂的制度体系，推动生产关系的变革和社会制度的更替，改变社会的形态和面貌；另一方面，人民群众直接参与变革社会生产关系的运动，投身革命，直接推动社会形态的更替，实现社会历史的发展进步。

以人民为中心的民生建设理念深刻反映了唯物史观关于人民主体地位的基本立场，阐明了当代中国民生建设"依靠谁"的问题。在十二届全国人大一次会议上，习近平总书记的讲话通篇都是围绕"人民"这一主题展开的，充分体现了唯物史观的基本立场、观点和方法。习近平总书记指出，中国人民不仅书写了我国的文明发展史，创造了优秀的中国文明，催生了伟大的民族精神，而且创造了巨大的物质财富，实现了自身生存状态的不断改善。人民是民生建设的根本力量，中国人民民生福祉的改善必须依靠全体中国人民共同努力，民生的改善是全体人民共同奋斗的结果。习近平总书记要求在民生建设中必须深刻体现人民群众的实践主体地位，充分发挥人民的聪明才智，强调要把十几亿人民凝聚起来，汇聚成社会主义

[①] 《马克思恩格斯文集》第 2 卷，人民出版社 2009 年版，第 470 页。

民生建设的磅礴力量。习近平总书记指出，中国共产党成立以来，我们之所以能够取得一个又一个的胜利，关键在于我们顺应民意坚持保障和改善民生福祉，得到人民群众的拥护和支持。新时代民生建设依靠的力量仍然是人民，必须精心组织、充分动员全体人民主动参与到民生建设中，为改善民生献计出力。习近平总书记指出："我们要随时随刻倾听人民呼声、回应人民期待，保证人民平等参与、平等发展权利……不断实现好、维护好、发展好最广大人民根本利益。"① 2013年4月，在同全国劳动模范代表座谈时，习近平总书记指出，人民创造历史，"实现我们的奋斗目标，开创我们的美好未来，必须紧紧依靠人民"②，依靠他们的辛勤、诚实和创造性劳动。在2015年春节团拜会上，习近平总书记又指出，"更加有力地保障和改善民生"③，增加人民福祉，必须"紧紧依靠人民，从人民中吸取智慧，从人民中凝聚力量"④，充分发挥人民群众的创造力。在十八届中央政治局第二次集体学习时的讲话中，习近平总书记再次强调，改革开放以来我们各方面经验的创造和积累都是源于人民群众的智慧，在进一步推进改革和发展中我们必须紧紧依靠人民，"坚持尊重人民首创精神"⑤，必须根据民生建设的实际不断完善政策措施，保障人民群众平等参与民生建设事业。在党的十九大报告中，习近平总书记重申了人民是历史的创造者这一唯物史观的基本观点，指出人民"是决定党和国家前途命运的根本力量"⑥。因而，在新时代的民生建设中必须坚持人民的主体地位，始终践行全心全意为人民服务的根本宗旨，坚持立党为公、执政为民，在民生建设中全面贯彻党的群众路线，依靠人民创造美好生活。总之，以人民为中心的民生建设理念深刻地揭示了人民群众在民生建设中的实践主体地位，深刻表达了新时代党对人民群众的尊重、信任和依靠，坚持了民生建设依靠人民的实践指向。

---

① 《习近平谈治国理政》，外文出版社2014年版，第41页。
② 《习近平谈治国理政》，外文出版社2014年版，第44页。
③ 中共中央文献研究室：《习近平关于协调推进"四个全面"战略布局论述摘编》，中央文献出版社2015年版，第162页。
④ 中共中央文献研究室：《习近平关于协调推进"四个全面"战略布局论述摘编》，中央文献出版社2015年版，第161页。
⑤ 《习近平谈治国理政》，外文出版社2014年版，第68页。
⑥ 《习近平谈治国理政》第3卷，外文出版社2020年版，第16页。

（三）民生建设的受益者：全体人民

人民群众既是民生建设的主体，也应当是民生建设的受益者。人民群众创造的社会财富理应由人民群众自己享受。但在资本主义异化劳动条件下，劳动者成为奴役的对象，他们虽然创造了丰富的劳动产品，但劳动产品却是作为一种异己的力量同劳动者相对立，以至于劳动者创造的财富越多反而越痛苦，所获得就越少。马克思指出："工人在劳动中耗费的力量越多，他亲手创造出来反对自身的、异己的对象世界的力量就越强大，他自身、他的内部世界就越贫乏，归他所有的东西就越少。"① 在社会主义制度下，劳动人民实现了主体地位的复归，成为社会的主人，他们既是社会生产的主体，也必然是劳动成果的享受者，这是由社会主义的本质属性所决定的。社会主义不仅可以推动生产力的巨大发展，实现物质产品的丰富，而且能够从根本上保证社会的公平正义。人民共享发展成果是我国社会主义优越性的根本体现之一。恩格斯指出，公有制社会"结束牺牲一些人的利益来满足另一些人的需要的状况"②，使"所有人共同享受大家创造出的福利"③。人民共享发展成果是发展社会主义的必然逻辑，也是建设中国特色社会主义的基本原则。

以人民为中心的民生建设理念深刻阐明了我国民生事业发展"为了谁"的问题，坚持了民生发展成果由人民共享的基本原则。与资本主义追求剩余价值的生产目的不同，社会主义生产的根本目的是为了改善民生，满足人民的美好生活诉求。中国共产党植根于人民，始终坚持立党为公、执政为民，在其领导下的中国特色社会主义坚决维护人民的根本利益，始终把增进人民福祉，实现共同富裕作为经济社会发展的出发点和落脚点。党的十八大以来，党中央多次强调我国社会主义发展的根本目的是为了增进民生福祉，满足人民对美好生活的向往。习近平总书记指出，中国特色社会主义的根本原则是共同富裕，"我们追求的发展是造福人民的发展，我们追求的富裕是全体人民共同富裕"④。新时代坚持民生建设为了人民，保障全体人民民生建设受益者的地位，应当从两方面入手：

---

① 《马克思恩格斯文集》第 1 卷，人民出版社 2009 年版，第 157 页。
② 《马克思恩格斯文集》第 1 卷，人民出版社 2009 年版，第 689 页。
③ 《马克思恩格斯文集》第 1 卷，人民出版社 2009 年版，第 689 页。
④ 中共中央文献研究室：《习近平关于社会主义社会建设论述摘编》，中央文献出版社 2017 年版，第 35 页。

第一，坚持把改善民生作为经济社会发展的根本目的。党的十八大以来，习近平总书记多次表达了发展为了人民，坚决维护人民利益，使人民过上更加美好生活的执政目的，强调一切工作的出发点和落脚点都要以维护人民利益，让人民过上好日子为准则。2013 年 11 月，习近平总书记在主持十八届中央政治局第十一次集体学习时指出："我们要坚持马克思主义群众观点，坚持党的群众路线，'以百姓心为心'，把实现好、维护好、发展好最广大人民根本利益作为推进改革的出发点和落脚点。"[1] 2017 年 1 月 17 日，在达沃斯世界经济论坛年会开幕式上，习近平总书记发表了主旨演讲。在演讲中，习近平总书记深刻地指出，中国改革开放取得的巨大成功，关键是中国人民探索了一条符合自己国情的道路，这条道路的核心内涵就是坚持以人民为中心，将人民利益置于首位，"把改善人民生活、增进人民福祉作为出发点和落脚点，……使发展造福人民"[2]。我国进行改革开放和社会主义现代化建设的根本目的就是要通过发展生产力，不断满足人民日益多样化和更高质量的民生需求。习近平总书记强调，如果中国的发展不能顺应人民的期待，不能满足人民的民生诉求，使人民获得看得见、摸得着的实惠，不断改善人民的生活状况，那么发展就没有意义了，也是不可持续的。党的十九大报告进一步指出，坚持以人民为中心的理念，必须始终把改善民生作为我国经济社会发展的根本目的，始终把人民利益摆在至高无上的地位。

第二，促进社会公平正义，将改革发展成果更多更公平地惠及全体人民。新时代民生建设不仅要把满足人民的民生需要作为经济社会发展的出发点和落脚点，还必须保障社会的公平正义，使每个人平等享有民生权利，实现全体人民共享改革发展成果。在主持十八届中央政治局第二次集体学习时，习近平总书记强调，新时代改革发展稳定任务越繁重，就越要加强和改善党的领导，要通过制定和贯彻正确的路线方针政策领导人民前进，"善于从人民的实践创造和发展要求中完善政策主张，使改革发展成果更多更公平惠及全体人民"[3]，不断打牢深化改革开放的群众基础。2013

---

[1] 中共中央文献研究室：《习近平关于协调推进"四个全面"战略布局论述摘编》，中央文献出版社 2015 年版，第 77 页。
[2] 《习近平谈治国理政》第 2 卷，外文人民出版社 2017 年版，第 483 页。
[3] 《习近平谈治国理政》，外文出版社 2014 年版，第 68 页。

年，习近平总书记又指出，维护和发展人民利益，保障劳动者的民生权益，"要坚持社会公平正义，排除阻碍劳动者参与发展、分享发展成果的障碍"①。2015 年，在联合国发展峰会上，习近平总书记代表中国向世界各国发出倡议："在消除贫困、保障民生的同时，要维护社会公平正义，保证人人享有发展机遇、享有发展成果。"② 在党的十九大报告中，习近平总书记再次重申要创造条件让全体人民更多更公平地享有改革发展成果，增强人民群众的获得感。

为了实现发展成果更多更公平惠及全体人民，保障人民平等享有民生权益，一方面，必须坚守共同富裕这一社会主义的本质要求。在十二届全国人大一次会议上，习近平总书记强调必须顺应人民期待，在民生建设中保证人民平等参与、平等发展的权利，"使发展成果更多更公平惠及全体人民，在经济社会不断发展的基础上，朝着共同富裕方向稳步前进"③。实现共同富裕必须建立健全各项制度，完善社会政策，调节收入分配，缩小收入差距，消除两极分化，努力解决发展不平衡不充分的问题。党的十八大以来全面建成小康社会的提出和实践就是要使全体人民共享发展成果，让全体人民过上美好生活，体现了新时代党对共同富裕这一社会主义本质特征的坚守。习近平总书记指出，全面小康是全体中国人民的小康，强调在全面建成小康社会的过程中决不允许有人掉队，要按照"人人参与、人人尽力、人人享有"的要求，使全体人民共同步入小康社会。

另一方面，要求持续改善基本公共服务供给水平，提升供给质量，创新基本公共服务供给机制，不断创造条件实现基本公共服务的均等化，使全体人民公平享有同质化的基本公共服务，促进民生权益的均衡发展。新中国成立以来，我国民生建设取得巨大成就，政府在基本公共服务领域持续加大投入，我国基本公共服务的供给水平和能力不断提升，但客观上仍然存在规模不足、质量不高、发展不平衡等短板。例如，东西部、城乡之间基本公共服务资源分配不均，服务水平存在较大差异；有的项目覆盖范围不广，未能有效惠及边远山区群众和流动人口等。为推动基本公共服务均等惠及全体人民，党的十八大提出了到 2020 年总体实现基本公共服务

---

① 《习近平谈治国理政》，外文出版社 2014 年版，第 46 页。
② 《习近平在联合国成立 70 周年系列峰会上的讲话》，人民出版社 2015 年版，第 3 页。
③ 《习近平谈治国理政》，外文出版社 2014 年版，第 41 页。

均等化的目标，要求在教育、就业、医疗、养老、住房等方面持续取得新突破。党的十九大进一步提出要加快推进基本公共服务均等化，履行好政府再分配调节职能，缩小收入分配差距。党的二十大报告强调，要健全基本公共服务体系，并提出未来五年要实现基本公共服务均等化水平明显提升。

三　以人民为中心民生建设理念的升华

以人民为中心的民生建设理念本质上是要凸显人民群众在社会主义民生事业中的主体地位，达到民生建设实践主体与价值主体的统一。以人民为中心的民生建设理念体现了党在新时代对全心全意为人民服务宗旨和人民至上立场的坚守。以人民为中心的民生建设理念要求我们在新时代民生建设中既要高度关注人民的民生权益，坚持民生建设为了人民，民生建设成果由人民共享，又必须坚持人民的实践主体地位，依靠全体人民的力量开展民生建设。

以人民为中心的民生建设理念是对以人为本民生建设理念的升华。以人为本的民生建设理念更侧重于对民生建设目的的凸显，更多地突出民生建设"为了谁"的价值指向，深刻地体现了人民在民生事业中的价值主体地位，但对社会主义民生建设依靠力量的意蕴彰显不足。以人民为中心的民生建设理念更全面地凸显了人民群众在民生事业中的主体地位，既蕴含了民生建设的目的和归宿，明确了民生建设为了人民，指明了人民利益至上的价值取向，又表达了民生建设"依靠谁"的意蕴，指出了人民是民生建设的主体，体现了社会主义民生建设实践主体和价值主体的辩证统一。

新时代民生建设理念的升华有其必然逻辑。第一，随着人民群众物质层面民生需求的不断满足，生活水平逐步提高，人们开始追求展示自己的"类本质"力量，渴望凸显自己在实践中创造价值的能力。马克思主义指出，人与动物有本质的区别，动物只要能满足其自然属性就可以了，而人则不同，还需要在实践活动中展示自己的类本质力量，获得心理满足。过去，我们生产力不够发达，物质匮乏，人民生存和发展的基本需要供应困难，民生建设不得不更多地体现在物质方面，致力于把"蛋糕"做大和分好，以满足人民的基本民生需求。因而，党和政府更多地强调要"维护"、"满足"人民群众的利益，改善人民的生活，更多突出民生建设的价值指向。

新时代，我国的民生建设处于新的阶段，呈现出鲜明的时代特点。经过几十年的民生建设，中国人民的生活水平发生了根本性的变化，物质匮乏的窘况已成为过去式。《在庆祝改革开放40周年大会上的讲话》中，习近平总书记庄严宣布，困扰了中国人民几千年的物质生活资料短缺的状况已经在社会主义中国总体解决了，忍饥挨饿、缺吃少穿、生活困顿的历史已经一去不返。在庆祝中国共产党成立100周年大会上，习近平总书记指出，改革开放以来，在党的领导下，人民生活实现了从温饱不足到总体小康再到奔向全面小康的历史性跨越，为实现中华民族的伟大复兴提供了坚实的物质条件。随着民生的不断改善，人民的实践主体意识进一步增强，越来越重视在实践中展现自己的本质力量，实现自身的创造价值。

以人民为中心的民生建设理念顺应人民群众的意愿，它不仅要求在民生建设中继续维护好人民的民生福祉，坚持民生建设为了人民，不断满足他们多样化的民生需求，而且还要求更加凸显人民在民生建设中的实践主体地位，做到民生建设依靠人民。习近平总书记指出，民生建设要积极"引导和鼓励广大群众通过勤劳致富改善生活，政府不能包打天下"[①]。习近平总书记强调，党员干部要坚持唯物史观的基本观点，在民生建设中坚持发展为了人民，发展依靠人民。2014年，在国庆65周年招待会上，习近平总书记在回顾新中国成立以来所取得的成就后展望未来，强调未来仍然要坚持干事业为了人民，干事业依靠人民。他指出："我们要坚持'以百姓心为心'，倾听人民心声，汲取人民智慧，始终把实现好、维护好、发展好最广大人民根本利益作为一切工作的出发点和落脚点，让发展成果更多更公平惠及全体人民。"[②]

第二，随着物质民生的不断改善，激发了人民群众主动要求参与民生建设以丰富社会关系的强烈愿望。马克思主义认为，人的本质是一切社会关系的总和，社会关系的丰富是人的全面发展的重要条件，社会关系的丰富程度决定了人的发展状况。而社会关系的丰富离不开人的普遍交往，只有通过社会的交往，推动原有社会关系的变革，才能促进人的全面发展。

[①] 中共中央文献研究室：《习近平关于全面深化改革论述摘编》，中央文献出版社2014年版，第100页。

[②] 中共中央文献研究室：《十八大以来重要文献选编》（中），中央文献出版社2016年版，第81页。

恩格斯说："一个人的发展取决于和他直接或间接进行交往的其他一切人的发展。"① 积极参与民生建设是促进人的交往、丰富社会关系的重要途径。人民群众主观上具有要求参与民生建设的强烈愿望和主动意识是新时代的一个鲜明特点。

新时代，人民群众一方面对民生产品的供给提出了更高的要求，另一方面更加主动地要求深度参与民生建设实践，以加强社会交往，丰富自己的社会关系，促进自身的全面发展。因此，党的十八大以来，我们在民生建设中一方面不断补齐民生短板，满足人民对美好生活的需要；另一方面顺应人民主动要求深度参与民生建设，丰富社会关系的愿望，不断完善人民参与民生决策、民生建设方案制定和监督运行的机制，充分保证人民的民生建设参与权利。习近平总书记《在庆祝中国共产党成立九十五周年大会上的讲话》要求民生建设必须"坚持以人民为中心的发展思想，以保障和改善民生为重点，发展各项社会事业，加大收入分配调节力度，打赢脱贫攻坚战，保证人民平等参与、平等发展权利，使改革发展成果更多更公平惠及全体人民，朝着实现全体人民共同富裕的目标稳步迈进"②。

总之，新时代民生建设理念的升华是随着中国人民物质民生的不断改善，人民渴望展示自己的"类本质"力量和希望丰富社会关系，促进人的全面发展的背景下出场的，有其必然性。

第二节　对民生建设目标的深化

民生建设是一个动态的过程，具有明显的阶段特征。新时代的民生建设理论立足于我国民生建设的新起点，把人民对美好生活的向往确立为民生建设的新目标，实现了民生建设目标从"物质文化"到"美好生活"的深化。

一　"美好生活"民生建设目标的确立

实践目标是人们从事实践活动要达到的目的，对人们的实践活动具有

---

① 《马克思恩格斯全集》第3卷，人民出版社1960年版，第515页。
② 《习近平谈治国理政》第2卷，外文出版社2017年版，第40页。

指引作用。民生建设作为改善人的生存状态的重要实践活动,根据现实情况确立每个阶段的民生发展目标是民生建设顺利开展的前提。民生建设是一个动态的过程,人们在较低层次阶段目标实现的基础上产生和制定更高层次的阶段目标,实现民生建设目标的不断深化。

(一)温饱的解决:为"美好生活"奠定了初步基础

新中国成立初期,国家百废待兴,人民生活极度贫困。中国共产党从当时的实际出发,把恢复生产、改善人民的基本物质生活条件作为工作重心。基本物质生活需要是维持生命体存在的前提条件。人在饥饿的状态下就会产生对食物等基本生活资料的需要,渴望过上温饱生活。马克思说:"饥饿是自然的需要;因此,为了使自身得到满足,使自身解除饥饿,它需要自身之外的自然界、自身之外的对象。饥饿是我的身体对某一对象的公认的需要,这个对象存在于我的身体之外,是使我的身体得以充实并使本质得以表现所不可缺少的。"[①]

改善物质生活首要任务是要满足人民群众吃饭的基本诉求,因而,解决温饱问题成为新中国成立后的首要民生建设目标。1949年12月,周恩来在《当前财经形势和新中国经济的几种关系》中指出,新中国的基本任务是生产,但当前必须把经济恢复作为生产任务的重心。周恩来接着强调:"整个说来,当前各方面首先是需要恢复,然后再在这个基础上发展。"[②] 改革开放后,党的十三大制定的"三步走"战略,第一步就是要解决人民的温饱问题。总之,新中国成立后党把解决人民的吃饭问题作为"二十世纪劈头第一个大问题"[③]。20世纪80年代末,中国基本解决了人民的温饱问题,基本满足了人们较低层次的民生需求,为人民追求美好生活奠定了初步基础。

(二)总体小康的实现:为"美好生活"奠定了坚实的基础

温饱问题解决后,我国仍然面临一系列困扰社会主义民生建设的突出问题。主要问题有:生产力不发达,生产的社会化程度不高,商品经济不发达,自然经济和半自然经济所占比重大;地区发展不平衡,有的地区经

---

① 《马克思恩格斯文集》第1卷,人民出版社2009年版,第210页。
② 中共中央文献研究室:《建国以来重要文献选编》第1册,中央文献出版社1992年版,第75页。
③ 《陈独秀文集》第1卷,人民出版社2013年版,第487页。

济发展程度较高，有的地区则发展相对滞后，制约了民生权益的均衡化；人民群众文化水平普遍偏低，存在大量的文盲半文盲；农业人口多，占全国人口的4/5，生活状态落后，"基本上还是用手工工具搞饭吃"[1]。因而，在温饱的基础上，中国人民迫切希望过上更宽裕、更殷实的日子，由此产生了对富裕生活的新需要。人民对小康生活的期盼把我国社会主义民生建设推向新的阶段，带领中国人民富起来成为我国民生建设的新任务。根据党的十三大提出的"三步走"战略规划，我国在20世纪末人民生活要达到小康水平。随着改革开放的深入，党对"小康"的认识越来越清晰，构思了"总体小康"和"全面小康"两个阶段的建设目标。中国共产党认为，20世纪末达到的小康是发展很不平衡，是低水平的、不全面的总体小康，必须以此为基础继续前进。因此，在人民生活总体达到小康的基础上，全面建设小康社会被提上议事日程。

2000年10月，党的十五届五中全会宣布，随着"三步走"战略前两步的实现，我国社会面貌已发生阶段性的飞跃，人民生活已达到总体小康状态，开始步入全面建设小康社会的民生发展阶段。党的十六大正式提出了全面建设小康社会的民生发展任务，指出21世纪集中头20年的时间全面建设覆盖全体中国人民的更高质量的小康。党的十六大后，全面建设小康成为民生发展的主旋律。在全面建设小康整体目标的基础上，党的十七大对全面建设小康社会作出新的更高要求，强调在小康社会建设中要转变发展方式、实现经济"又好又快"发展。党的十六大以来，我国经济持续较快发展，民生建设稳步推进，人民总体生活状况、居民收入增长和社会保障水平均迈上一个新台阶，全面建设小康社会取得积极成效。在此基础上，党的十八大提出了"确保到二〇二〇年实现全面建成小康社会宏伟目标"[2]。到2020年全面建成小康社会是党中央向全面人民作出的庄严承诺，极大地加速了我国全面小康社会的建设进程。

（三）党对人民"美好生活"民生需求的精准把握

在马克思主义的人的全面发展理论中，人的需要的不断满足是人的全面发展的重要条件。"马克思、恩格斯曾经把人的需要划分为生存需要、

---

[1] 中共中央文献研究室：《改革开放三十年重要文献选编》（上），中央文献出版社2008年版，第475页。

[2] 《胡锦涛文选》第3卷，人民出版社2016年版，第625页。

享受需要和发展需要三大层级,三者密切联系在一起。"① 低层次的需要得到满足后,人们会产生新的需要。新中国成立以来,经过几十年的努力,我国经济多年持续快速发展,经济总量稳居全球第二,"中国居民人均可支配收入实际增长59.2倍"②,人民生活水平有了天翻地覆的变化,民生显著改善。中国人民经历了从新中国成立前的饥肠辘辘到温饱的解决,再到小康生活的逐步实现,不仅彻底解决了生存危机,而且逐渐富裕起来,全国人民的安全感、获得感、幸福感不断增强,为人的全面发展积累了较丰富的物质条件。

在物质文化需求不断满足的基础上,人民群众提出了更多元化的民生诉求。根据时代的变化和发展的新特点,党的十九大报告作出判断,认为我国社会的主要矛盾已经发生转化,由过去的人民日益增长的物质文化需要同落后的社会生产之间的矛盾转变成人民日益增长的美好生活需要同不平衡不充分的发展之间的矛盾。以民生需求的变化为主轴,新时代中国的民生建设踏上了新征程,人民对美好生活的向往成为当代中国民生建设的新航标。党的十九大报告明确指出:"把人民对美好生活的向往作为奋斗目标。"③

美好生活是一个动态的演进过程,其内涵会随着人民需求的增长而不断扩容。新时代,人民向往美好生活,不仅对物质民生有了更高的需求,而且对生态环境等其他方面的民生诉求也日益强烈。习近平总书记指出,中国人民追求美好生活,既期盼收入、教育、工作、住房、社保、医疗等物质民生得到更好的改善,又要求更优美的生态环境,保障后代的健康成长和家人的安居乐业。因此,党的十九大报告要求,满足人民日益增长的美好生活需要,既要为人民群众创造更多的物质和精神财富,维护社会公平,使物质民生更公平地惠及人民,还必须关切影响老百姓身心健康的生态环境问题,满足他们对优美生态环境的需要。在庆祝改革开放40周年大会上,习近平总书记指出,人民的"美好生活"追求目标是渐进的动态过程,必须持续推进民生建设,拓延民生的内涵。既要继续创造条件满足

---

① 王全宇:《人的需要即人的本性——从马克思的需要理论说起》,《中国人民大学学报》2006年第5期。

② 任平:《为人民创造更美好的生活——坚定我们的制度自信》,《人民日报》2019年12月16日第4版。

③ 《习近平谈治国理政》第3卷,外文出版社2020年版,第17页。

人民多种类的民生诉求,还要注重对民生产品供给质量的提升;既要继续改善物质民生,又要高度关注人民对优美生态环境的诉求,适时发展生态民生。在党的十九届四中全会上,习近平总书记进一步强调,要统筹好城乡民生建设,完善城乡民生保障制度,促进城乡民生的协调发展,满足人民对美好生活的民生诉求。

美好生活是全体中国人民的美好生活。在民生显著改善的同时,我们也应当看到,在民生建设领域我们还存在发展不平衡等问题。东部经济发达地区人民生活水平较高,民生进入高质量发展阶段,而西部地区特别是边远贫困地区却尚未摆脱贫困。实施脱贫攻坚战,全面建成小康社会是解决发展不平衡问题,实现全体人民美好生活的重要一环。党的十九大报告要求全党"按照十六大、十七大、十八大提出的全面建成小康社会各项要求"[①],结合中国的实际决胜全面建成小康社会,"使全面建成小康社会得到人民认可、经得起历史检验"[②],从而吹响了夺取全面建成小康社会伟大胜利的号角。经过全国人民的不懈奋斗,中国人民生活得到空前改善,2021年人均GDP已超过1.2万美元,正逐步接近世界银行划设的高收入经济体人均水平门槛。在庆祝中国共产党成立100周年大会上,习近平总书记庄严宣告,我们已经全面建成了小康社会,历史性地解决了绝对贫困问题。全面小康社会的建成具有承上启下的重要意义,既是人民追求"美好生活"的重要组成,又是人民追求美好生活的新基础。

二 "美好生活"民生建设目标的特征

"美好生活"不是一个抽象的概念,更不是空洞的口号,它有具体性、实质性的内容,不仅内涵丰富,而且特征鲜明。"美好生活"不仅体现在刚性民生诉求方面,而且是人的主观体验和感受,内含主观价值判断的意蕴。"美好生活"既离不开对物质条件的支撑,又超越了单纯的物质条件享受。满足人民对美好生活的向往,既要为人民群众提供更多、更高质量的物质民生产品,又必须超越物质层面,尊重和满足人民群众更深层次、更广泛的心理感受和情感体验。因而,满足人民日益增长的美好生活需要是一个更为复杂的民生建设过程,面临的困难更多、

---

① 《习近平谈治国理政》第3卷,外文出版社2020年版,第22页。
② 《习近平谈治国理政》第3卷,外文出版社2020年版,第22页。

挑战更大。

(一) 美好生活离不开物质条件的支撑

美好生活必须要有实质性的内容，它不是空洞的口号，必须满足人民群众的现实民生需要。优越的物质条件是美好生活的前提和基础。诚然，物质生活的丰富并不等同于美好生活，但如果没有物质条件的支撑，生活不可能"美好"。物质生活在整个社会生活中具有基础性的地位。马克思说："物质生活的生产方式制约着整个社会生活、政治生活和精神生活的过程。"①

新时代，人民追求美好生活不仅不能离开物质条件的支撑，而且对物质条件提出了更高的要求。"在基本生存问题解决的基础上追求更高层次的基本物质生活，并在物质资料极大丰富的情况下实现美好生活需要，是正确构建美好生活需要的物质层面的基本结构要求。"② 在满足"物质文化"需求的民生建设阶段，因物质生活资料的短缺，人民群众对物质生活资料的需求更多地体现在数量方面，追求的是物质生活资料的"够"。新时代，人民群众在摆脱物质生活资料短缺的基础上追求美好生活，对物质产品的诉求大大提高，不仅要求社会提供更丰富、更多样化、更具个性的物质产品，而且要求物质产品的质量更好。也就是说，物质产品不仅要"管够"，而且要"够好"，才能满足人民美好生活的物质需求。

为了满足人民美好生活的物质资料之需，必须高度重视经济的发展。大力发展社会主义经济是为人民群众提供丰富物质生活资料的根本保证。新时代，尽管我国社会主要矛盾发生转化，但我们并未超越社会主义初级阶段，必须紧紧抓住经济建设这个中心不动摇。动摇了经济建设这个中心，美好生活就会有丧失物质基础的危险。习近平总书记强调："坚持以经济建设为中心，保持经济持续健康发展，是全党必须抓紧抓好的重大任务。"③ 在坚持以经济建设为中心的基础上，还必须"用新发展理念统领发展全局，着力解决制约发展的结构性、体制性矛盾和问题，努力开创发展

---

① 《马克思恩格斯文集》第 2 卷，人民出版社 2009 年版，第 591 页。

② 尹杰钦等：《新时代人民美好生活需要：依据、维度及特点》，《湖南科技大学学报》（社会科学版）2021 年第 1 期。

③ 新华社：《习近平在青海考察时强调：尊重自然顺应自然保护自然 坚决筑牢国家生态安全屏障》，新华网 2016 年 8 月 24 日。

新境界"①，不断提高经济发展质量，为人民的美好生活提供更高质量的物质产品。

（二）"美好生活"具有价值判断的意蕴

作为一种生活状态，"美好生活是一种良性的以至理想的存在状态"②，是人们对自身生活状态的积极的肯定性感受。因而，美好生活除了需具备客观条件的支撑外，还是人的一种主观性感受，生活美不美好是人们进行价值判断获得的感受。价值判断过程通常会体现很强的主体性，反映了主体意愿。在相同的社会状态下，人们会根据自身需要的满足程度和主观感受进行评价，判断是否"美好"，由此形成千差万别的感受，体现出较大的个体差异性。因而，在民生建设中我们既要创造条件不断改善民生，还必须通过各种方式增强人们对生活之美的感受和体验，增加他们的幸福感。

一方面，新时代的民生建设必须尽最大可能创造条件，最大程度地满足人民美好生活之需。支撑美好生活的刚性条件不仅体现在物质生活方面，比如经济收入、社保、教育、医疗、住房等具体内容，还表现在良好的生态环境上。多样化、高质量的物质生活和优美的生态环境都应当是美好生活的刚性需求。因而，要不断深化改革，进一步提高经济发展水平和质量，确保物质民生的稳步改善，同时统筹生态民生等各方面的发展，创造出数量更多、质量更好的其他领域的民生产品，增强每个人的获得感。

另一方面，还要让人民群众在创造美好生活的实践中体验和感受美。劳动是人类特有的展现美的方式，是人区别于动物的显著标志。马克思曾有过一个经典的论述阐明人类劳动的特殊性。他说，动物不过是按照本能去从事活动，而人的活动充分体现了意识的能动性，哪怕从事一件最简单的实践活动，人都要发挥主观能动性构思一番，按照美的规律来构造。人在实践中通过发挥主观能动性，展现人的本质力量，创造出美好生活，感受着自己创造的"美"。

在新时代的民生建设中要进一步凸显人民群众的主体地位，充分发挥

---

① 新华社：《习近平在青海考察时强调：尊重自然顺应自然保护自然 坚决筑牢国家生态安全屏障》，新华网2016年8月24日。

② 刘志洪、魏冠华：《美好生活的本质规定与当代特质》，《马克思主义与现实》2022年第1期。

人民群众的主观能动性，使人民群众在创造美好生活中感受"美"。不具有主体性的生活或者说不能实现超越、无法自主创造的生活难以称之为美好生活。在创造美好生活的实践中，中国人民通过发挥自己的聪明才智，创造出美好生活所需的各种物资，感受着物质生活之美，比如宽敞的住房，各式各样的交通工具、美味可口的食物、多姿多彩的服饰等。"美"不仅体现在创造美好生活的结果之上，而且体现在创造美好生活的过程之中。创造美好生活的劳动就是中国人民发挥主观能动性把自己的意志付诸行动的过程，就是在感受和体验美。

此外，还要通过加快完善民生建设的体制机制，确保每个人充分享有公共产品与服务等民生权益，感受到社会主义的公平正义，催生出美好生活的主观感受。"从形式上看，公共产品与服务是让老百姓最有公平感、平等感的产品，因此政府提供充足的公共产品与服务可以快捷地消除不平等效应"[1]，从内心感受美好生活。

（三）满足美好生活的过程更加复杂

新时代美好生活需求具有鲜明的时代特征，是一种比"物质文化"生活更美好的生活状态。过去的物质文化需要更多地体现在刚性需求方面，而新时代的美好生活需求不仅有更高要求的刚性诉求，还体现在个体的自我实现、对社会的公平正义等更深层次的诉求上。因而，满足人民的美好生活意愿将是一个更加复杂的过程，比满足人民物质文化的需要要付出更多的努力。新时代党以人民对美好生活的向往作为自己的奋斗目标，是党对人民作出的庄严承诺，体现了党对人民高度负责任的态度。在通往美好生活的道路上不论存在多少困难、多大挑战，只要全国人民在党的带领下，团结一致、勠力同心，一定能够过上越来越美好的生活。

马克思说："社会生活在本质上是实践的。"[2] 美好生活不可能从天而降，民生建设实践是通往美好生活的根本途径。习近平总书记指出，"人世间的一切幸福都需要靠辛勤的劳动来创造"[3]，满足人民的美好生活的需

---

[1] 方建国：《公众话语权、民生需求与经济发展动力转换》，《中共福建省委党校学报》2019年第2期。

[2] 《马克思恩格斯文集》第1卷，人民出版社2009年版，第505页。

[3] 中共中央文献研究室：《十八大以来重要文献选编》（上），中央文献出版社2014年版，第70页。

要绝不是耍耍嘴皮子就能实现的，必须真刀真枪地干。新时代，我国国内外形势发生了重大的变化，民生建设立足于新的起点。实现美好生活既要发挥全体人民的聪明才智，号召全国人民共同奋斗，真抓实干，又必须立足于新时代的现实国情，从实际出发，忠实地按照民生建设的客观规律有序展开，决不能犯"脑热病"，超越实际盲目蛮干。习近平总书记在同全国劳模座谈时，语重心长地指出，人民追求美好生活不是一朝一夕的事情，必须经过长期艰苦的努力。美好生活的前景非常可观，对全体人民产生强烈的吸引力，但实现美好生活的过程并非一帆风顺，我们既要坚定追求美好生活的信心，又要脚踏实地，吃苦耐劳。

三 "美好生活"民生建设目标与中国梦相融通

民生建设从根本上而言是要解决人民对民生的需求，优化人的生存状态，促进人的全面发展。因而，民生建设与民族复兴紧密联系、休戚相关，民生建设目标与民族复兴、国家富强的任务相统一。新时代中国特色社会主义民生建设理论将"美好生活"的民生建设目标与民族伟大复兴的中国梦有机融合，实现了民生建设目标与国家发展战略的辩证统一。

（一）美好生活：民族复兴的根本诉求

实现中华民族伟大复兴的中国梦是近代以来几代中国人的夙愿，是海内外中华儿女的共同心声。中国梦提出后引发世人的极大反响，人们纷纷对中国梦的含义进行解读。其中有不少人认为，实现民族复兴的中国梦就是要使中国重新跻身于世界强国前列，重回世界政治舞台的中央。这种解读有一定的合理性，但并未真正揭示实现中华民族伟大复兴的实质。2015年9月，习近平总书记在接受《华尔街日报》采访中，回答中国梦和美国梦的异同时指出："中国梦最根本的是实现中国人民的美好生活。"[①] 习近平总书记的这个论述深刻地揭示了中华民族的伟大复兴并非单纯地在国力上实现跃升，而是追求更高价值层面的复兴，最根本的是要使全体中国人过上美好的生活。

实现民族复兴的责任与人民对美好生活的向往紧密联系，这是由近代以来中国的历史背景所决定的。1840年鸦片战争之后，中国逐渐沦为半殖民地半封建社会，丧权辱国，人民境遇极为悲惨，民生无从谈起。面对外

---

① 新华社：《习近平接受〈华尔街日报〉采访》，新华网2015年9月22日。

敌的入侵，中国人民并未沉沦，而是奋起反抗，自强不息。在长达一个多世纪的反侵略斗争中，中国人民争取国家独立、民族解放的同时，始终坚持对美好生活的向往和追求，实现了二者的有机统一。由此可见，从历史的向度来看，近代以来中华民族追求国家独立、民族解放的民族复兴的历史进程与中国人民追求美好生活的实践是统一的。从现实的维度来看，今天中国人民对美好生活的独特情感根源于近代以来中国人民对苦难生活的集体历史记忆，中国人民追求美好生活的愿望和实现民族复兴的情感高度融合。习近平总书记指出："看待当今中国，一定要深刻认识中国近代以后所遭受的民族苦难，一定要深刻认识这种长期的民族苦难给中国人民精神世界带来的深刻影响。"[①]

（二）依托中国梦实现美好生活

习近平总书记指出，中国梦从根本上来说是中国各族人民的梦，是每一个中国人的梦。中国梦归根到底就是要改善中国人民的民生，满足中国人民的美好生活需要。中华儿女既要把个人民生诉求有机融入中国梦中，共享中国梦带来的民生福利，又要致力于追逐中国梦，在实现中国梦的伟大实践中发挥自己的力量，绽放人生异彩。2016 年，习近平总书记在会见第一届全国文明家庭代表时勉励他们树立家国情怀，将追求家庭的美好生活与为国家复兴而奋斗有机统一，把全国人民的力量汇聚在一起，为国家的繁荣富强和家庭民生福祉的改善贡献智慧和挥洒汗水。

只有依托中国梦，中国人民对美好生活的民生诉求才能更好地实现。首先，中国梦凝聚了人心，为中国人民追求美好生活的实践提供了精神力量。人民追求美好生活的实践必须依靠全体人民同舟共济、凝神聚力才能实现。实现中华民族的伟大复兴是全体中国人民的共同愿望。在中华民族伟大复兴中国梦的感召下，全体中华儿女团结一致、勠力同心，共同谱写了追求美好生活的绚丽篇章。中国梦把海内外中华儿女凝聚到爱国主义的旗帜下，源源不断地为中国人民追求美好生活的实践贡献智慧和力量。其次，中国梦为中国人民追求美好生活的实践提供了施展才华的舞台。在第十二届全国人大一次会议上，习近平总书记指出，中国人民应当与祖国共同成长、共同进步，祖国的强大将为个人提供出彩的舞台，为民生的改善创造条件，为人民追求美好生活提供机遇。国家的复兴从根本上保障了人

---

① 新华社：《习近平接受〈华尔街日报〉采访》，新华网 2015 年 9 月 22 日。

民的民生福祉，创造美好生活依赖国家的强力支持。在与知识分子、劳动模范、青年代表座谈时，习近平总书记号召各行各业的劳动者在民族复兴的征程中辛勤劳动，实现对美好生活的民生诉求。他强调，每个人应当有属于自己的梦想，大家要敢于追逐梦想，为实现梦想敢想敢干。实现民族伟大复兴的中国梦归根结底要靠每一个人的辛勤奋斗。国家致力于为每个人逐梦提供广泛的空间，为每个人追求美好生活提供宽广的舞台。

第三节　对民生建设内容的拓延

新时代，满足人民对美好生活的向往成为党的奋斗目标。"美好生活"不是抽象的，而是现实具体的，它随着时代的发展不断"扩容"。新时代人民的美好生活民生需求呈现出多元化、多层次的发展态势，不仅对"更好的教育、更稳定的工作、更满意的收入、更可靠的社会保障、更高水平的医疗卫生服务、更舒适的居住条件"等以经济条件为支撑的物质民生有更高的要求，而且对以良好生态环境为内容的生态民生热切期盼。鉴于此，新时代民生建设的理论创新围绕人民"美好生活"的目标展开，坚持物质民生和生态民生的统筹发展，强调为人民提供更多层次、更高质量的物质民生的同时把生态民生作为重要内容纳入民生建设中，进一步拓延了民生建设的内容。

一　人民的需要：民生建设内容拓延的根本依据

人的需要是人们从事一切活动的动机和归宿。马克思认为，如果脱离了人的现实需要去从事实践活动，既没有任何实际意义，也做不了什么。人们所从事的一切实践活动都是为了更好地改善人的生存和发展的条件。不断满足中国人民生存和发展的民生需要是中国共产党民生建设的根本动力。

在人的生存和发展过程中，人们总要产生这样那样的需要，这是由人的本性所决定的。因此，马克思、恩格斯指出，人的"需要即他们的本性"[1]。人不是抽象物，而是"现实的人"。作为现实的人，受肉体组织的

---

[1] 《马克思恩格斯全集》第3卷，人民出版社1960年版，第514页。

制约，为了保证自己能够存活，必然要产生对基本的物质生活资料的需求。马克思指出，人们必须保证自己的生存才能够从事创造历史的活动。为了生存，人们首先要从事物质资料生产获取基本的生活资料。因此，从事物质资料生产成为人最基本的实践活动。通过物质资料生产实践，人从自然界索取到物质和能量，解决了衣、食、住、行等基本的生存之需。所以，物质生产实践对于人类而言具有基础意义。在任何国家、任何社会，只要脱离了物质资料生产，必然陷入亡国灭种的境地。马克思说："任何一个民族，如果停止劳动，不用说一年，就是几个星期，也要灭亡。"[1] 由此可见，物质资料生产构成了一个国家、民族生存的前提，组织和领导物质资料生产成为执政党最基本的民生建设。

中国共产党秉承马克思主义的基本观点，高度重视物质资料生产，把不断改善人民群众的物质生活水平作为民生建设的基础。在中国革命、建设和改革的历史进程中，中国共产党始终十分重视为人民群众谋取物质利益，改善物质民生。在延安时期，党的领袖毛泽东就明确指出："一切空话都是无用的，必须给人民以看得见的物质福利。"[2] 毛泽东指出，党在领导中国革命中，首要的工作是要促进经济生产的发展，想尽办法增加群众的物质福利。只有在经济发展、福利增加的基础上，群众的觉悟才会渐进地提高，思想政治工作才能达到预期的效果。新中国成立后，党再次强调了发展生产满足人民民生需要的重要性。毛泽东指出："发展生产和改善人民生活二者必须兼顾"[3]，"如果大家生活不提高，革命就没有必要，因此生活福利都要逐步提高"[4]。改革开放后，针对中国人民物质生活资料匮乏的状况，中国共产党强调在社会主义初级阶段必须坚持以经济建设为中心不动摇。党的十三大制定的社会主义初级阶段基本路线要求："中国共产党在领导社会主义事业中，必须坚持以经济建设为中心，其他各项工作都服从和服务于这个中心。"[5] 坚持以经济建设为中心，大力发展实体经

---

[1] 《马克思恩格斯文集》第10卷，人民出版社2009年版，第289页。
[2] 中共中央文献研究室、中央档案馆：《建党以来重要文献选编（1921—1949）》第19册，中央文献出版社2011年版，第629页。
[3] 中共中央文献研究室：《毛泽东著作专题摘编》，中央文献出版社2003年版，第988页。
[4] 《毛泽东文集》第6卷，人民出版社1999年版，第490页。
[5] 中共中央文献研究室：《改革开放三十年重要文献选编》（下），中央文献出版社2008年版，第1745页。

济，根本目的就是要不断增大中国的经济总量，改变中国人民贫穷落后的面貌。在社会主义初级阶段，党始终坚持以经济建设为中心，为不断满足人民群众的民生需要奠定了物质基础。

人是社会的存在物，人的需要具有多维性。与动物肉体支配下的需要不同，人除了基本的物质资料需要，还会产生确证自身价值的享受和发展的需要。一方面，人通过有意识的实践活动使自己对物质生活资料的需要得到满足；另一方面，人通过"自由的有意识的活动"①展示自己的本质力量，深刻地表达了人对类存在物"自由自觉"状态的价值追求。由此可见，人的需要超越了肉体的支配，应由多方面的内容构成。正是基于此，中国共产党在民生建设进程中不断拓延民生的内容，在持续改善人民群众物质生活的同时加强政治、文化、社会、生态文明建设。新时代的民生建设理论根据人民需要的变化，确立"美好生活"的民生建设目标，极大地丰富了中国特色社会主义民生建设的思想内涵。新时代的美好生活不仅要有物质民生的根本保障，还必须有生态民生的支撑。十九大报告指出，人民的美好生活需求不仅体现在物质民生领域，对物质民生的数量和质量提出了更高的要求，而且体现在生态民生领域，人们对优美的生态环境的诉求也日益强烈。

二 物质民生：人民美好生活的基础

满足人民的美好生活需求离不开物质生活资料的支撑。因而，物质民生仍然是新时代民生建设的基础性内容。相较于物质文化的民生需求，美好生活需求更加多样化、多层次、个性化、多变性。习近平总书记指出："当前，民生工作面临的宏观环境和内在条件都在发生变化，过去有饭吃、有学上、有房住是基本需求，现在人民群众有收入稳步提升、优质医疗服务、教育公平、住房改善、优美环境和洁净空气等更多层次的需求。"② 除了需求层次的多样化，人民群众对物质民生产品的质量要求也逐步提高。新时代人民群众对美好生活的向往，要求必须进一步推进物质民生建设，为人民提供更多层次、更高质量的物质民生产品。因此，新时代的民生建设必须在继续做大民生产品基本盘、满足人民日益广泛的物质需求外，还

---

① 《马克思恩格斯文集》第 1 卷，人民出版社 2009 年版，第 162 页。
② 《习近平谈治国理政》第 2 卷，外文出版社 2017 年版，第 374 页。

要更加注重物质民生产品质量的提高，努力为人民群众提供更高品质的物质民生产品。

民生产品的质量对人们的生活状态和幸福感具有重要影响。物质民生产品从形态上可分为有形和无形两类。有形产品以实物形态呈现出来，比如食品、衣服、住房、基础设施等。无形产品以非实物形式表现出来，表现为集合效应的服务形态，如医疗卫生服务、社会保障体系、教育水平等。物质民生产品的质量是一个动态的变化过程，是随着社会的发展不断优化和升级的。改革开放以来，我国物质民生产品经历了注重数量供给到逐步提高质量供给的转变，物质民生产品供应的质量不断提升。

新时代，人民追求美好生活，对物质民生产品的质量提出了更高的要求。人民群众对民生产品质量的要求是全方位的，既对有形物质民生产品的质量有更高要求，也对无形物质民生产品有了更高的期盼。习近平总书记指出："我们的人民热爱生活，期盼有更好的教育、更稳定的工作、更满意的收入、更可靠的社会保障、更高水平的医疗卫生服务、更舒适的居住条件、更优美的环境，期盼孩子们能成长得更好、工作得更好、生活得更好。"①

经济发展是物质民生改善的基础。我们必须牢牢把握经济建设这个中心，推动经济总量的不断扩容，尽可能多地生产物质民生产品，为满足人民群众对物质生活的多层次需求提供基础。同时，还要通过深化改革和创新驱动等方式推动经济的高质量发展，提高经济效益，为人民群众的美好生活提供更高质量的物质民生产品支持。新时代，我国经济发展的一个显著特征就是正由高速增长阶段转向高质量发展阶段。党的十九大报告指出："我国经济已由高速增长阶段转向高质量发展阶段，正处在转变发展方式、优化经济结构、转换增长动力的攻关期。"② 这个变化顺应了我国社会主要矛盾的转化和人民对美好生活的向往，是对新时代人民群众高质量民生产品吁求的回应。推动经济高质量发展的根本目的是为了解决新时代我国社会的主要矛盾，有效破解发展不平衡不充分的问题，满足人民日益增长的美好生活需要。因而，从这个意义上来说，凡是能够为人民群众的美好生活提供多层次、高质量民生产品的发展都是高质量发展。

---

① 《习近平谈治国理政》，外文出版社2014年版，第4页。
② 《习近平谈治国理政》第3卷，外文出版社2020年版，第23页。

推动经济的高质量发展，必须建设现代化经济体系，构建协同发展的产业体系。只有这样才能实现人力资源、资本和技术与经济发展的协同，优化生产要素的结构配置，发挥生产要素的整体功能，提高经济发展质量和效益。习近平总书记指出："要把推进供给侧结构性改革作为当前和今后一个时期经济发展和经济工作的主线，着力优化现有生产要素配置和组合，着力优化现有供给结构，着力优化现有产品和服务功能，切实提高供给体系质量和效率，为经济持续健康发展打造新引擎、构建新支撑。"① 此外，还必须全面深化改革，建构经济高质量发展的长效机制，尤其是要深化科技体制改革，以科技创新支撑经济的高质量发展。在经济高质量发展的基础上，还要加快民生领域的体制机制创新，促进社会的公平正义，推动公共民生产品向基层、农村和弱势群体倾斜，确保人民公平享有民生权益。

三 生态民生：人民美好生活的重要支撑

生态民生同物质民生一样，也是人类生存和发展必不可少的基本条件，二者都是民生的基本构成。生态环境成为重大的民生问题被凸显出来，是工业化进程中人与自然的平衡状态逐渐被打破的必然结果。在农业社会，由于人类对自然界的改造能力极其有限，人与自然的关系基本和谐，生态环境问题并不突出，人们对良好的生态环境"用之不觉"，对生态民生的关注不多。

新中国的工业化起步较晚，基础薄弱，但在中国共产党的领导下，社会主义制度的优越性被充分发挥出来，工业化速度非常迅猛。我们在较短的时间内就建立起了较完整的社会主义工业体系，从一个贫穷落后的农业国华丽转身为世界第一大工业国，中国制造享誉世界。以社会主义工业化为基础，中国的面貌发生了翻天覆地的变化，国际地位实现了前所未有的提升，中国人民迎来了从站起来到富起来再到强起来的历史性飞跃，生存状态得到根本性改善。在工业化高歌猛进的同时，资源的大量投入和消耗导致生态环境压力呈几何倍数增长。加之粗放型的经济增长方式长期得不到根本的扭转，我国生态环境问题逐年叠加，资源环境承载能力逐步接近

---

① 新华社：《习近平在青海考察时强调：尊重自然顺应自然保护自然 坚决筑牢国家生态安全屏障》，新华网 2016 年 8 月 24 日。

上限，不堪重负。随着我国生态环境的恶化，民生的生态内隐逐步外显，良好的生态环境成为重要的民生诉求被广泛呼吁。习近平总书记指出："生态环境特别是大气、水、土壤污染严重，已成为全面建成小康社会的突出短板。扭转环境恶化、提高环境质量是广大人民群众的热切期盼。"① 过去，人民群众"求温饱"，民生建设最根本的内容就是集中力量发展物质民生。党的十八大以来，人民群众不仅对物质民生提出了更高的要求，而且产生了生态民生的新需求。"人民群众过去'求温饱'，现在'盼环保'，希望生活的环境优美宜居，能喝上干净的水、呼吸上清新的空气、吃上安全放心的食品。"②

党的十八大以来，根据我国民生建设的新特点，新时代民生建设的理论创新顺应人民群众对良好生态环境的强烈吁求，提出生态民生是民生建设的重要内容，为人民的美好生活提供了重要支撑。习近平总书记多次强调，生态环境就是民生，是最公平的公共产品。2013 年 4 月，习近平总书记在海南考察工作时明确指出："良好生态环境是最普惠的民生福祉。"③ 2015 年 6 月，习近平总书记在视察贵州时又指出："良好生态环境是人民美好生活的重要组成部分，也是我们发展要实现的重要目标。"④ 2016 年 1 月，习近平总书记再次指出，改革开放以来我们取得了历史性的成绩，也积累了大量的生态问题，"成为明显的短板"⑤，"成为民生之患、民心之痛"⑥，人民群众反映强烈。所谓"民之所望，施政所向"，生态环境问题"已经成为一个突出的民生问题，必须下大气力解决好"⑦。习近平总书记要求各级政府以高度的责任感把改善环境"作为重大民生实事紧紧抓在手上"⑧，以对人民群众、对子孙后代高度负责的态度和责任感，把为人民服

---

① 《习近平谈治国理政》第 2 卷，外文出版社 2017 年版，第 390 页。
② 中共中央文献研究室：《十八大以来重要文献选编》（上），中央文献出版社 2014 年版，第 626 页。
③ 《习近平谈治国理政》第 3 卷，外文出版社 2020 年版，第 362 页。
④ 本报评论员：《书写好既要绿水青山又要金山银山的大文章——三论认真学习贯彻习近平总书记视察贵州重要讲话精神》，《贵州日报》2015 年 7 月 1 日第 1 版。
⑤ 《习近平谈治国理政》第 2 卷，外文出版社 2017 年版，第 209 页。
⑥ 《习近平谈治国理政》第 2 卷，外文出版社 2017 年版，第 209 页。
⑦ 《习近平谈治国理政》第 2 卷，外文出版社 2017 年版，第 392 页。
⑧ 中共中央文献研究室：《习近平关于社会主义生态文明建设论述摘编》，中央文献出版社 2017 年版，第 51 页。

务的宗旨与人民群众对良好生态环境的现实期待、对美好生活的向往紧密结合起来。新时代的民生建设不仅要为人民群众创造更丰富、更高质量的物质生活资料,进一步提高人民的物质生活水平,还要顺应民意满足人民群众对良好生态环境的基本诉求。

生态民生与物质民生辩证统一于新时代的民生建设中,二者缺一不可。生态民生作为民生建设的重要维度,与物质民生相互交织。没有生态环境的支撑,最终也会制约物质民生的发展,良好的生态环境可以转化成高效的经济效益。习近平总书记强调:"环境就是民生,青山就是美丽,蓝天也是幸福,绿水青山就是金山银山。"① 党的十九大报告提出要补齐民生短板,其中就特别强调了要加强生态民生建设,指出满足人民日益增长的美好生活需要既要创造更多物质、精神财富,也要为人民提供优美的生态环境和更多的优质生态产品。习近平总书记在参加党的十九大贵州省代表团讨论时指示贵州要续写生态文明的新篇章,"创新发展思路,发挥后发优势,决战脱贫攻坚,决胜同步小康,续写新时代贵州发展新篇章,开创百姓富、生态美的多彩贵州新未来"②。

生态民生具有"用之不觉,失之难存"的突出特点,改善生态环境,建设生态民生是一项长期的任务。过去,我们主要集中力量于物质民生建设方面,物质民生几乎构成民生建设的全部内容,人们对生态环境的民生属性认知不够。曾几何时,青山绿水、碧海蓝天是我们习以为常的景象,随着工业化的日益深入,良好的生态环境渐行渐远,已然成为人们生活中的"奢侈品"。甚至农村的生态环境都不容乐观,在城乡一体化进程中,城市消费文化传播到农村,农村生活垃圾污染已触目惊心。在农业生产中过量使用化工原料,农产品安全已频亮红灯。

新时代的民生建设理论对生态民生的重要性和改善生态环境的艰巨性有着深刻认识。习近平总书记指出:"生态环境没有替代品,用之不觉,失之难存。"③ 生态环境的恶化不仅影响人们的日常生活,而且将危及人生存的基础,危及中华民族的未来。2013 年 5 月,习近平总书记在主持十八

---

① 《习近平谈治国理政》第 2 卷,外文出版社 2017 年版,第 209 页。
② 新华社:《习近平在参加党的十九大贵州省代表团讨论时强调万众一心开拓进取把新时代中国特色社会主义推向前进》,《时事报告》2017 年第 11 期。
③ 《习近平谈治国理政》第 2 卷,外文出版社 2017 年版,第 209 页。

届中央政治局第六次集体学习时指出,保护生态环境不是我们的权宜之计,而是影响千秋万代的伟业。生态民生建设不仅关涉民生福祉,更关系到民族的永续发展和子孙后代的未来。中国的前景是否光明、民族复兴的伟业能否实现很大程度上取决于我们能否实现可持续发展。破解中国发展困境的根本出路在于走绿色发展之路,不断改善生态环境。习近平总书记指出,在历史发展进程中,因生态危机引发的惨剧不胜枚举,教训惨痛。他还引述马克思在阐述生态问题时考察过的美索不达米亚、波斯、希腊等地区对自然的过度开采造成荒芜的例子来阐明保持良好生态环境的重大意义。在此基础上他进一步强调,良好的生态环境不仅是人们生存和发展的基础条件,也是国家可持续发展的基础保障。2013年9月,习近平总书记访问哈萨克斯坦,在回答关于环保的问题时,他重申生态环境"关系人民福祉、关系民族未来的大计"[①],强调中国要把生态环境保护摆在更加突出的位置。

总之,新时代民生建设的理论创新深刻地认识到良好的生态环境对人的生存和发展的重要意义,强调环境就是民生,果断把生态民生作为重要内容纳入新时代的民生建设中,拓延了民生建设的内容。

四 绿色道路:物质民生与生态民生统筹发展的根本路径

绿色发展顺应了人民对美好生活的现实需求,是统筹物质民生与生态民生建设的根本出路。绿色发展的核心是生产方式的绿色化。基于传统经济增长模式的高消耗、高污染,绿色发展主张生产的可持续性,是对传统发展模式的整体性反思和战略性调整,本质在于实现人与自然的和谐共生。习近平总书记指出:"绿色发展注重的是解决人与自然和谐问题。"[②]

(一)满足人民多层次、高质量的物质民生需求必须走绿色发展之路

过去粗放型的经济增长方式以牺牲生态环境为代价有其特殊的历史背景。虽然依靠资源的大量投入换来了一时经济的增长,改善了人民的物质生活,但这样的发展方式是不可持续、不符合时代发展潮流的,也不可能满足新时代人民群众对多层次、高质量物质民生产品的需求。绿色发展作

---

① 中共中央文献研究室:《习近平关于社会主义生态文明建设论述摘编》,中央文献出版社2017年版,第7页。

② 《习近平谈治国理政》第2卷,外文出版社2017年版,第198页。

为一种全新的发展理念，是对传统发展思想的重大创新。它以尊重自然为前提，以生态系统的平衡为核心，以人与自然的和谐共生为发展愿景。习近平总书记指出，绿色发展是"当今时代科技革命和产业变革的方向"①，是时代发展的潮流，"是最有前途的发展领域，我国在这方面的潜力相当大，可以形成很多新的经济增长点"②。新时代民生建设要满足人民群众多层次、高质量的物质民生需求，就必须抓住绿色发展这一关键，转变经济发展方式，走绿色发展之路。在主持十八届中央政治局第六次集体学习时，习近平总书记强调要"更加自觉地推动绿色发展、循环发展、低碳发展，决不以牺牲环境为代价去换取一时的经济增长"③。2018年7月，习近平总书记对贵州毕节试验区工作作出重要指示，要求在确保同步打赢脱贫攻坚战的同时进行超前谋划，"做好同2020年后乡村振兴战略的衔接，着力推动绿色发展、人力资源开发、体制机制创新，努力把毕节试验区建设成为贯彻新发展理念的示范区"④。习近平总书记在给"生态文明贵阳国际论坛2018年年会"的贺信中再次强调，必须高度重视生态文明建设，"倡导人与自然和谐共生，坚持走绿色发展和可持续发展之路"⑤。

实施绿色发展必须建立绿色发展体系，调整和优化经济结构，这是为人民提供多层次、高质量的物质民生产品的根本保证。绿色发展体系是现代经济体系的重要组成部分，代表的是人类物质生产实践的全新模式，其建立标志着人类社会的发展进入一个新的阶段。新时代中国共产党高度重视绿色发展体系建设。习近平总书记强调："要建设资源节约、环境友好的绿色发展体系，实现绿色循环低碳发展、人与自然和谐共生，牢固树立和践行绿水青山就是金山银山理念，形成人与自然和谐发展现代化建设新格局。"⑥ 2018年，习近平总书记在致"生态文明贵阳国际论坛2018年年会"的贺信中又强调，国际社会应加强合作，携手"构建尊崇自然、绿色发展的生态体系，推动实现全球可持续发展"⑦。

---

① 《习近平谈治国理政》第2卷，外文出版社2017年版，第198页。
② 《习近平谈治国理政》第2卷，外文出版社2017年版，第198页。
③ 《习近平谈治国理政》，外文出版社2014年版，第209页。
④ 新华社：《习近平对毕节试验区工作作出重要指示强调：确保按时打赢脱贫攻坚战努力建设贯彻新发展理念示范区》，《中国政协》2018年第14期。
⑤ 《习近平主席致生态文明贵阳国际论坛2018年年会的贺信》，《当代贵州》2018年第28期。
⑥ 《习近平谈治国理政》第3卷，外文出版社2020年版，第241页。
⑦ 《习近平主席致生态文明贵阳国际论坛2018年年会的贺信》，《当代贵州》2018年第28期。

作为对传统经济发展模式的彻底"纠偏"和全面"反正",建立绿色发展体系关键是要调整和优化经济结构。习近平总书记指出:"生态环境保护的成败,归根结底取决于经济结构和经济发展方式。"① 早在2011年习近平就贵州经济发展作出指示:"要紧紧抓住国家实施新一轮西部大开发的战略机遇,加快转变经济发展方式,切实调整和优化经济结构,充分发挥自身优势,推动经济社会又好又快发展,为实现'十二五'规划开好局、起好步。"② 经济发展要以产业为支撑,转变经济发展方式必须建立现代产业,只有现代产业才能与绿色发展相适应。2021年春节前夕,习近平总书记在贵州看望干部群众时强调,"要着眼于形成新发展格局,推动大数据和实体经济深度融合,培育壮大战略性新兴产业,加快发展现代产业"③,为人民群体提供多层次、高质量的物质民生产品。农村是实现绿色发展、培育现代新兴产业的重要阵地,农业在绿色发展中具有基础性地位。习近平总书记强调,我们国家要强,农业一定要强。中国要美,农村一定要美。中国要富,农村一定要富。广大农村地区要加快发展特色高效农业,加快培育新型农业经营主体,加快推进美丽乡村建设,加快推进城乡一体化。

(二)满足人民对良好生态环境的民生诉求必须实施绿色发展

自人类社会从自然界中分化出来后,人与自然就构成了一对矛盾体,形成对立统一关系。马克思说,自然界是人的无机的身体,人的生存高度依靠自然界。因而,保持人与自然的平衡是人类生存和发展的基础。但在实践中,人们为了满足自身对物质生活质量的需求,对大自然过度开采和索取,破坏了生态系统的平衡,引发了生态危机。人类由此承受了生态环境恶化的严重后果。如何弥补人类在实践中的过失,修复被破坏的生态环境,满足自身对良好生态环境的民生诉求,根本的出路只能是转变发展方式,实施绿色发展。

生态民生建设顺应民意,满足人民对良好生态环境的诉求,就必须从

---

① 中共中央文献研究室:《习近平关于社会主义生态文明建设论述摘编》,中央文献出版社2017年版,第19页。
② 新华社:《习近平在贵州调研时强调:抓好开局之年工作 推动又好又快发展》,《光明日报》2011年5月12日第3版。
③ 新华社:《向全国各族人民致以美好的新春祝福 祝各族人民幸福吉祥祝伟大祖国繁荣富强——习近平春节前夕赴贵州看望慰问各族干部群众》,《人民日报》2021年2月6日第1版。

根本上扭转生态环境恶化的局面,保持生态系统的平衡,还给人民"青山、碧水、蓝天"。实施绿色发展是缓解当代中国生态环境压力的根本举措。当前,绿色发展已经成为一股世界性的潮流,发达资本主义国家也兴起了"绿色新政"。但应当指出,资本主义生态危机的根源在于生产资料的资本家私人占有,只要这个所有制基础未发生改变,生态危机就无法从根本上得到解决,生态民生也不可能得到根本改善。从现实来看,资本主义不可能真正实现人与自然的和谐共生,它永远也无法弥补"理想"与"实现"之间的巨大鸿沟,"绿色新政"仅能起到缓解生态矛盾表象的作用。社会主义则不同,它不存在导致生态危机的制度性根源。中国工业化进程中产生的生态问题是由经济发展方式造成的。习近平总书记指出:"生态环境问题归根到底是经济发展方式问题。"[1] 在过去很长的一段时间里,因为物质匮乏,我们的经济发展把注意力集中在经济的增速方面,把经济增长作为主要的追求目标,对生态环境问题重视不够,导致生态问题日益突出。因此,新时代满足人民对生态民生的强烈呼求,必须从根本上转变发展方式,实施绿色发展。绿色发展的本质就是要改变过去粗放型的经济增长方式,实施可持续发展。党的十八届五中全会强调:"绿色是永续发展的必要条件和人民对美好生活追求的重要体现。"[2]

实施绿色发展必须从根本上推动中国经济发展理念的转变。思想是行动的指南,人们的行为通常受到观念的制约。实施绿色发展必须从根本上破除 GDP 至上的发展观念,树立人与自然和谐共生的价值追求和行动理念。习近平总书记在中央财经领导小组第五次会议上明确要求"坚持人口经济与资源环境相均衡的原则"[3]。他强调,坚持绿色发展必须首先纠正人们试图征服自然的错误观念,树立人与自然和谐共生的意识,尊重自然、敬畏自然,才能在实践中自觉遵循自然界的规律办事。由此可见,经济发展理念的转变是推进生态民生建设的前提。

实施绿色发展必须完善中国经济社会发展的考核评价体系。粗放型的

---

[1] 中共中央文献研究室:《习近平关于全面建成小康社会论述摘编》,中央文献出版社 2016 年版,第 175 页。

[2] 中共中央文献研究室:《十八大以来重要文献选编》(中),中央文献出版社 2016 年版,第 792 页。

[3] 中共中央文献研究室:《习近平关于全面建成小康社会论述摘编》,中央文献出版社 2016 年版,第 174 页。

经济发展方式把 GDP 增长率作为评价经济社会发展的主要指标，"GDP论"盛行一时。绿色发展理念要求在经济社会发展评价体系中纳入资源损耗、生态效益和环境损害等生态指标，同时建立与绿色发展相符合的目标体系、考评机制和奖惩制度体系。经济社会考核评价体系的完善有助于形成推动生态民生建设的外在动力。习近平总书记曾在民主生活会上嘱托河北省委负责人要把绿色发展搞好，不以 GDP 论英雄。他表示，只要河北省把绿色发展搞好了，就是对环境污染治理的贡献，生产总值即便下滑到第七八位去了，也同样是英雄，值得表扬；反之，如果单纯追求 GDP 的增长，生态环境不能得到有效治理，甚至愈来愈恶化，即使经济增长了那也是另一种评价了。

实施绿色发展有助于形成生态民生建设的联动效应，从整体上改善生态环境。生态民生建设涉及面广，是一项复杂的系统工作。绿色发展道路要求把"绿色"贯穿于发展过程的始终，要求各个部门协调推进。习近平总书记强调，要从系统、全局的高度看待绿色发展问题，不能顾此失彼，局限于一隅。在绿色发展中各部门要通力配合，首尾相援，绝不能相互掣肘，各顾各的"一亩三分地"，而必须采取整体性、全方位、多层次的举措，形成绿色发展的整体联动效应。

（三）统筹物质民生与生态民生建设要求实施绿色发展

实施绿色发展坚持了物质民生和生态民生的有机统一。过去粗放型的发展方式往往以生态环境的破坏为代价换取经济的增长，实践表明这是行不通的。美好生活是物质民生与生态民生的有机统一。物质民生是基础，但如果没有良好的生态环境的支撑，物质民生也实现不了。生态民生构成了民生的重要内容，是物质民生替代不了的。习近平总书记指出，物质民生对人的生存和发展固然重要，但生态民生对幸福生活的重要性也是不言而喻的。物质民生不能替代生态环境，物质民生再丰富，没有良好生态环境的支撑就没有幸福可言。

绿色发展理念要求处理好经济发展与生态环境保护的关系，坚持物质民生与生态民生的统筹发展。经济发展与生态环境相辅相成，经济发展的速度与生态环境的承载力之间存在一个张力，要求人们在实践中必须准确把握好对生态系统开发的度。如果不能准确把握好经济增长速度与生态环境承载的力度，就极易陷入非此即彼二元对立的怪圈。过去，一些地方片面追求经济增长速度，GDP 主义盛行，极大地挤压了生态环境保护的空间，使得我国的生态环境压力空前，几乎接近承载的极限，就是因为没有把握好经济增长速度与生态环境承载力度的关系。党的十八大后，生态文明建设上升为国家战略，各地高度重视生态环境保护。但我们又必须谨防陷入另一极端，那就是打着生态环境保护的幌子拒绝发展，在经济发展方面不作为。上述两种表现，在本质上都是将经济发展与生态环境保护对立起来，不能辩证处理二者关系的体现。党的十八届三中全会指出，经济发展与生态环境密切相关，不能把二者对立起来，保护生态环境就是保护生产力，生态环境改善了才能更好地促进生产力的发展。我们必须自觉践行绿色发展理念，深刻认识到以牺牲环境为代价的发展不是真正的发展，是饮鸩止渴的短视行为，必须坚决抵制和反对。习近平总书记多次强调，绿水青山就是金山银山，绝不能把经济发展与生态环境保护对立起来。2014年，在参加十二届全国人大二次会议贵州代表团审议时，习近平总书记重申："绿水青山和金山银山决不是对立的。"① 他勉励贵州发挥良好生态环境的优势，因地制宜发展绿色产业，将绿水青山转化为经济效益，做到经济发展与生态保护的协调统一，实现物质民生与生态民生的统筹发展。2015 年 6 月，习近平总书记在贵州考察工作时又强调："要正确处理发展和生态环境保护的关系……实现发展和生态环境保护协同推进。"② 习近平总书记的上述论断体现了深刻的辩证思维，揭示了经济发展与生态环境保护的辩证统一关系。

　　实践证明，牺牲生态环境发展经济是"杀鸡取卵"，脱离经济发展抓环境保护则是"缘木求鱼"。正确处理好经济发展与生态环境保护的关系，必须守好发展和生态两条底线。早在 2011 年，习近平就明确指出："要金山银山又要绿水青山，还要在更高境界上做到绿水青山就是金山银山，要把这个关系处理好。"③ 2015 年 6 月，习近平总书记强调："要善于运用辩证思维谋划经济社会发展，协调推进'四个全面'战略布局，守住发展和

---

① 中共中央文献研究室：《习近平关于社会主义生态文明建设论述摘编》，中央文献出版社 2017 年版，第 23 页。
② 中共中央文献研究室：《习近平关于社会主义生态文明建设论述摘编》，中央文献出版社 2017 年版，第 27 页。
③ 梁晓琳：《绿水青山看不尽 生态福利享不完》，《贵州日报》2020 年 6 月 16 日第 7 版。

生态两条底线。"① 从最终目的来看，经济发展与环境保护是内在统一的，都是为了满足人民对美好生活的现实需求。从社会系统的运行机制上来看，经济发展和生态环境保护相辅相成，二者可以相互促进和转化。经济的高质量发展能够促进生态环境的保护，良好的生态环境又能为经济发展创造更广阔的空间，形成更好的经济效益。习近平总书记在参加十二届全国人大二次会议贵州代表团审议时的讲话中强调："既要绿水青山，也要金山银山；绿水青山就是金山银山。"② 紧接着，习近平总书记进一步指出，要把生态环境保护得更好，充分发挥它的经济社会效益，"保护生态环境就是保护生产力，改善生态环境就是发展生产力"③。习近平总书记在参加党的十九大贵州省代表团讨论时再次指出："全面贯彻落实党的十九大精神，大力培育和弘扬团结奋进、拼搏创新、苦干实干、后发赶超的精神，守好发展和生态两条底线。"④ 2021年春节前夕，习近平总书记在贵州看望慰问各族干部群众时又一次强调"要牢固树立绿水青山就是金山银山的理念，守住发展和生态两条底线"⑤。

  坚持经济发展和环境保护的辩证统一，关键在于转变发展思路。在参加十二届全国人大二次会议贵州代表团审议时，习近平总书记明确指出，把绿水青山和金山银山辩证统一起来，"关键在人，关键在思路"⑥。经济发展乃人民利益所系，最终是为了人的发展。发展思路正确方能实现发展的价值。作为世界上最大的发展中国家，我国只有转变发展思路，不再单纯追求GDP的增长，不以牺牲生态环境换取一时的经济增长，才能不断满足人民美好生活的物质和生态民生需求。习近平总书记强调："要树立正

---

① 《走出一条有别于东部、不同于西部其他省份的发展新路——深入学习贯彻习近平总书记视察贵州重要讲话精神·厅局长访谈》，《贵州日报》2015年6月24日第4版。
② 中共中央文献研究室：《习近平关于社会主义生态文明建设论述摘编》，中央文献出版社2017年版，第23页。
③ 中共中央文献研究室：《习近平关于社会主义生态文明建设论述摘编》，中央文献出版社2017年版，第23页。
④ 新华社：《习近平在参加党的十九大贵州省代表团讨论时强调万众一心开拓进取把新时代中国特色社会主义推向前进》，《时事报告》2017年第11期。
⑤ 新华社：《习近平春节前夕在贵州看望慰问各族干部群众》，《当代贵州》2021年第9/10期。
⑥ 中共中央文献研究室：《习近平关于社会主义生态文明建设论述摘编》，中央文献出版社2017年版，第23页。

确发展思路,因地制宜选择好发展产业,切实做到经济效益、社会效益、生态效益同步提升,实现百姓富、生态美有机统一。"① 必须转变发展思路,从源头掐断对生态环境的污染,保持经济发展规模与生态环境承载力的基本平衡。总之,新时代的民生建设理论在民生建设内容上坚持了物质民生和生态民生统筹发展的基本思想。

第四节 对民生建设方案的丰富

根据民生建设的阶段目标和内容制定民生建设方案是民生建设的重要一环。为了满足人民的美好生活民生诉求,新时代的民生建设理论建构了"五位一体"的民生建设方案。"五位一体"的民生建设方案是对"四位一体"的民生建设方案进一步丰富和发展,它的提出实现了对我国社会主义民生建设方案的创新。

一 我国民生建设方案的不断丰富和完善

新中国成立以来,中国共产党根据不同历史阶段民生建设的目标和任务制定科学的实践方案。从新中国成立初期建立"独立的、比较完整的工业体系和国民经济体系"到改革开放早期坚持物质文明、精神文明"两手抓"的民生建设实践方案,再到改革开放的深入过程中"三位一体""四位一体"的实践方案,又到新时代"五位一体"的实践方案,实现了社会主义民生建设方案的不断丰富。

(一)从建立社会主义工业基础到"两手抓"的民生建设方案

新中国成立之初,国家百废待兴。为了尽快改变国家一穷二白的面貌,使人民尽快摆脱贫困,必须迅速实现社会主义的工业化。因而,中国共产党在社会主义改造时期就开启了我国社会主义工业化的进程。在社会主义改造中,党提出了社会主义改造与社会主义建设同时并举的方针。以苏联援建的重点工程和大中型项目为中心,在工业领域进行大规模投资,建立一批门类较齐全的基础工业项目,使我国在工业领域实现了从无到有

---

① 新华社:《习近平等分别参加全国人大会议一些代表团审议》,中国日报网 2014 年 3 月 8 日。

的突破。为了推动工业化、促进经济发展,中国共产党在社会主义建设中制定了农业为基础、工业为主导的方针,在优先发展重工业的基础上,坚持工业与农业并举的建设思路,利用价值规律大力发展社会主义商品生产。在基本建设投资方面,从"一五"计划到"四五"计划,我国累计投资达到四千九百多亿元,主要工业品的生产能力得到迅速发展。经过20多年的努力,我国终于建立起了世界上独一无二最完整的工业体系,为我国经济的后续发展和人民温饱问题的解决奠定了牢固的基础。

改革开放后,党的工作重心转移到经济建设方面。党的十一届三中全会后,全国尚有两亿多农民的温饱未得到解决。针对此种状况,邓小平从生产力发展的高度深刻阐释了社会主义的本质。他强调,解放和发展生产力,大力发展社会主义生产,缓解人民的贫困状态,实现富裕生活才是社会主义的本质。因而,生产力的发展对我国具有特殊的意义,它从根本上体现了社会主义的优越性。为了推动经济的快速发展,经济体制改革势在必行。20世纪80年代,经济体制改革首先在农村取得突破,率先由农民探索创造的农村新的生产组织形式——家庭联产承包责任制在全国推行。这一新的生产组织形式改变了过去人民公社制度统得过死的弊端,允许农户自主进行多种经营,农民的积极性被激发出来,农民收入明显增加。与此同时,城市的经济体制改革也逐步推开,对我国高度集中的计划经济体制进行了改革,把部分中央和省属企业下放给城市管理,扩大企业经营自主权,实行政企分开,增强企业活力。在推进经济改革的同时,我国的对外开放逐步扩大。一系列改革举措的推行,我国经济发展的巨大潜力被激活,经济发展进入快车道,为民生的改善奠定了根本的物质基础。

随着改革开放的全面展开,中国人民在物质民生不断改善的同时,社会上出现了一些消极现象。比如,贪污腐化、经济犯罪等,在文化领域一度出现精神污染问题,严重影响社会主义经济建设的顺利进行。针对经济社会发展中出现的新状况,党中央及时作出了加强社会主义精神文明建设的决定。党的十二届三中全会指出:"我们在抓物质文明建设的同时,必须抓精神文明建设,两个文明一起抓。"[1] 此后,党中央多次强调必须坚持物质文明和精神文明两手抓。党的十三大后,邓小平进一步指出要"一手

---

[1] 中共中央文献研究室:《十二大以来重要文献选编》(中),人民出版社1986年版,第591页。

抓改革开放，一手抓打击各种犯罪活动。这两只手都要硬"①，实质上也是强调处理好物质文明与精神文明的关系，坚持"两个文明一起抓"。坚持"两个文明一起抓"从根本上保证了改革开放沿着正确的道路不断前进，使得物质文明与精神文明协调发展，人民的温饱问题得以在 20 世纪 80 年代末基本解决。

（二）从"三位一体"到"四位一体"的民生建设方案

人民温饱问题基本解决后，中国共产党领导的民生建设进入到使人民富起来的实践阶段。党的十四大报告指出："十一届三中全会以来，在邓小平同志建设有中国特色社会主义理论的指导下……十一亿人民的温饱问题基本解决，正在向小康迈进。我国经济建设上了一个大台阶，人民生活上了一个大台阶，综合国力上了一个大台阶。"② 在新的历史阶段，如何推进民生建设，使人民富裕起来是中国共产党面临的现实问题。党的十四大报告初步阐明了经济、政治和精神文明建设协调推进的民生建设方案。《报告》指出，中国特色社会主义的发展最根本的是要坚持以经济建设为中心。为保证经济的健康发展，排除干扰，必须有民主政治和先进文化的辅助。因此，必须加强民主法治和精神文明建设，推动社会的全面进步。党的十五大进一步阐明了经济、政治和文化协调发展的民生建设方案。党的十五大报告指出："围绕建设富强民主文明的社会主义现代化国家的目标，进一步明确什么是社会主义初级阶段有中国特色社会主义的经济、政治和文化，怎样建设这样的经济、政治和文化，是必要的。"③ 党的十六大报告正式提出了经济、政治、文化建设"三位一体"的民生建设方案。

在"三位一体"的民生建设实践中，中国共产党一方面坚持以经济建设为中心不动摇，深入推进经济体制改革，经济发展中的体制性障碍进一步消除。逐步形成和完善了社会主义初级阶段的基本经济制度和按劳分配为主体的多种分配方式。另一方面，高度重视政治体制改革，发扬社会主义民主，为民生建设提供民主政治保障；大力发展社会主义先

---

① 中共中央文献研究室：《改革开放三十年重要文献选编》（上），中央文献出版社 2008 年版，第 638—639 页。

② 中共中央文献研究室：《改革开放三十年重要文献选编》（上），中央文献出版社 2008 年版，第 649 页。

③ 中共中央文献研究室：《改革开放三十年重要文献选编》（下），中央文献出版社 2008 年版，第 899 页。

进文化，保证了民生建设良好的文化氛围。在"三位一体"的民生建设布局下，人民生活显著改善，实现了由"总体小康"向"全面建设小康社会"的过渡。

在全面建设小康社会阶段，除了继续推进经济、政治、文化的协调发展外，民生发展还必须加强社会建设，坚持维护公平正义的社会环境。社会建设是促进人民共享改革和发展成果，实现社会和谐的必要之举。党的十七大把社会建设与经济、政治、文化建设并列，使"三位一体"的民生建设布局发展为"四位一体"。党的十七大报告指出："社会建设与人民幸福安康息息相关。必须在经济发展的基础上，更加注重社会建设。"[1] 在社会建设中，通过"推进社会体制改革，扩大公共服务，完善社会管理"[2]等方式，更好地促进了人民对改革、发展成果的共享，实现了民生的改善。从"三位一体"到"四位一体"的民生建设实践使中国人民在全面建设小康社会的道路上昂首阔步，朝着全面建成小康社会的目标前进，中国人民逐步富裕起来。

（三）新时代"五位一体"的民生建设方案

在小康社会建设进程中，中国人民逐步富裕起来，但也出现了生态环境严重失衡的状况。生态问题的凸显成为人们追求美好生活的"拦路虎"，制约了民生的改善。以破坏生态环境为代价的发展是不可持续的，几十年发展欠的环境债终究要偿还。新时代中国共产党推进民生建设必须直面生态环境失衡的问题，将生态文明纳入民生建设中，不断改善生态民生。正是在科学认识民生建设阶段性特征的基础上，党的十八大将生态文明建设与经济、政治、文化、社会建设并列，使"四位一体"的民生建设实践升格为"五位一体"，把我国的民生建设推进到一个新的阶段。党的十八大报告指出，要全面落实"五位一体"的民生建设方案，不断开拓民生建设的新局面。党的十九大再次强调要统筹推进"五位一体"总体布局，既要更好地满足人民对物质民生的需求，又必须推进生态民生建设，满足人民对良好生态环境的需要，促进人的全面发展。

---

[1] 中共中央文献研究室：《改革开放三十年重要文献选编》（下），中央文献出版社 2008 年版，第 1731 页。

[2] 中共中央文献研究室：《改革开放三十年重要文献选编》（下），中央文献出版社 2008 年版，第 1731 页。

在"五位一体"的民生建设实践方案中,最核心的是强调经济发展对民生改善的基础作用。改革开放后,党和国家都始终强调经济建设这个中心不能动摇。新时代,我国发生了历史性的变化,但我国仍处于社会主义初级阶段,仍然要大力发展经济,为人的全面发展提供更丰富、更高质量的物质条件。党在完善社会主义市场经济体制的基础上,加快转变经济发展方式,建设现代化经济体系,推进经济结构战略性调整和创新型国家建设,实现经济由高速增长向高质量发展转变。在政治建设方面,深化政治体制改革,全面推进依法治国,健全基层民主制度,依法保障了人民当家作主的权利。在文化建设方面,坚定文化自信,推进社会主义先进文化建设,弘扬社会主义核心价值观,推动文化事业和文化产业的发展,满足人民的精神文化需求。在社会建设方面,以改善民生为核心,在社保、教育、就业、医疗、住房等方面创新体制机制,努力满足人民的民生诉求。在生态建设方面,推进绿色发展,加大对生态系统的保护力度,建设美丽中国,不断改善生态民生。总之,在"五位一体"的民生建设实践中,经济建设是根本,是民生改善的物质基础,政治建设、文化建设、社会建设、生态文明建设既是民生发展的重要保障,本身也是民生发展的重要内容。经济、政治、文化、社会、生态建设相互协调,相互促进,共同推动新时代民生事业的健康发展。

二 "五位一体"民生建设方案的内在结构

"五位一体"的民生建设方案结构严密,是一个完整的系统。在"五位一体"的民生建设实践系统内部,五大建设构成了系统的要素,它们相互影响、相互制约、相互作用,共同推动民生建设向前发展。五大建设的辩证运动构成了新时代民生建设实践系统的运行方式,具有严密的内在逻辑。

(一)经济建设:为民生发展提供物质基础

物质民生和生态民生是民生的基本构成。在新时代的民生建设中,物质民生建设是基础,生态民生建设是重要支撑。因而,经济发展对于民生的改善具有根本性的意义,经济发展为民生的改善奠定坚实的物质基础。任何时候民生建设都必须坚持以经济发展为前提。脱离了经济发展,民生改善就无从谈起。大力发展社会主义经济,不断解放和发展生产力,不仅是国家发展和社会进步的根本推力,而且是社会主义民生建设的物质保障。经济的发展水平从根本上决定了国家能够在多大程度上满足人民群众对物质生活资料的需求，决定了民生的改善幅度。由此可见，经济建设是民生改善的基础。民生的改善脱离了经济建设就会沦为空谈，没有实质内容和实际意义。

改革开放以来，我们始终坚持以经济建设为中心不动摇，社会生产力得到了极大地解放和发展，逐步确立了我国第二大经济体的地位。得益于经济建设的成功，中国人民的生活水平显著提高，民生不断改善，民生需求不断得以满足。从 1978 年到 2018 年，"全国居民人均可支配收入由 171 元增加到 2.6 万元，中等收入群体持续扩大"①。在经济快速发展的基础上，我国改革开放以来累计减少贫困人口 7 亿多人，为世界反贫困事业作出了重大贡献。

新时代虽然我国的社会主要矛盾发生了转变，但我国还处于社会主义初级阶段，经济发展对民生改善的基础性作用仍然没有变。我们必须清醒地认识到，在物质生活资料还没有达到极大丰富之前，我们必须毫不动摇地坚持以经济建设为中心不动摇。只有这样才能生产出更丰富、更高质量的物质生活资料来满足人民对美好生活的需要。此外，我国当前仍是世界上最大的发展中国家，人均 GDP 排名仍然靠后，只有继续大力发展经济才能进一步改善物质民生。2016 年，习近平总书记在"七一"讲话中指出，党的初心就是要让人民群众过上美好生活，为了达到这个目标，我们必须始终坚持以经济建设为中心。

习近平总书记不仅强调新时代坚持经济发展在民生改善中的基础性作用，还赋予"以经济建设为中心"新的时代内涵。新时代坚持以经济建设为中心必须转变发展方式，把侧重点由过去主要看 GDP 增长转变为更加关注经济效益和发展质量。习近平总书记指出："我们必须坚持以经济建设为中心，坚持以新发展理念引领经济发展新常态，破解发展难题，厚植发展优势，不断为坚持和发展中国特色社会主义奠定强大物质基础。"② 在新时代的民生建设中，还要求我们统筹好经济建设与全面协调发展的关系。习近平总书记强调，发展是硬道理，中国的问题只有通过发展才能破解。我们主张的发展是社会的全面进步，不仅要以经济建设为中心，而且要推

---

① 习近平：《在庆祝改革开放 40 周年大会上的讲话》，人民出版社 2018 年版，第 14—15 页。
② 《习近平谈治国理政》第 2 卷，外文出版社 2017 年版，第 54 页。

进政治、文化、社会和生态等各方面的协调发展，不断增进人民的民生福祉。

（二）政治建设：为民生发展提供民主制度支撑

人民群众是实践的主体，我们必须从根本上保障人民群众广泛参与民生建设的权利，没有人民群众的支持和广泛参与，民生建设的效果就要大打折扣。人民群众广泛参与民生建设必须要有民主政治的保障。"民主"在阶级社会具有强烈的阶级性，本质上是统治阶级的民主。资本主义社会宣扬的所谓超阶级的"全民民主"不过是一种欺骗的把戏，是根本不存在的，其本质不过是资本家少数人的民主。民主是社会主义政治的本质特征，其实质是人民掌握政权，核心是人民当家作主。社会主义民主政治是建立在公有制的基础上，从根本上保证了人民参与民生建设的权利。

社会主义民主是全过程的民主，它有效地保证了政府部门与基层民众之间上传下达沟通渠道的畅通，确保了人民群众能够有序参与民生建设决策。民生建设决策机构能够及时高效地了解民意，更广泛地吸收人民群众的意见，使制定的民生建设路线、方针、政策等更科学合理。社会主义民主是人民的民主，它有助于形成公开、透明的人才选拔机制，为民生建设人才的甄选、成长提供了公平公正的环境。社会主义民主还为人民群众全程监督民生建设提供了可能，保证了民生建设的健康、有序进行。

社会主义民主政治建设是一个不断演进的过程，必须根据其发展的基本规律循序渐进地推进。经过几十年的努力，我国的民主政治不断发展，人民享有的各项权利逐步扩大。新时代，社会主义民主政治制度更加完善，对人民权利的保障更有力，人民参与民生建设愈加积极和主动。人民群众在民生建设中的广泛参与极大地促进了中国人民民生的改善，人民生活越来越美好。新时代的民生建设必须继续发扬社会主义民主政治的积极作用，为社会主义民生建设提供牢固的制度基础。加强社会主义民主政治建设是国家治理体系和治理能力现代化的重要内容。党的十九大报告提出要加强民主政治的制度体系建设，确保人民的主人翁地位。报告指出，社会主义民主政治反映了全体人民的意志，社会主义民主是最符合民主本义的、最真实、最广泛的民主，必须加强社会主义民主的制度体系建设，保证人民的当家作主地位。

（三）文化建设：为民生发展提供精神动力和智力支持

文化是一个民族在长期的实践中积淀下来的精神财富，具有鲜明的阶级属性和民族特质。"一个国家的繁荣发展,离不开经济、政治、社会的兴旺发达为支撑,同样离不开文化的兴旺发达为支撑。"① 文化具有塑造人格、凝聚人心的功能,对民生事业的发展起着独特的作用。先进文化能够为民生建设提供精神动力和智力支持,引领民生建设的方向。改革开放以来,中国共产党始终高度重视文化建设对民生发展的重要作用,在"三位一体"和"四位一体"的民生建设方案中都凸显了文化的地位。

在新时代的民生建设中必须继续充分发挥文化的重要作用。社会主义先进文化具有凝聚共识和汇聚力量的重要作用,能够催生强大的精神感召力。"中国特色社会主义植根于中华文化沃土,只有大力弘扬中国特色社会主义文化,坚定文化自信,增强对中华文化的认同,才能增强对中国特色社会主义道路的认同,我们走自己的路才具有无比深厚的历史底蕴,具有无比强大的前进定力。"② 新时代的民生建设必须继续以社会主义先进文化引领民生发展方向,鼓舞和凝聚全国各族人民投身于民生建设中,营造人人竞相奋斗的民生建设氛围。只有以社会主义先进文化为引领才能保证民生建设的正确方向,使民生建设坚定地朝着共同富裕的方向前进,促进人的全面发展。也只有在社会主义先进文化的感召下,才能最大限度地凝聚人心、汇聚各方力量投身于民生建设实践,为民生建设提供不竭的动力。总之,以社会主义先进文化引领民生建设能够发挥先进文化对民生建设的指导意义,为民生建设提供智力支持和营造良好氛围。"五位一体"的民生建设方案把文化建设与其他四项建设并列,彰显了党和国家对文化建设的重视,持续凸显了文化建设对民生发展的引领作用。

(四)社会建设:为民生发展创造良好的社会氛围

社会建设是实现社会有序运转与和谐稳定的根本途径,能够为民生的发展创造良好的社会氛围。党的十七大把社会建设纳入民生发展方案,是党对社会主义发展规律认识不断深化的结果。民生的改善不仅从根本上受制于经济的发展水平,还受到社会发展水平的制约。经济的发展水平决定

---

① 颜晓峰:《中国文化建设的发展方略——兼论文化自强》,《光明日报》2011年10月17日第1版。
② 闻言:《坚定文化自信,建设社会主义文化强国——学习〈习近平关于社会主义文化建设论述摘编〉》,《人民日报》2017年10月16日第7版。

了社会的经济总量,为民生改善提供了可能。但要使经济发展的成果平等惠及每个社会成员,让人民公平享有民生权益则依赖于社会的建设水平。中国经过几十年的改革开放,经济得到巨大的发展,为人民物质民生的改善提供了强大的经济基础。但实践证明,经济增长并非"万能钥匙",并非经济发展了社会的一切问题就能自动解决。发展中出现的许多问题,还必须依托社会建设才能有效破解。比如,社会主义市场经济发展过程中的经济效益与社会公平正义的问题就要通过加强社会建设解决。因此,党的十七大报告提出要"加快推进以改善民生为重点的社会建设"①,党的十八大延续了这个思想。

在"五位一体"的民生建设方案中,依托社会建设发展民生,关键是要"实现经济发展和民生改善的良性循环"②。必须坚持把保障社会公平正义作为社会建设的出发点和落脚点,使全体人民共享经济发展的成果,才能切实满足人民对美好生活的民生诉求。新时代民生事业的发展,必须进一步加强社会建设,提高社会治理水平,创新社会管理模式,保障社会的公平正义。公平正义是社会和谐的基础,是民生建设的重要保障。公平正义须依靠制度体系来维护。党的十九大报告要求,各级政府必须维护和发展好人民的民生福祉,完善制度措施使人民公平享有民生权益,让改革发展成果更公平地惠及全体人民,确保民生建设朝着共同富裕的方向前进。党的十九届四中全会进一步提出了社会建设的具体要求,强调不断满足人民"美好生活"的民生诉求,必须统筹城乡民生保障制度建设,健全基本公共服务制度体系。

(五) 生态建设:为民生发展提供可持续动力

生态建设的核心是正确处理人与自然的关系。正确处理人与自然的关系是实现可持续发展的关键。人们在实践中保持与自然界的和谐需要高度的智慧。恩格斯说:"人在怎样的程度上学会改变自然界,人的智力就在怎样的程度上发展起来。"③ 毋庸置疑,自然界的发展有其自身的规律,它总是按其自身的运动规律进行演化的。但人类的活动对自然面貌的改变具

---

① 中共中央文献研究室:《十七大以来重要文献选编》(上),中央文献出版社2009年版,第29页。
② 王惠:《新时代社会建设的实践逻辑》,《吉林日报》2019年11月11日第7版。
③ 《马克思恩格斯文集》第9卷,人民出版社2009年版,第483页。

有根本的影响。恩格斯指出："地球的表面、气候、植物界、动物界以及人本身都发生了无限的变化，并且这一切都是由于人的活动，而德意志的自然界在这一期间未经人的干预而发生的变化，简直微小得无法计算。"① 人类破坏自然的同时，生态的恶化也不断反噬着人类，引发灾难性后果。历史上很多古老文明的消亡就足以说明这个道理。人类要实现可持续发展，不断改善自身的生存条件，就必须妥善处理人与自然的关系，加强生态建设。

将生态建设纳入"五位一体"民生建设实践方案，表明新时代的民生建设理论已经深刻认识到良好的生态环境对人民生存和发展的重大意义，深刻彰显了生态建设对民生改善的重要作用。事实上，良好的生态环境本身也是民生的重要内容，它构成了生态民生。新时代民生建设的本质是要使人民过上美好的生活，美好生活既需要丰富的物质生活资料的保障，也需要新鲜的空气、干净的饮用水、适宜的气候等良好生态环境的支撑。生态问题"不仅是重大发展问题，也是重大民生问题"②。生态建设为民生发展提供可持续动力，不论是物质民生还是生态民生的可持续发展，都离不开人与自然系统的良性循环。因此，新时代民生事业的发展必须加强生态建设，保持生态系统的平衡，实现人与自然的和谐共生。习近平总书记提出的"保护生态环境就是保护生产力"和著名的"两山论"就是基于生态环境对民生发展的重要作用进行的深邃思考。

三 新时代民生建设方案对生态民生的规划

新时代民生建设方案高度重视生态环境的内在民生意蕴，不仅认为良好的生态环境是最普惠的民生福祉，关涉到人民的美好生活，而且从国家战略层面认识生态问题，提出生态环境关乎民族未来和国家前途，关系到民生的可持续发展。党的十八大报告指出："建设生态文明，是关系人民福祉、关乎民族未来的长远大计。"③ 大会要求"把生态文明建设放在突出地位，融入经济建设、政治建设、文化建设、社会建设各方面和全过程，

---

① 《马克思恩格斯文集》第9卷，人民出版社2009年版，第484页。
② 中共中央文献研究室：《十八大以来重要文献选编》（上），中央文献出版社2014年版，第299页。
③ 中共中央文献研究室：《十八大以来重要文献选编》（上），中央文献出版社2014年版，第30页。

努力建设美丽中国，实现中华民族永续发展"①。新时代民生建设方案的一个突出特点是阐明了如何顺应民意开展生态民生建设。

（一）以"美丽中国"引领生态民生建设

建设美丽中国是党的十八大提出的重大战略，是我国生态文明建设的战略目标，是实现中华民族伟大复兴中国梦的重要内容。建设美丽中国顺应了新时代人民对良好生态环境的期盼，既深切回应了人民对美好生活的现实需求，又标志着党立足于中华民族的长远未来对社会主义生态民生建设规律有了更深刻的认识。习近平总书记在"致生态文明贵阳国际论坛二〇一三年年会的贺信"中强调："走向生态文明新时代，建设美丽中国，是实现中华民族伟大复兴的中国梦的重要内容。中国将按照尊重自然、顺应自然、保护自然的理念，贯彻节约资源和保护环境的基本国策。"②

新时代的民生建设方案要求我们，生态民生建设既要立足于当前的现实，又必须着眼于长远，既要考虑当代人的利益，又必须兼顾后世子孙的利益。习近平总书记指出："在生态环境保护上一定要算大账、算长远账、算整体账、算综合账，不能因小失大、顾此失彼、寅吃卯粮、急功近利。"③ 建设美丽中国与满足人民的美好生活需求本质上是统一的。在实践形态上，建设美丽中国要求我们以自然环境的承载力为基础，努力建设资源节约型和环境友好型社会，打造环境优美的国家。从根本目的来看，建设美丽中国是要让人民群众过上美好生活，使其享有良好的生态环境，喝上干净的水，呼吸清新的空气，感受生活之美。习近平总书记指出，建设美丽中国的战略任务，就是要"给子孙后代留下天蓝、地绿、水净的美好家园"④，我们必须树立大局观、长远观、整体观，"协同推进人民富裕、国家强盛、中国美丽"⑤。在地方考察工作时，习近平总书记多次语重心长地嘱托当地要从实际出发，坚持以生态文明的理念引领经济社会发展，为

---

① 中共中央文献研究室：《十八大以来重要文献选编》（上），中央文献出版社2014年版，第30—31页。
② 《习近平谈治国理政》，外文出版社2014年版，第211页。
③ 中共中央文献研究室：《习近平关于社会主义生态文明建设论述摘编》，中央文献出版社2017年版，第8页。
④ 中共中央文献研究室：《习近平关于社会主义生态文明建设论述摘编》，中央文献出版社2017年版，第44页。
⑤ 中共中央文献研究室：《习近平关于社会主义生态文明建设论述摘编》，中央文献出版社2017年版，第12页。

建设美丽中国作出应有的贡献,实现百姓富、生态美的有机统一,满足人民对美好生活的向往。

(二) 以理念引领、制度保障生态民生建设

保护生态环境,建设生态民生是一项长期的战略任务,必须牢固树立生态优先的理念,保持绿色发展定力,始终"坚持生态优先、绿色发展"[①]的导向。绝不能经济增长一时出现困难就动摇生态优先、绿色发展的信念,倒退回以牺牲生态环境为代价换取经济增长的老路。尤其是我国进入发展转型关键期后,从低水平能耗向超低水平能耗迈进,转型之路必定越走越艰辛,牢固树立生态优先、绿色发展为导向的重要性就越凸显。2021年春节前夕,习近平总书记在贵州视察时语重心长地嘱咐当地"要牢固树立生态优先、绿色发展的导向,统筹山水林田湖草系统治理,加大生态系统保护力度,科学推进石漠化、水土流失综合治理,不断做好绿水青山就是金山银山这篇大文章"[②],"努力走出一条生态优先、绿色发展的新路子"[③]。

党的十八大以来,生态文明被纳入"五位一体"的民生建设方案中,成为民生建设的重要保障。由此可见,党和国家对生态民生不可谓不重视。在此背景下,人民群众对良好生态环境无不翘首以盼。但在实践中,生态文明建设仍然存在不少困境。受利益驱使和传统发展惯性的作用,生态文明建设仍然存在"说起来重要,做起来不要"的现象。一些生态责任主体"宁交罚款,不治污染"时有发生,严重制约了生态民生的发展。究其原因,最根本的在于生态文明建设的制度、法治保障屏障没有完全建立起来。在十八届中央政治局第六次集体学习时,习近平总书记指出:"我们的生态环境问题已经到了很严重的程度,非采取最严厉的措施不可,不然不仅生态环境恶化的总态势很难从根本上得到扭转,而且我们设想的其他生态环境发展目标也难以实现。"[④] 习近平总书记指示有关部门精心研究

---

① 《习近平谈治国理政》第 2 卷,外文出版社 2017 年版,第 238 页。
② 新华社:《向全国各族人民致以美好的新春祝福 祝各族人民幸福吉祥祝伟大祖国繁荣富强——习近平春节前夕赴贵州看望慰问各族干部群众》,《人民日报》2021 年 2 月 6 日第 1 版。
③ 新华社:《向全国各族人民致以美好的新春祝福 祝各族人民幸福吉祥祝伟大祖国繁荣富强——习近平春节前夕赴贵州看望慰问各族干部群众》,《人民日报》2021 年 2 月 6 日第 1 版。
④ 中共中央文献研究室:《习近平关于社会主义生态文明建设论述摘编》,中央文献出版社 2017 年版,第 99 页。

和论证划定生态红线,并从制度上保障生态红线严格遵循,决不能逾越。生态文明建设是一场生产方式和生活方式的根本性变革。实现这样的变革,没有制度、法治的保障是不可能实现的。习近平总书记指出,"保护生态环境必须依靠制度、依靠法治"①。生态环境保护"决不能说起来重要、喊起来响亮、做起来挂空挡"②,必须用最严格的制度、最严密的法治"坚持源头严防、过程严管、后果严惩,治标治本多管齐下"③;"只有实行最严格的制度、最严密的法治,才能为生态文明建设提供可靠保障"④。

生态文明建设不仅关系到民生问题,而且关乎中华民族的未来,是确保国家长治久安的战略任务,必须久久为功。生态文明建设长期贯彻下去,必须保持政策的连贯性,不断完善体制机制。2017年,习近平总书记在参加党的十九大贵州代表团讨论时指出,要紧密结合党的十九大对我国未来发展作出的战略安排,推进党和国家各项工作,特别是要保持各项战略、政策、措施的连续性和前瞻性,一步接一步,连续不断朝着我们确定的目标前进。这其中当然包括生态文明建设战略、政策、措施的连续性和前瞻性。2021年春节前夕,习近平总书记在贵州考察时又强调,加强生态文明建设,推动产业结构转型升级,形成新发展格局,要"更多解决深层次体制机制问题"⑤。

以最严格的制度、最严密的法治为生态文明建设保驾护航,必须建立健全生态文明制度体系,夯实法治基础。2016年11月,在《关于做好生态文明建设工作的批示》中,习近平总书记指出:"要深化生态文明体制改革,尽快把生态文明制度的'四梁八柱'建立起来,把生态文明建设纳入制度化、法治化轨道。"⑥ 生态文明制度体系建设是一个系统、复杂的工

---

① 中共中央文献研究室:《习近平关于社会主义生态文明建设论述摘编》,中央文献出版社2017年版,第99页。

② 中共中央文献研究室:《习近平关于社会主义生态文明建设论述摘编》,中央文献出版社2017年版,第26页。

③ 中共中央文献研究室:《习近平关于社会主义生态文明建设论述摘编》,中央文献出版社2017年版,第25—26页。

④ 中共中央文献研究室:《习近平关于社会主义生态文明建设论述摘编》,中央文献出版社2017年版,第99页。

⑤ 新华社:《向全国各族人民致以美好的新春祝福 祝各族人民幸福吉祥祝伟大祖国繁荣富强——习近平春节前夕赴贵州看望慰问各族干部群众》,《人民日报》2021年2月6日第1版。

⑥ 《习近平谈治国理政》第2卷,外文出版社2017年版,第393页。

程，涉及方方面面，它不仅是中央的重大任务，也离不开地方政府的大力支持。地方处于生态文明建设的第一线，在生态文明制度创新上大有可为。地方作为生态文明制度体系建设的重要一环，决不能在生态文明制度体系建设中缺位，必须鼓励地方积极探索，推动地方生态文明制度建设与国家层面的同步。习近平总书记在地方考察工作时多次要求，在生态文明建设体制机制改革方面要先行先试，把提出的行动计划扎扎实实落实到行动上，"多做创新性探索，多出制度性成果"[①]。

第五节　对民生建设制度改革思路的创新

制度具有根本性、全局性意义，民生建设必须依靠制度保驾护航。新中国成立以来，我国民生建设之所以能够不断取得新成就，实现民生不断改善，一个重要原因就在于我们非常重视民生制度建设，始终坚持不断改革创新民生建设制度。从新中国成立初期民生建设基本制度的搭建到改革开放后对"形成一整套更加成熟更加定型制度"的不断追求和努力，我们党对民生建设制度的改革创新始终在路上，从未松懈过。新时代，我国的民生建设面临着一些新情况、新问题，必须进一步推进制度的改革创新。新时代的民生建设理论根据当代我国民生建设的实际提出民生建设制度改革的新思路，对完善新时代的民生建设制度具有重要意义。

一　制度创新：我国民生建设持续推进的根本保障

持续推进民生建设是社会主义制度的本质规定，是社会主义发展的题中应有之义。民生建设是一项长期的系统工程，在不同的时代人们有不同的民生诉求，使得民生建设的目标不断深化，民生建设实践持续推进，呈现出鲜明的时代特征。新中国成立以来，我国民生建设每上升到一个新的阶段，都呈现出效率和目标的递进效应，既要加速解决前一阶段民生建设中遗留的问题，又必须面对新的民生发展难题，民生建设的复杂性、艰巨性与日俱增。因而，在民生建设中制度的根本保障作用日益凸显，民生建

---

① 新华社，《向全国各族人民致以美好的新春祝福　祝各族人民幸福吉祥祝伟大祖国繁荣富强——习近平春节前夕赴贵州看望慰问各族干部群众》，《人民日报》2021年2月6日第1版。

设的持续推进必须仰赖制度的保驾护航。

(一) 基本制度的建构和完善：民生建设稳步推进的前提和基础

社会主义基本制度的建构和完善是有效推进民生建设的前提和基础。马克思主义经典作家通过考察资本主义的社会生产，得出资本主义私有制条件下不可能从根本上改善劳动人民民生的结论。中国共产党继承马克思主义经典作家的基本观点，高度重视制度在民生建设中的根本保障作用。抗日战争时期，毛泽东告诫人民，只有抗日取得胜利，建构良好的社会制度，中国人民的民生才有可能得到改善。他说："只有抗日才有实行民主可能，只有抗日与民主才有改良民生可能，这是今日政治形势中的实际，应该明白。"① 新中国成立后，中国共产党旋即着手进行社会主义改造，并逐步建构起了社会主义基本经济和政治制度，奠定了社会主义民生建设的制度基础。以社会主义基本制度的建构为基础，新中国成立以来我国的面貌发生了历史性的变化，中国人民共享改革发展的成果，"中华民族迎来了从站起来、富起来到强起来的伟大飞跃"②。

1. 基本经济制度的建构和完善：民生建设的经济基础

基本经济制度是生产关系在制度上的反映。一个社会的基本经济制度深刻地体现了生产资料所有制关系的性质。在人类发展史上，生产资料所有制关系有两种类型，一种是公有制，另一种是私有制。马克思主义经典作家在对资本主义生产方式的考察中认识到，私有制是造成普通劳动者民生改善困境的制度根源。尽管资本主义生产力持续发展，但劳动人民的贫困也是持续性的，难以有获得感。马克思指出："在社会的衰落状态中，工人的贫困日益加剧；在增长的状态中，贫困具有错综复杂的形式；在达到完满的状态中，贫困持续不变。"③ 由此，马克思、恩格斯阐明了扬弃资本主义私有制，建立公有制生产关系以实现民生发展的主张。

中国共产党对国家基本经济制度的建构坚持生产资料公有制这一基本原则。1952年，毛泽东在酝酿新民主主义社会向社会主义社会过渡的总路线时，提出用10—15年的时间基本上完成向社会主义过渡。1953年，中国共产党提出了过渡时期的总路线和总任务，提出"要在一个相当长的时

---

① 《毛泽东文集》第2卷，人民出版社1993年版，第221页。
② 习近平：《在庆祝改革开放40周年大会上的讲话》，人民出版社2018年版，第19页。
③ 《马克思恩格斯文集》第1卷，人民出版社2009年版，第122页。

期内，逐步实现国家的社会主义工业化，并逐步实现国家对农业、对手工业和对资本主义工商业的社会主义改造"①。在总路线的指导下，党逐步展开对农业、手工业和资本主义工商业的社会主义改造。经过几年的努力，到1956年我国社会主义改造基本完成，以公有制为基础的社会主义生产关系建立起来了。公有制经济基础建立后，我国的社会经济结构发生了根本的变化，社会主义经济成分占绝对优势，国营经济成为我国国民经济的主要成分。社会主义基本经济制度的建立，实现了中国历史上最深刻的变革，为我国经济社会发展和民生建设的稳步推进奠定了坚实的经济基础。在公有制的基础上，劳动者与生产资料相结合，劳动人民成为国家的主人，极大地激发了他们生产的积极性，促进了社会生产力的发展，人民生活水平逐步提高，民生不断改善。以公有制经济基础的建立为前提，我国社会主义集中力量办大事的优越性得到充分的体现，为改革开放后中国经济的腾飞和民生建设的稳步推进作出了不可磨灭的贡献。

　　社会主义公有制经济基础建立起来后，党在不同的历史阶段对我国社会主义基本经济制度进行了不断地探索、丰富和完善。社会主义改造完成后，受历史条件的制约，党在社会主义建设中产生急躁冒进的情绪。为了实现马克思主义"由社会占有全部生产资料"②，"社会成为全部生产资料的主人"③的设想，党逐步脱离了我国社会发展阶段片面追求纯粹的公有制形式，要求"公有化程度越高越好，社会主义的经济成分越纯越好"。这种倾向对民生建设产生了不利的影响，制约了民生的改善。

　　改革开放后，我们深化了对社会主义发展阶段的认识，逐步完善了社会主义经济基础。从社会主义建立初期公有制"一统天下"到改革后"以公有制为主体、多种经济成分并存"④，再到"公有制为主体、多种所有制经济共同发展"⑤，我国社会主义基本经济制度越来越完善。随着党对社会主义基本经济制度的不断完善，公有制的实现形式越来越灵活和多样，既

---

① 中共中央文献研究室：《建国以来重要文献选编》第4册，中央文献出版社1993年版，第548页。
② 《马克思恩格斯文集》第9卷，人民出版社2009年版，第298页。
③ 《马克思恩格斯文集》第9卷，人民出版社2009年版，第310页。
④ 中共中央文献研究室：《十三大以来重要文献选编》（下），人民出版社1993年版，第1483页。
⑤ 中共中央文献研究室：《十五大以来重要文献选编》（下），人民出版社2003年版，第2415页。

充分发挥了公有制经济改善民生的主体功能,又引导和发挥了非公有制经济在改善民生中的积极作用。改革开放40多年来,"公有制经济尤其是国有经济,在增强综合国力、提高人民生活水平等方面,发挥了无可替代的作用"①。同时,非公有制经济的繁荣和发展对丰富民生产品数量、提高民生产品质量等方面发挥着独特的作用。

2. 基本政治制度的建立和完善:民生建设的政治保证

马克思主义认为,上层建筑是为自己的经济基础服务的。在经济基础形成后,上层建筑必须保证它的安全运行,在经济关系中贯彻统治阶级的意志,维护统治阶级的利益。在整个上层建筑中,政治上层建筑居于主导地位。社会主义基本政治制度是社会主义上层建筑的集中体现,其基本功能就是通过规范强制等措施为社会主义经济基础服务,维护无产阶级的政治统治和正常的社会秩序。我国基本政治制度的建构坚持从中国的实际出发,体现了人民当家作主这一根本要求,为民生建设的持续推进提供了强大的政治保证。

第一,在国体上,建立了人民民主专政的国家政权。毛泽东对什么是人民民主专政进行了系统阐述。他指出,人民民主专政就是人民在党的领导下,"团结起来,组成自己的国家,选举自己的政府,向着帝国主义的走狗即地主阶级和官僚资产阶级以及代表这些阶级的国民党反动派及其帮凶们实行专政,实行独裁,压迫这些人,只许他们规规矩矩,不许他们乱说乱动。如要乱说乱动,立即取缔,予以制裁"②。由此可见,人民民主专政是对人民民主和对敌专政的辩证统一。既要在人民内部实行民主,保障人民的言论、集会、结社等基本权利,又必须对敌对势力实行专政,防止敌人对社会主义事业的颠覆和破坏。人民民主专政制度的建构从根本上保障了我国的国家安全和人民生活的安宁,为民生建设的稳步推进提供了必要的安全环境。

第二,在政体上,建立了人民代表大会的政权组织形式。人民代表大会制度是我国的根本政治制度,也是我国的政体,是中国共产党领导广大人民群众在实践中创造出来的具有中国特色的民主制度。人民代表大会制

---

① 曾金华:《对基本经济制度的伟大探索》,《经济日报》2019年11月16日第5版。
② 中共中央文献研究室、中央档案馆:《建党以来重要文献选编(1921—1949)》第26册,中央文献出版社2011年版,第507—508页。

度充分保证了人民的民主，尊重了人民群众的主体地位，保障了他们广泛参与社会主义民生建设决策和实践的权利。

第三，在政党制度方面，建立了中国共产党领导的多党合作和政治协商制度。这种新型政党关系的建构是基于中国共产党同各民主党派根本利益的一致性。因而，在这一新型的政党关系中，中国共产党作为执政党，与各民主党派是亲密的友党，是紧密合作的关系。这样就形成了在党的领导下，民主党派和全体人民群策群力，共同建设社会主义的良好局面。它有助于调动一切积极的因素为社会主义民生建设服务，在民生建设领域发挥社会各界人士的智慧，确保中国共产党制定的民生发展路线、方针、政策的科学性和合理性，保障民生建设的正确方向，维护人民的民生权益。

第四，在保障少数民族权益方面，建立了民族区域自治制度。这个制度确保了少数民族与汉族同胞一道，享有同等的民生权益。民族区域自治制度的建构有助于维护边疆的稳定和国家的安宁，为中国共产党不断推进民生建设提供了稳定的施政环境。

第五，在基层治理方面，建立了基层群众自治制度，有效地保障了基层群众依法直接行使民主权利，为中国共产党不断推进民生建设提供了良好的群众基础。

（二）具体制度设计：民生建设稳步推进的"助推器"

社会主义基本经济、政治制度的建构和完善从宏观上为我国民生建设提供了根本保证。"社会主义制度的本质是追求共同富裕，这决定了中国必须按照共同富裕的目标来筹谋发展、设计制度与政策体系，进而在促进民生不断发展的同时从根本上解决平等与共富问题。"[①] 除了基本制度的保证，民生建设的稳步推进还须有具体制度的规范和保障。在社会主义基本制度建构的同时，中国共产党以共同富裕为目标开启了民生建设具体制度设计的艰辛历程。

新中国成立之初，为了应对严峻的民生形势，中国共产党出台了一系列应急性的民生保障措施。尽管这些应急性的措施还算不上是一种制度安排，但为往后民生建设具体制度的设计和搭建积累了宝贵的经验。我国民生建设具体制度的设计和搭建始于 20 世纪 50 年代初期。1951 年 2 月，中

---

① 郑功成：《民生巨变与中国制度及治理体系的事实逻辑》，《中国党政干部论坛》2019 年第 12 期。

央人民政府颁布了我国第一个综合性社会保障制度——《劳动保险条例》，建立起适用于城镇职工的劳动保险制度。在教育方面，我国于1958年9月颁布了《关于教育工作的指示》，首次就全国的教育事业发展进行了系统的制度规划。在就业方面逐步建立起"统包统配"的城镇劳动就业制度。在医疗保障方面，初步建立了劳保医疗制度、公费医疗制度、农村合作医疗制度等。

改革开放后，为适应民生建设的新形势，我国民生建设具体制度的设计和改革创新迎来了大跨步的发展时期。为了推动经济的快速发展，给民生建设提供良好的经济条件，经济体制改革至关重要。我国的经济体制改革率先从农村开始，以经济体制改革为契机，广大农村以家庭联产承包责任制为基础，因地制宜地发展农、林、牧、副、渔业等产业。在农村经济体制改革的示范作用下，城市经济体制改革全面铺开。以经济体制改革为突破口，我国经济焕发出前所未有的活力，逐步繁荣起来，民生建设的形势逐步好转。经济体制改革的初步成功对民生建设制度的改革创新起到了积极的推动和示范效应。在经济不断发展的基础上，民生领域的制度改革创新也如火如荼地展开。

党对民生建设具体制度的改革创新主要从三个方面展开：一是建立和完善社会救助制度，保障贫困群体的基本民生权益，维护社会的公平。党对社会救助制度的建构始于新中国成立初期，围绕农村、城市和自然灾害的相互救助形成了社会救助制度的雏形。改革开放后，我国建立了最低生活保障制度，社会救助制度进一步完善。2014年，随着我国《社会救助暂行办法》的颁布，标志着以8项基本救助制度为主体，社会力量参与为补充的社会救助制度框架基本建构起来，民生兜底有了根本的制度保障。二是建立和完善就业保障制度，以制度保障落实民生之本，改善基本民生。三是建立和完善社会公共资源优化配置制度，促进养老、医疗、教育等公共资源配置的均等化，保障人民群众依法公平享有社会公共资源的权益。总之，通过对社会救助制度、就业保障制度和社会公共资源优化配置制度的建立和完善，我国民生建设的具体制度被逐步搭建起来，形成了一套系统的社会主义民生建设制度体系，从根本上保障了我国民生建设实践的顺利开展。

以制度的改革创新为保障，我国的民生建设开始了波澜壮阔的实践进程。改革开放40多年来，我国的民生建设取得一个又一个的历史性突破，民生建设制度的保驾护航功不可没。从人民基本温饱问题的解决到总体小康的实现，再到全面小康社会的建成，民生领域的制度创新从未缺场。实践证明，民生建设制度的不断丰富和完善是我国民生建设顺利进行的"护身符"，是民生不断改善的根本保障。习近平总书记强调，新中国成立以来我国取得的巨大民生成就，归根到底是中国特色社会主义制度不断完善的结果。改革开放40多年来，以制度建设为依托，我国民生建设取得骄人的成绩，人民民生福祉不断增强，在"幼有所育、学有所教、劳有所得、病有所医、老有所养、住有所居、弱有所扶"①方面不断取得新进展。

二 新时代民生建设制度创新的现实依据

制度属于关系范畴，本质是调整社会关系的规范。社会关系是在实践中产生的，也是随着实践的发展而不断变化的。作为调整社会关系的制度也必须随着时代的发展和社会关系的变化而不断创新。由此可见，制度具有社会历史性。习近平总书记指出："制度更加成熟更加定型是一个动态过程……不可能一蹴而就，也不可能一劳永逸。"②根据马克思主义的观点，制度创新可从两个层面进行审视。一是从社会形态更替的宏观层面来看，制度创新表现为制度演变，是社会制度根本性质的变化。马克思主义揭示的高一级的社会形态取代低级社会形态的历史发展过程即为此类制度创新。二是从制度运行的微观层面来看，制度创新表现为保持社会基本制度性质不变的情况下对具体制度的发展变迁，即某一社会形态内部制度的创新。

新时代民生建设的制度创新是根据当代中国民生发展的新特点，对促进民生改善的新制度的引入与安排。民生建设制度创新的根本目的是消除不适应时代需要的体制机制对民生发展的束缚，推动民生的持续改善。民生建设制度创新的出发点和落脚点是更好地推进民生建设，增进人民民生福祉。习近平总书记指出："我国国家制度和国家治理体系始终着眼于实现好、维护好、发展好最广大人民根本利益，着力保障和改善民生，使改革发展成果更多更公平惠及全体人民。"③

---

① 习近平：《在庆祝改革开放40周年大会上的讲话》，人民出版社2018年版，第14页。
② 《习近平谈治国理政》第3卷，外文出版社2020年版，第127页。
③ 《习近平谈治国理政》第3卷，外文出版社2020年版，第123页。

新时代中国的民生建设面临着新的局面是民生建设制度创新的现实依据。改革开放以来，我国在经济社会发展方面成就巨大，为改善民生奠定了坚实的物质基础和良好的条件。但我们也应该看到，在经济社会快速发展，民生不断改善的同时，我国经济发展和民生建设领域出现了一系列新问题。经过几十年经济的高速增长，我国经济已步入中高速增长的新常态，面临经济发展方式的转变、经济增长动力的可持续性、产业结构调整、经济发展成果与增进民生福祉更好地协调等问题。在经济发展进入新常态的同时，人民对民生福祉的需要也发生了深刻变化，民生所需越来越多样化，诉求不断提高。新时代人民提出了美好生活的民生诉求，在教育、卫生健康服务、工作、收入、居住条件、社会保障、生态环境等诸多方面都有更多、更高的期盼。此外，社会上违背公平正义的现象比较突出，人民群众反映强烈。受经济社会发展水平的制约，过去人们的公平意识、民主意识和权利意识较淡薄，对社会公平正义的认识和诉求也会有差异，对社会不公平现象反映没有今天那么强烈。新时代，随着人民生活水平的提高和主体意识的增强，人民群众对社会公平正义问题更加关注，对社会不公平的现象反映越来越强烈。如果这个问题不解决，不仅会影响到人民的幸福感，阻碍民生建设的持续推进，甚至会损害党和政府的公信力，危及党的执政根基。

面对新时代我国经济发展状况和民生建设局面的深刻变化，如何促进经济发展与民生建设的协调统一成为新时代民生建设必须正视的问题。习近平总书记指出："我们既强调改善民生工作，又实事求是调整一些过度承诺；既高度关注产能过剩、地方债务、房地产市场、影子银行、群体性事件等风险点，又采取有效措施化解区域性和系统性金融风险，防范局部性问题演变为全局性风险。"[1] 因而，在民生建设的新局面下，如果墨守成规地沿袭过去的民生建设制度，显然不合时宜，这样势必影响新时代民生建设的顺利推进。妥善处理经济发展和民生改善的关系亟待民生建设制度的改革创新。此外，维护社会的公平正义也必须加快制度的改革创新。习近平总书记指出："我国现阶段存在的有违公平正义的现象，许多是发展中的问题，是能够通过不断发展，通过制度安排、法律规范、政策支持加

---

[1] 中共中央文献研究室：《习近平关于全面建成小康社会论述摘编》，中央文献出版社2016年版，第19—20页。

以解决的。"① 我们必须通过民生建设制度创新保障社会的公平正义，最大限度地调动社会各方面的积极性、主动性，增强社会活力，把全社会力量充分调动起来共同为民生建设贡献智慧和力量，最大限度地促进民生建设。

由此可见，持续稳定推进新时代的民生建设必须加快制度创新，从根本上破除民生发展的障碍。只有通过对民生建设制度的改革创新，才能充分调动各方面积极性，最大限度增强民生发展活力，充分发挥人民群众在民生建设中的首创精神，使全社会创业活动蓬勃开展，民生建设热情充分释放。

三　新时代民生建设制度改革创新的思路

（一）促进公平正义：新时代民生建设制度改革创新的基本方向

社会的公平正义是人类普遍的追求。从古希腊哲学家到当代思想家，从中国古代先贤到近代中国的仁人志士，从马克思主义经典作家到新时代中国共产党人，从社会精英到普通大众无不对公平正义表现出极大的热忱和渴求。公平正义的实现必须有制度的根本保障，既包括社会的根本制度，也包括微观的具体制度。习近平总书记指出："不论处在什么发展水平上，制度都是社会公平正义的重要保证。"② 公平正义作为一种价值理想被人们孜孜以求，但实践效果却总与理想追求存在不小的"鸿沟"。在资本主义社会，统治阶级总是热衷于标榜自己治理的社会"公平正义"，而事实上，其根本制度的缺陷决定了它不可能实现真正的公平正义。

我国是社会主义国家，公平正义是国家的本质属性，是经济社会发展的题中应有之义。党的十八大明确提出，公平正义是中国特色社会主义的内在要求。新时代民生建设制度改革创新必须坚持公平正义的基本方向。新时代人民追求公平正义不存在根本制度性的障碍，具有完全的可能性。但受制于经济社会的发展水平，在具体制度安排方面还存在不健全的地方，客观上制约了人们追求社会公平正义的效果。解决当前我国社会中存在的有违公平的现象，一是要通过经济发展，推动我国经济总量继续增大，为保障社会公平正义奠定更坚实的物质基础；二是必须通过完善相关

---

① 《习近平谈治国理政》，外文出版社2014年版，第96页。
② 《习近平谈治国理政》，外文出版社2014年版，第97页。

具体制度促进社会的公平正义。习近平总书记指出:"我们要在不断发展的基础上尽量把促进社会公平正义的事情做好,既尽力而为、又量力而行,努力使全体人民在学有所教、劳有所得、病有所医、老有所养、住有所居上持续取得新进展。"①

新时代的民生建设理论坚持把促进公平正义作为民生建设制度改革创新的基本方向,保障人民平等享有民生权益。2013年7月,习近平总书记在武汉主持召开部分省市负责人座谈会时强调:必须进一步实现社会公平正义,在改革创新制度的基础上使全体人民依法平等享有权利和履行义务。党的十八大报告指出:"要在全体人民共同奋斗、经济社会发展的基础上,加紧建设对保障社会公平正义具有重大作用的制度,逐步建立以权利公平、机会公平、规则公平为主要内容的社会公平保障体系,努力营造公平的社会环境,保证人民平等参与、平等发展权利。"② 在党的十八届三中全会第二次全体会议上,习近平总书记进一步强调,我国社会发展中存在的人为因素造成的不公平现象,必须通过制度安排努力克服,保证人民平等参与社会主义民生建设;对于制度本身缺陷造成的违背公平正义的状况,必须抓紧健全相关的制度,通过制度改革创新更好地维护人民的民生福祉,保障人民公平享有民生权益。习近平总书记要求把能否促进社会公平正义作为审视我们体制机制的"一面镜子",强调"哪里有不符合促进社会公平正义的问题,哪里就需要改革;哪个领域哪个环节问题突出,哪个领域哪个环节就是改革的重点"③。

(二)增进民生福祉:新时代民生建设制度改革创新的出发点和落脚点

民生建设制度改革创新的根本目的是推动民生的不断改善。新时代的民生建设理论明确提出民生建设制度的改革创新要把"增进人民福祉作为出发点和落脚点"④。习近平总书记指出,评判体制机制和规章制度是否科学合理,关键看它是否有利于增进民生福祉。在体制机制和制度上,只要存在阻碍民生福祉增进的地方,我们就必须改革。

---

① 《习近平谈治国理政》,外文出版社2014年版,第97页。
② 《习近平谈治国理政》,外文出版社2014年版,第96页。
③ 《习近平谈治国理政》,外文出版社2014年版,第97页。
④ 中共中央文献研究室:《习近平关于协调推进"四个全面"战略布局论述摘编》,中央文献出版社2015年版,第77页。

把增进民生福祉作为新时代民生建设制度改革创新的出发点和落脚点，主要从四个方面着手。其一，新时代民生建设制度的改革创新必须坚持普遍性与特殊性相结合的原则，既要有利于绝大多数人民生福祉的改善，又要抓重点，照顾弱势群体的民生权益，体现社会主义制度的优越性。改革开放以来，中国人民民生的改善是有目共睹的。但在民生建设中也还存在公共资源分配不均、延伸不够、覆盖不全等问题，对基层、农村地区和弱势群体的民生权益保障不够。因此，2013年，习近平总书记在海南考察工作时指出："要加快推进民生领域体制机制创新，促进公共资源向基层延伸、向农村覆盖、向弱势群体倾斜。"[1] 其二，新时代民生建设制度的改革创新既要着眼于民生的长远发展，又必须立足于当前现实，保障人民现实的民生权益。新时代民生建设制度的改革创新既要有利于党和政府致力于民生改善的长远规划，又要有助于推进当前的民生建设，使人民感受到民生建设带来的实惠。其三，新时代民生建设制度的改革创新必须正确处理好改革创新与制度的承续关系。其四，新时代民生建设制度的改革创新既要有利于发挥政府部门的民生建设热情，又必须有助于激发人民群众在民生建设中的潜能，"不能领导热群众不热，也不能群众热而领导不热"[2]。

（三）增强社会活力：新时代民生建设制度改革创新的重要目标

新时代的民生建设理论把增强社会活力作为民生建设制度改革创新的重要目标。民生建设涉及社会全体成员，必须动员全社会的力量共同参与，发挥广大人民群众的实践主体作用。在过去的民生建设中，一些地方对民生建设主体的认知存在偏差，过度突出政府在民生建设中的主体责任。在社会上，也存在把改善民生视作政府"专属职责"的认知误区，认为民生建设完全是政府的事情，应由政府一手操办。尽管党和政府始终强调要尊重人民群众在实践中的主体地位，但在具体的民生建设实践中，一些干部施政的重点更多的是体现自己"怎么做"，对调动人民群众的积极性、激发全社会潜能、增强社会活力做得不够。新时代的民生建设理论把

---

[1] 中共中央文献研究室：《习近平关于全面深化改革论述摘编》，中央文献出版社2014年版，第92页。

[2] 中共中央文献研究室：《习近平关于全面深化改革论述摘编》，中央文献出版社2014年版，第93页。

增强社会活力作为民生建设制度改革创新的重要目标，要求把全社会的力量调动起来拧成一股绳，共同致力于民生建设，有助于及时纠偏民生建设实践中暴露的问题。习近平总书记指出："要通过社会体制改革创新，充分调动各方面积极性，最大限度增强社会发展活力，充分发挥人民群众首创精神，使全社会创造能量充分释放、创业活动蓬勃开展。"①

把增强社会活力作为新时代民生建设制度改革创新的重要目标就是期望通过制度调动全社会力量共同参与民生建设，真正凸显人民群众在民生建设中的主体地位，保持民生建设持久稳定的动力。党的十八大以来，通过民生建设制度的改革创新，政府不断简政放权，简化办事手续，降低创业门槛，使得政府与市场的边界逐步清晰，社会各界参与民生建设更加灵活、便利。民生建设制度的一系列改革使政府与社会力量相得益彰，在民生建设中社会活力得以不断激发。

（四）统筹谋划、协同推进：新时代民生建设制度改革创新的基本方法

民生建设是一个系统工程，需要一套"系统完备、科学规范、运行有效的制度体系"②的支撑。解决民生建设中存在的问题，单靠某个领域或部门的改革并不能达到预期的效果，必须从全局上进行谋划，加强顶层设计，形成各领域、各部门的整体联动效应，增强改革的协调性。习近平总书记强调，必须更加注重改革的系统性、整体性、协同性，正确处理改革总体目标和具体领域分目标的关系。建立有利于国家长治久安、人民幸福安康的一整套完备的制度体系，零敲碎打和碎片化修补都不行，必须进行全面系统的改革创新，形成改革创新的联动和集成，才能取得总体效果。新时代的民生建设理论坚持整体谋划、协同推进的制度改革创新方法，在收入分配、就业、住房、教育、医疗、社会保障、生态民生等领域提出了制度改革创新要求。

在收入分配领域，针对存在的收入分配差距过大和分配秩序不规范等问题，党的十八大报告提出必须进一步深化收入分配制度改革。报告提出了深化收入分配制度改革的根本目的是实现由人民共享发展成果。同时，

---

① 中共中央文献研究室：《习近平关于全面深化改革论述摘编》，中央文献出版社2014年版，第93—94页。
② 《习近平谈治国理政》，外文出版社2014年版，第70页。

报告还确立了改革的基本原则:"努力实现居民收入增长和经济发展同步、劳动报酬增长和劳动生产率提高同步,提高居民收入在国民收入分配中的比重,提高劳动报酬在初次分配中的比重"①。此外,报告还提出要对收入分配秩序进行规范,保护合法收入,取缔非法收入,调节过高收入,增加低收入者的收入。2013 年,国务院在《批转发展改革委等部门关于深化收入分配制度改革若干意见的通知》中提出了"四个坚持"的收入分配制度改革的基本原则,即"坚持共同发展、共享成果","坚持注重效率、维护公平","坚持市场调节、政府调控","坚持积极而为、量力而行"②。习近平总书记在党的十八届二中全会第二次会议上对收入分配制度改革提出了方向性的指示。他指出:"各地区各部门要充分认识深化收入分配制度改革的重大意义,把落实收入分配制度、增加城乡居民收入、缩小收入分配差距、规范收入分配秩序作为重要任务。"③党的二十大提出了完善收入分配制度的一系列系统性思路和举措。

除了收入分配领域存在较突出的问题,其他民生方面也存在诸多问题。习近平总书记在对《中共中央关于全面深化改革若干重大问题的决定》进行说明时,特别强调在就业、住房、教育、医疗、社会保障、生态民生等方面存在的问题较多,深刻影响民生福祉,"解决这些问题,关键在于深化改革"④。

在就业方面,存在"总体就业压力大和结构性劳动力短缺、人才匮乏的突出矛盾"⑤。就业制度改革创新必须紧紧围绕建立全员培训制度、增加就业岗位、提高就业质量、改善就业环境等方面展开,"引导劳动力适应和促进企业实现转型升级"⑥。

---

① 中共中央文献研究室:《十八大以来重要文献选编》(上),中央文献出版社 2014 年版,第 28 页。
② 中共中央文献研究室:《十八大以来重要文献选编》(上),中央文献出版社 2014 年版,第 140 页。
③ 中共中央文献研究室:《习近平关于全面深化改革论述摘编》,中央文献出版社 2014 年版,第 92 页。
④ 中共中央文献研究室:《习近平关于全面深化改革论述摘编》,中央文献出版社 2014 年版,第 6 页。
⑤ 中共中央文献研究室:《习近平关于全面深化改革论述摘编》,中央文献出版社 2014 年版,第 91 页。
⑥ 中共中央文献研究室:《习近平关于全面深化改革论述摘编》,中央文献出版社 2014 年版,第 92 页。

在住房方面，提出了"加快推进住房保障和供应体系建设"[①]"满足多层次住房需求"[②]"为困难群众提供基本住房保障"[③]等制度改革措施。

在教育方面，存在突出的教育资源分配、占有不均等问题，制约了人民对更优质教育的期盼。习近平总书记强调，我国教育发展任务繁重，必须始终坚持教育的优先发展战略地位，满足人民对更好的教育的需求。破解教育中存在的突出问题，关键是深化教育制度改革。要深化教育制度改革，使全体人民更好享有受教育的权利，努力保障孩子们通过教育改变命运、获得自身发展的能力。

在医疗卫生领域，强调制度改革创新必须坚守基本医疗卫生事业的公益导向，使人人享有平等获得基本医疗卫生服务的权益。习近平总书记指出，医疗卫生事业制度改革，"无论社会发展到什么程度，我们都要毫不动摇把公益性写在医疗卫生事业的旗帜上，不能走全盘市场化、商业化的路子。"[④]

在社会保障方面，制度改革的目标是要进一步完善覆盖全民的社会保障体系。党的十九届四中全会对基本养老保险制度、基本医疗保险制度提出具体的改革目标。会议提出，要"加快建立基本养老保险全国统筹制度，加快落实社保转移接续、异地就医结算制度，规范社保基金管理，发展商业保险"[⑤]。

在生态民生领域，党的十八大以来进行了一系列制度改革和创新，要求以最严格的制度保障生态民生建设。党的十九届四中全会对完善中国特色社会主义制度进行了专门研究，其中有一部分对生态民生建设领域的制度改革创新进行了集中阐述和系统呈现。会议提出从生态环境保护制度、生态环境保护责任制度、生态保护和修复制度、资源高效利用制度等四个

[①] 中共中央文献研究室：《习近平关于全面深化改革论述摘编》，中央文献出版社2014年版，第95页。

[②] 中共中央文献研究室：《习近平关于全面深化改革论述摘编》，中央文献出版社2014年版，第95页。

[③] 中共中央文献研究室：《习近平关于全面深化改革论述摘编》，中央文献出版社2014年版，第95页。

[④] 中共中央文献研究室：《习近平关于社会主义社会建设论述摘编》，中央文献出版社2017年版，第102页。

[⑤] 新华社：《中共中央关于坚持和完善中国特色社会主义制度 推进国家治理体系和治理能力现代化若干重大问题的决定》，《人民日报》2019年11月6日第1版。

方面对生态民生建设制度体系的改革创新进行顶层设计。

总之,随着新时代民生建设制度改革创新思路的提出和实施,党的十八大后我国民生建设制度逐步由过去的抽象化、宽泛化走向精确化和具体化。民生建设的诸多制度规范表述越来越精准,逐步改变了过去民生制度抽象化和宽泛化对执行效果产生的不利影响。民生建设制度的进一步细化和量化对新时代的民生建设产生了积极的效果。党的十八大以来,与民生建设制度的改革创新相对应,"一大批惠民举措落地实施,人民获得感显著增强"[1]。

---

[1] 《习近平谈治国理政》第3卷,外文出版社2020年版,第4页。

第五章　新时代民生建设理论创新的价值

新时代民生建设的理论创新是中国共产党立足于当代中国实际的基础上对民生建设规律、经验的总结和提升，是对当代中国民生建设中出现的新情况、新问题的理论回应，不仅具有重大的理论价值，而且具有重要的实践意义。

第一节　新时代民生建设理论创新的理论价值

新时代民生建设的理论创新具有重大的理论价值，它进一步丰富和发展了马克思主义民生建设理论，深化了对社会主义民生建设规律的认识，提升了社会主义民生建设理论的话语地位，有助于打破西方民生话语霸权。

一　进一步丰富和发展了马克思主义民生建设理论

（一）马克思主义民生建设理论最具正义性

马克思主义民生建设理论最具正义性，它反对剥削和压迫，主张人人平等，要求保障和改善大多数人的民生，实现人的自由全面发展。马克思主义从"现实的人"出发探讨民生建设，认为民生建设是为了满足现实的人的现实需要，这是马克思主义民生建设理论最具正义性的首要体现。民生是人们切身的生存和发展诉求，脱离现实的人谈民生就是纯粹的思辨和空洞的说教，不可能真正实现民生的改善，也就失去了理论的价值。在人类历史长河中有不少理论大谈"民生"，却都是从抽象的概念出发，脱离了现实的人，缺乏对现实的观照，被马克思主义所批判和反对。马克思主义认为，现实的人是处在一定的社会关系中的人，是受到历史和现实条件制约的人，现实的人是活生生的、有血有肉的存在物，具有现实的民生诉求。民生建设必须从现实的人出发，尊重人的现实需要，创造条件满足人的现实民生需求。人的需要是一个复杂的体系，也是一个动态的发展的过程。民生建设实践是满足人们各种需要，不断优化人的生存条件的根本途径。民生建设必须随着时代的发展尽可能满足人们生存、发展和享受等多层次的民生诉求。民生建设必须围绕人的现实需要展开，首先进行物质资料生产，满足人最基本的自然需要，即人生存的最基本的民生需求，然后在这个基础上不断满足人们更高层次的民生诉求。

社会公平正义是马克思主义民生建设理论的核心原则。马克思主义民生建设理论倡导社会公平，坚持维护大多数人的民生权益，这是其最具正义性的根本体现。资产阶级的理论也主张社会"公平正义"，但它们所谓的"公平正义"是建立在私有制的基础上，维护的是少数人的利益，实质是对资本家少数人的公平，完全不具有正义可言。在资本主义实践中处处体现着资本家的虚伪和公平正义的虚假性。在生产中，工人创造价值，资本家剥削剩余价值；在分配中，工人的收入与创造的价值完全不成比例，工人创造条件，资本家享受生活。资本积累还导致资本对劳动力的需求日益相对地减少，造成劳动者失业。马克思认为，资本主义的"过剩"人口只是相对的，它并非社会发展中绝对不需要，而仅仅是不为资本价值增殖所需要，从而成为"过剩"或"多余"的。他说："资本主义积累不断地并且同它的能力和规模成比例地生产出相对的，即超过资本增殖的平均需要的，因而是过剩的或追加的工人人口。"[1] 在资本主义的发展进程中始终存在经常性的较大规模的失业人口，这是资本主义社会一大痼疾。由此可见，资本主义社会维护的是资本家少数人的利益，不可能实现真正的公平正义。马克思主义民生建设理论倡导的社会公平正义与资本主义宣扬的"公平正义"具有本质的不同。它以扬弃私有制为基础和前提，以建立公有制社会、追求共产主义和人的自由解放为价值旨归和终极追求，使维护绝大多数人的民生权益具备可能性和现实性。立足于"社会绝大多数人"是马克思主义民生建设理论倡导的公平正义的基本立场，维护广大人民群

---

[1] 《马克思恩格斯文集》第5卷，人民出版社2009年版，第726页。

众的民生权益是社会公平的出发点和落脚点,也是社会正义的根本体现。

马克思主义民生建设理论要求尊重劳动人民的社会主体地位,劳动人民既是社会财富的创造者,也理所当然应当是社会财富的占有者和享受者。在生产中,人与人是平等的协作关系,而不是支配与被支配的关系。在产品分配上,共产主义初级阶段实行按劳分配,高级阶段按需分配。在共产主义的初级阶段,由于尚未摆脱旧社会遗留的痕迹,产品按照个人对社会贡献的大小为原则进行分配,体现了平等的权利。马克思说:"生产者的权利是同他们提供的劳动成比例的;平等就在于以同一尺度——劳动——来计量。但是,一个人在体力或智力上胜过另一个人,因此在同一时间内提供较多的劳动,或者能够劳动较长的时间;而劳动,要当做尺度来用,就必须按照它的时间或强度来确定,不然它就不成其为尺度了。这种平等的权利,对不同等的劳动来说是不平等的权利。"① 马克思强调,尽管这个平等权利总还是被限制在资产阶级的框架里,还存在弊病。"但是这些弊病,在经过长久阵痛刚刚从资本主义社会产生出来的共产主义社会第一阶段,是不可避免的。权利决不能超出社会的经济结构以及由经济结构制约的社会的文化发展。"② 在共产主义社会的高级阶段,生产力的高度发展实现了集体财富的涌流,人们彻底摆脱旧社会遗留的痕迹,劳动成为第一需要,社会产品按照人们的实际需要进行分配,实现了每个人对生活产品的平等享受。

由此可见,相较于其他民生建设理论脱离现实的人抽象地探讨"民生"的改善,维护少数人的"公平"而言,马克思主义民生建设理论从现实的人的现实需要出发,倡导绝大多数人的公平,深刻地凸显了人类实践活动的价值追求。它坚持从实际出发,根据经济社会发展状况不断促进社会公平,始终维护大多数人的民生权益,是最具正义性的民生建设理论。

(二) 马克思主义民生建设理论的不断丰富和完善

马克思主义的生命力在于理论创新。马克思主义民生建设理论是一个在实践中不断丰富和完善的过程。在马克思、恩格斯所处的时代,无产阶级尚未掌握国家政权,没有机会开展社会主义民生建设实践。虽然也有过巴黎公社那样的无产阶级专政尝试,但时间极为短暂,未来得及进行系统的民生建

---

① 《马克思恩格斯文集》第3卷,人民出版社2009年版,第435页。
② 《马克思恩格斯文集》第3卷,人民出版社2009年版,第435页。

设实践。因此，马克思主义的创始人主要是在对资本主义社会的批判中反思民生问题。在对资本主义的批判和反思中，马克思、恩格斯主要阐明了民生的基本内涵、民生发展的社会制度基础、民生发展的层次性和民生改善的根本路径等基本问题。由于鲜有无产阶级专政条件下的民生建设经历，缺乏相关的实践经验，马克思主义创始人不可能对社会主义条件下的民生建设进行详细的规划和提出具体的方案。因而，无产阶级革命胜利后，在社会主义条件下推进民生建设必须根据实际情况进行理论创新。

俄国十月革命后，诞生了世界上首个无产阶级专政的国家政权，在社会主义条件下开展民生建设成为现实。内战结束后，随着俄国国内形势的稳定，民生建设成为一个紧迫而现实的问题。在继承马克思主义创始人民生建设理论基本观点的基础上，列宁对社会主义条件下的民生建设问题进行了初步的理论探索，阐明一系列新的观点。列宁指出，推进民生建设是马克思主义执政党的职责和使命，是无产阶级政权稳固的前提。他认为社会主义制度具有无比的优越性，是民生建设的根本保障。他还提出，社会主义民生建设必须制定正确的政策和策略，并根据形势的发展变化进行政策和策略的调整；民生的改善依赖社会生产力的发展。列宁对社会主义条件下民生建设问题的理论思考所形成的新的观点，初步丰富和发展了马克思主义民生建设理论。

新中国成立后，在对民生建设规律的探索中，中国共产党再一次丰富和发展了马克思主义民生建设理论。新中国成立后不久，党就对资本主义工商业与改善民生的关系进行了思考，提出了应当利用其"有利于国计民生"的方面改善民生的观点。党的八大政治报告明确指出，在经济落后的中国，应当辩证地认识资本主义工商业对改善民生的意义。它既具有加快民生产品生产、促进民生改善的作用，也具有剥削人民、不利于民生建设的一面。国家充分利用了其促进民生改善的一面，同时对其剥削性进行了限制和改造，抑制了它的消极作用。国家的这一政策在最大程度上保持了社会的平稳，安抚了技术人员的情绪，保持了企业的正常生产，极大地发挥了资本主义工商业改善民生的积极作用。实践表明，在新中国成立初期的国民经济恢复中，资本主义工商业弥补了国营经济的不足，发挥了重要的补充作用。国家对资本主义工商业的利用，最大限度地提高了我国工业品的产量，保证市场上民生产品供应的充裕，对稳定物价、改善民生起到重要的作用。改革开放后，党逐步探索了利用外资、多种所有制经济共同发展、建立社会主义市场经济体制、实行科学发展等一系列民生建设举措。在理论上，我国逐步形成了以基本经济制度、分配制度、社会保障制度等为核心的民生建设理论的基本框架，继续丰富和发展了马克思主义民生建设理论。

（三）对马克思主义民生建设理论的进一步丰富和发展

新时代的民生建设站在新的起点，面临着新的形势和特点，中国共产党与时俱进推进民生建设理论的创新，实现了对马克思主义民生建设理论的最新发展。首先，新时代的民生建设理论立足于我国经济社会发展的现状，从保持社会稳定和国家长治久安的战略高度看待民生发展问题，强调改善民生是新时代党的第一要务，深化了对中国特色社会主义条件下民生重要性的认识，进一步丰富和发展了马克思主义关于共产主义初级阶段即社会主义阶段民生建设重要性的论断。新时代的民生建设理论强调，民生问题关系到人心向背，人心则关乎国运。马克思主义执政党如果忽视民生建设，不能持续有效改善民生，社会主义的优越性就体现不出来，党执政的合法性就会被质疑。苏联共产党的亡党亡国就是个深刻的教训。习近平总书记多次强调要吸取苏共的历史教训，把民生建设置于党执政的重要地位。习近平总书记指出："解决发展问题、改善民生仍是我们的第一要务。"[①]

其次，新时代民生建设的理论创新坚持以人民为中心，进一步丰富和完善了马克思主义民生建设目的论。人民是生产力发展中最具能动性的因素，是推动社会发展的主体。新时代的民生建设理论坚持以人民为中心，坚守改善人民群众民生福祉的基本立场，明确社会主义民生建设的实质就是要给老百姓带来看得见、摸得着的民生福利，不断创造条件促进人的全面发展。新时代的民生建设理论要求在经济社会发展的基础上推进民生建设，"坚持在发展中保障和改善民生"[②]，不断满足人民对美好生活的向往。习近平总书记指出："中国共产党坚持执政为民，人民对美好生活的向往就是我们的奋斗目标。我的执政理念，概括起来说就是：为人民服务，担当起该担当的责任。"[③] 习近平总书记强调，新时代，我们要更加注重民生

---

① 新华社：《习近平会见 21 世纪理事会北京会议外方代表》，《人民日报》2013 年 11 月 3 日第 1 版。
② 《习近平谈治国理政》第 3 卷，外文出版社 2020 年版，第 18 页。
③ 《习近平谈治国理政》，外文出版社 2014 年版，第 101 页。

工作，必须加大力度创新社会治理，彻底消除绝对贫困人口。公平正义是全体人民共享民生福祉的根本保证，民生建设必须充分体现这一核心原则。他说："我们要以更大的力度、更实的措施保障和改善民生，加强和创新社会治理，坚决打赢脱贫攻坚战，促进社会公平正义，在幼有所育、学有所教、劳有所得、病有所医、老有所养、住有所居、弱有所扶上不断取得新进展，让实现全体人民共同富裕在广大人民现实生活中更加充分地展示出来。"①

最后，新时代民生建设的理论创新进一步丰富了马克思主义民生建设的方法论。工作方法是解决问题、完成任务的手段。毛泽东曾告诫全党，我们既要提出工作任务，又要认真研究解决完成任务的方法问题。如果把工作任务比喻为"过河"，那么方法就是"船"和"桥"，不解决船和桥的问题，过河就是一句空话。新时代的民生建设要不断满足人民对美好生活的民生需求，就必须高度重视方法的问题。新时代的民生建设理论强调在民生建设中必须运用辩证唯物主义和历史唯物主义世界观和方法论。新时代的民生建设理论认为，民生建设必须一切从实际出发，根据人民的需要脚踏实地地开展，为满足人民美好生活的需要坚韧不拔，"咬住青山不放松"，坚持一步一个脚印向前走，保持政策的持续性和连贯性。习近平总书记在参加十二届全国人大三次会议吉林代表团审议时指出："要有坚持不懈的韧劲，一件接着一件办，不要贪多嚼不烂，不要狗熊掰棒子，眼大肚子小。要发扬钉钉子精神，不能虎头蛇尾。"② 党和政府对民生发展的承诺要切合实际，既不能对人民作过高的承诺，更不能无视人民的民生需求，"要一诺千金，说到就要做到"③。民生建设应当根据经济社会发展水平合理安排民生项目，突出重点，集中力量做好基础性、普惠性、兜底性民生项目，筑牢民生幸福底线。习近平总书记要求："要按照守住底线、突出重点、完善制度、引导舆论的思路做好民生工作。"④ 在财政收支矛盾较大的情况下，我们要重点保障低收入群众的基本民生权益，"竭诚尽力，

---

① 习近平：《在第十三届全国人民代表大会第一次会议上的讲话》，人民出版社2018年版，第9页。
② 《习近平两会讲述的工作方法》，人民网2016年3月22日。
③ 《习近平两会讲述的工作方法》，人民网2016年3月22日。
④ 中共中央文献研究室：《习近平关于全面建成小康社会论述摘编》，中央文献出版社2016年版，第129页。

始终把改善民生作为工作的出发点和落脚点,注重制度建设,兜住民生底线"[1]。在兜牢民生底线的同时,又要尽可能满足人民群众多样化的民生诉求,统筹安排收入分配、社保、教育、住房等物质民生和生态民生建设,为人民群众提供更多元化、更高质量的民生产品。

由此可见,新时代的民生建设理论不仅提出了民生建设的任务,而且围绕任务提出了一系列科学思维方法和具体工作方法,实现了"过河"与解决"桥或船"问题的有机衔接,创新了新时代民生建设的思维方法和工作方法,进一步发展了马克思主义民生建设的方法论。

二 进一步深化了对社会主义民生建设规律的认识

(一) 对社会主义民生建设规律认识的动态过程

一切从实际出发是马克思主义认识论的根本要求和具体体现。从实际出发,就是要从变化发展着的客观实际出发,从特定的历史条件出发,按照客观世界的本来面貌认识世界。社会主义民生建设有其特殊的规律。从人类历史发展的角度看,社会主义是在资本主义的"母体"中孕育出来的,是对资本主义的扬弃,社会主义民生建设与资本主义民生建设有本质的区别。从社会主义发展的客观实际来看,首先走上社会主义道路的国家并非发达的资本主义国家,而大多数是经济文化比较落后的国家,这些国家本身也存在较大的差异。社会主义制度建立后,在一个发展水平相对落后的国家如何进行民生建设却需要根据实际情况和发展阶段不断进行实践探索和理论认识。

俄国十月革命后,列宁提出了社会主义民生建设的一系列论点,初步认识了社会主义民生建设的基本规律。斯大林上台后,继续对社会主义民生建设规律进行认识,但遗憾的是他并未完全认识清楚社会主义民生建设的规律,为此后苏联遭遇民生建设挫折埋下了伏笔。苏联因在较长的历史时期未准确揭示社会主义民生建设的基本规律,导致苏联民生建设长期停滞不前,党和政府信誉丧失,人民群众的不满像火山喷发一样不可收拾,最终导致亡党亡国的悲剧。

新中国成立后,中国共产党成为全国性的执政党。社会主义改造结束

---

[1] 中共中央文献研究室:《十八大以来重要文献选编》(上),中央文献出版社2014年版,第834页。

后，如何尽快改善民生成为中国共产党必须认真思考的现实问题。党清醒地认识到，在中国这样一个落后的东方大国，虽然社会主义制度已经建立起来了，民生建设有了坚实的制度基础，但具体如何进行民生建设则是个巨大的难题。因而，社会主义建立初期，中国的民生建设只能借鉴苏联的做法。20世纪50年代，鉴于苏联民生建设中存在的严重问题，毛泽东提出要"走自己的路"，对我国社会主义民生建设规律进行再认识。

在社会主义民生建设初期，我国作为物质极为匮乏的社会主义国家，民生建设首先要合理分配好资源，妥善处理好民生改善与国家总体发展状况的关系，确保二者的协调。在资源供给上，国家确定了生活必需品生产先于基建的资源供给原则，这一资源配给顺序坚持了民生的优先地位，深刻体现了党和政府对民生改善的重视和支持。民生的改善取决于物质生活资料的供应能力，必须在提高劳动生产率的基础上，"积极地发展农业和轻工业"[1]。因而，国家明确规定："在原材料供应紧张的时候，首先要保证生活必需品的生产部门最低限度的需要，其次要保证必要的生产资料生产的需要，剩余的部分用于基本建设。"[2] 通过规范资源在生产领域的分配顺序，有效地避免了基本建设规模的盲目扩大对人民基本生活资料的挤占，保障了最基本的民生所需。此外，党还认识到社会主义民生建设必须实事求是，不能超越生产力的发展水平。周恩来指出："六万万人民生活的水平只能在本国生产发展的基础上逐步提高，不可能要求太快。有些人不从我国上述的实际情况出发，以为一进入社会主义，人民生活水平马上就能够有很大的提高，而不懂得必须经过长期的辛勤劳动和艰苦建设才能逐步提高人民生活的道理。"[3] 中国共产党的上述认识，初步揭示了中国社会主义民生建设的基本规律。

1978年，沐浴着改革开放的春风，党对我国民生建设的规律展开了新的探索，形成了新的认识。鉴于之前的历史经验和教训，结合改革开放初期的时代特征，党高度重视民生建设的物质内容和政策保障。为了保证民

---

[1] 中共中央文献研究室：《建国以来重要文献选编》第10册，中央文献出版社1994年版，第30页。

[2] 中共中央文献研究室：《建国以来重要文献选编》第10册，中央文献出版社1994年版，第6页。

[3] 中共中央文献研究室：《建国以来重要文献选编》第10册，中央文献出版社1994年版，第329页。

生建设落到实处，党和国家高度重视经济发展对民生改善的基础作用，逐步形成了以物质内容为核心的民生发展向度。为了保障民生建设的顺利推进，我国在继续强调自力更生的基础上锐意改革，扩大对外开放，加速融入全球经济体系。在改革开放的深入实践中，党深刻认识到社会主义发展的出发点和落脚点就是要改善民生，强调必须"牢牢把握保障和改善民生这一根本目的"[①]。党还认识到，中国特色社会主义民生建设必须坚定社会主义这一根本制度，坚持共同富裕的方向。社会主义民生建设必须推进体制机制的不断改革和完善。胡锦涛强调："要加强保障和改善民生工作的制度建设，增强公平性、透明度、可持续性。"[②]

（二）新时代的民生建设理论深化了对社会主义民生建设规律的认识

中国特色社会主义进入新时代后，民生建设呈现出新的时代特点。新时代的民生建设理论深刻揭示了当代中国民生建设的基本规律，进一步深化了对社会主义民生建设规律的认识。其一，新时代的民生建设理论对社会主义民生建设的长期性和复杂性有了更深刻的认识。新时代的民生建设理论强调，保障和改善民生是一项长期的系统工程，民生建设必须持续推进，永不懈怠。从新中国成立到社会主义新时代，我国的民生建设经过几代人的不懈努力，实现了民生的赓续发展，中国人民的民生得到显著改善。新时代人民对美好生活的向往内涵更加丰富，人民不仅对物质民生提出了更高的要求，而且对生态民生的需求日益增长。新时代我国的民生建设还存在不少短板需要补齐，社会主义民生建设绝不能安于现状，裹足不前。我们必须根据人民的需要持续推进民生建设，"多谋民生之利、多解民生之忧"[③]，不断拓延民生内容。习近平总书记指出："面对人民过上更好生活的新期待，我们不能有丝毫自满和懈怠，必须再接再厉，使发展成果更多更公平惠及全体人民，朝着共同富裕方向稳步前进。"[④]

其二，新时代的民生建设理论对民生建设的务实性、精准性有了更深刻的认识。新时代的民生建设理论要求民生建设必须一切从实际出发，既不能滞后于时代，更不能超越历史阶段。民生建设切忌喊口号，没有实质

---

① 《胡锦涛文选》第3卷，人民出版社2016年版，第575页。
② 《胡锦涛文选》第3卷，人民出版社2016年版，第576页。
③ 《习近平谈治国理政》第3卷，外文出版社2020年版，第18页。
④ 中共中央文献研究室：《十八大以来重要文献选编》（上），中央文献出版社2014年版，第698页。

性的内容，必须脚踏实地，不能好高骛远。要根据每个历史阶段人民民生需求的变化制定民生发展战略。新时代，人民对美好生活的民生需求体现了鲜明的时代特征，党必须根据人民民生需求的变化及时调整民生建设的目标、内容、方案、体制机制和方针政策等。同时，新时代的民生建设要精准，不能仅从一般性的原则出发，必须根据实际因地制宜、因时制宜，把民生建设任务和目标科学分解，做到民生工作的细化、深化和具体化。习近平总书记告诫全体党员干部民生建设要从细节处着手，养成细致入微的良好工作习惯。他指出："如果对工作、对事业仅仅满足于一般化、满足于过得去，大呼隆抓，眉毛胡子一把抓，那么问题就会被掩盖。"① 在民生建设过程中，如果只是提出一些空洞的口号和原则性的要求，而没有根据实际采取切实可行的具体举措，民生建设就落不到实处。这样不仅不能满足人民美好生活的民生需求，而且还会损害党和政府的形象和公信力。人民群众对美好生活的民生需求都是很具体的，民生建设必修对人民的民生诉求一一回应，尽力解决，决不能以原则对具体，敷衍扯皮。

其三，新时代的民生建设理论对民生建设的物质支撑性有了更深刻的认识。新时代的民生建设理论指出，改善民生不能脱离经济建设这个中心。经济发展是解决中国所有问题的关键，是民生改善的物质基础。新时代，虽然我国社会主要矛盾发生变化，但我国社会主义仍然处于初级阶段的基本国情没变，"我国是世界上最大发展中国家的国际地位没有变"②。习近平总书记强调："这是我们谋划发展的基本依据。"③ 在社会主义初级阶段，我们还必须大力发展生产力，推动商品经济的充分发展，为不断改善民生、促进人的全面发展提供物质支撑。我国社会主要矛盾的转化不仅不意味着我们可以偏离经济建设这个中心，反而要求我们要进一步加快发展，缓解发展不平衡的问题。新时代的民生建设如果偏离经济建设这个中心，满足人民的美好生活诉求就会是无源之水无本之木，就会落空。习近平总书记指出："我们这么大个国家、这么多人口，仍然要牢牢坚持以经

---

① 中共中央纪律检查委员会、中共中央文献研究室：《习近平关于党风廉政建设和反腐败斗争论述摘编》，中央文献出版社、中国方正出版社 2015 年版，第 85 页。
② 《习近平谈治国理政》第 2 卷，外文出版社 2017 年版，第 38 页。
③ 《习近平谈治国理政》第 2 卷，外文出版社 2017 年版，第 38 页。

济建设为中心。"①

其四，新时代的民生建设理论对民生建设效果的评判有了更深刻的认识。新时代的民生建设理论要求以是否给人民群众带来实实在在的获得感作为民生建设成效的评价标准。民生建设的效果如何，人民群众感受最直观，也最具有发言权。民生建设关涉人民群众的基本生计，民生工作千头万绪，但最基本的只有一条，就是要聚焦于人民群众的现实需要，回应人民群众的民生期盼和诉求，解决好人民群众最关心、最直接、最现实的利益问题，使之看到变化，得到实惠。人民群众就像一面镜子，通过这面"镜子"可以检测出民生建设的成效和存在的问题。习近平总书记指出："生活过得好不好，人民群众最有发言权。要从人民群众普遍关注、反映强烈、反复出现的问题出发，拿出更多改革创新举措，把就业、教育、医疗、社保、住房、养老、食品安全、生态环境、社会治安等问题一个一个解决好，努力让人民群众的获得感成色更足、幸福感更可持续、安全感更有保障。"② 新时代的民生建设是否达到预期的效果，必须由人民群众来评判。习近平总书记强调，民生建设的成效如何，最终都要看人民群众是否真正得到了实惠、生活水平是否真正得到改善。如果人民群众普遍感受到民生福祉的增进和民生权益不断得到保障，就表明新时代的民生建设达到了预期的效果。

三 有助于进一步打破西方的民生话语霸权

（一）话语权争夺：阶级斗争的重要体现

话语是言说者与听说者进行思想、价值观念和情感沟通的语言符号、概念和范畴的统称，是言说者表达和传播思想、价值观念、情感的载体。话语体系则是由一系列相互关联的语言符号、概念、范畴构成的话语系统。话语是社会实践的产物，其最初形态是语言，并随着人类社会实践的发展而不断演化。

语言既是人们进行交流的工具，又是人类意识的工具。马克思说：

---

① 新华社：《习近平在湖南考察时强调：深化改革开放推进创新驱动实现全年经济社会发展目标》，《人民日报》2013 年 11 月 6 日第 1 版。

② 习近平：《在深圳经济特区建立 40 周年庆祝大会上的讲话》，人民出版社 2020 年版，第 11 页。

"语言和意识具有同样长久的历史；语言是一种实践的、既为别人存在因而也为我自身而存在的、现实的意识。"① 语言的产生是为了适应人类实践活动的需要。人类的物质生产实践活动，一开始就是处于一定的社会关系中，人与人之间必然要交往，这就需要相互交流思想。例如，原始人在集体狩猎过程中需要齐声呐喊，统一行动，而捕获猎物后，又需要进行分配。所有这些，都需要集体协商，需要语言作为交际工具。当人类已经达到了彼此间有些什么非说不可的地步，便产生了语言。马克思指出："语言也和意识一样，只是由于需要，由于和他人交往的迫切需要才产生的。"② 语言刚产生的时候，人类尚未出现阶级现象，语言作为一种交流工具，其主要功能就是传递信息，意识形态性并不明显。

随着人类实践活动的发展，社会分工不断细化，社会出现了剩余产品，开始出现了阶级分化。掌握和占有剩余产品的那少部分人成为统治阶级，不掌握生产资料的社会大多数成员成为被统治阶级。话语也由此被分化为统治阶级话语和被统治阶级话语，话语的意识形态性开始凸显，成为不同阶级表达各自思想观念的重要载体。这就使得话语开始与价值观纠缠在一起，其功能也由最初的单纯传递信息衍生出社会教化和价值观传播功能，话语也因此演化成一种权力。福柯指出，话语即权力，人通过话语赋予自己权力。在阶级社会，社会不同的阶级为了维护自身的利益，都必然要争夺话语权。统治阶级掌握与其经济地位相匹配的话语权是维护其阶级利益、巩固其统治的必要手段。被统治阶级为了推翻统治阶级的统治进行激烈的斗争，在斗争中双方对话语权的争夺也至关重要。

在两制并存的时代，社会主义和资本主义分别代表着不同阶级的利益，双方虽存在交流与合作，但在各个领域也存在激烈的斗争。话语权的争夺是双方斗争的重要内容。在对话语权的斗争中，资本主义国家在较长的历史时期一直处于优势地位，它们将代表资产阶级利益的思想、观点包装成"普世价值"，利用先进的传媒技术向全世界传播，欺骗、蒙蔽了不少人。在西方强势的话语体系面前，社会主义国家的话语被压制，时常遭遇"失声""失语"的窘迫局面，在斗争中陷入不利的境地。

---

① 《马克思恩格斯文集》第 1 卷，人民出版社 2009 年版，第 533 页。
② 《马克思恩格斯文集》第 1 卷，人民出版社 2009 年版，第 533 页。

（二）资本主义民生话语霸权的形成

民生话语是话语体系的重要组成部分。在民生建设方面，西方资本主义国家凭借其雄厚的物质基础，大肆鼓吹"全民福利"，在理论上逐步形成了以社会保障为基本内容的"福利国家"民生思潮。"福利国家"理论在世界范围内广泛传播，吸引和欺骗了不少人，在全球形成了话语优势，资本主义民生话语霸权逐步建立起来。

"福利国家"这个概念最早可追溯到19世纪末容克资产阶级专政时期的德国。在宰相俾斯麦的推动下，德国资产阶级在税收、社会保险等方面推行了一系列改革。改革本质上是为了维护资产阶级的利益，但却被一些人误解为打造福利制社会主义的行动。此后，"福利国家"逐步成为资本主义社会的一股思潮。20世纪20年代，英国资产阶级经济学家阿瑟·塞西尔·庇古对"福利国家"进行了较系统的阐释，奠定了"福利国家"的理论基础。庇古主张通过收入分配状况的改变增加社会福利，即通过税收政策把富人的一部分财富集中到政府手中，然后政府以社会救济的方式提供给穷人，以此达到提高社会福利的效果。庇古对"福利国家"的理论阐释产生了深远的影响。二战后，凯恩斯主义在西方盛行，它所主张的政府通过调节收入再分配政策实现整个社会消费水平提高的观点与庇古的"福利国家"理论异曲同工，二者逐步合流，催生了现代"福利国家"理论。

"福利国家"理论的基本主张包括：试图以收入再分配的方式合理调节资本主义的贫富差距问题，消除贫困；建立"全民福利"社会，提高社会福利覆盖范围，保障公民失业后的基本生活所需。"福利国家"理论本质上维护的是资产阶级的统治，"完全不是为了'全社会的福利'，而是为着在变化了的条件下更好地维护资产阶级的利益"[①]。"福利国家"理论巧妙地"遮蔽"了资本主义的剥削性质，具有极大的欺骗性，蛊惑了不少人。二战后，"福利国家"理论被发达资本主义国家付诸实践。在资本主义经济景气时，福利主义使劳动人民确实得到一定的实惠，他们的生活状况较之过去有较大的改善。这就造成了一种假象，不少人误以为资本主义国家真的转变成福利国家了。一些人甚至把资本主义"福利国家"标榜为"真正的社会主义"。"资本主义国家福利迷惑性和危害性的关键在于，社会保障完善制度的伦理倾向和社会主义的意识形态色彩，使得部分人对资

---

① 解德元：《"福利国家"与资本主义经济》，《中国社会科学》1986年第1期。

本主义福利国家的好感和信任逐渐趋向对其本质文明的认知高度。"[①] 西方资本主义"福利国家"理论在世界范围内逐步确立了话语霸权地位。

本质上而言，社会主义作为一种新型的文明形态，是对资本主义的扬弃，因而更具优越性。社会主义实行生产资料公有制，能够克服资本主义生产中的种种弊病。社会主义的优越性不是抽象的，而是具体的，最根本的体现就是人民生活水平迅速提高，民生得到根本的改善，人民生活比资本主义国家更舒适。脱离民生发展谈论社会主义制度的优越性是唯心主义的表现，是违背马克思主义理论宗旨的。但在社会主义建设实践中，创造比资本主义更优越生活条件的制度优势在较长一段时期内未充分体现出来。原因既有客观方面的，也有主观方面的。客观原因是大多数社会主义国家建立在经济文化比较落后的基础上，经济基础比较薄弱，实现经济的快速发展需要一个较长时期的积累，在这个过程中民生改善呈现出渐进性特征。主观原因是对社会主义经济建设规律的认识不足，在探索自身经济发展道路过程中出现失误，影响到民生的改善。总之，在主客观原因的共同作用下，社会主义国家在较长一段时期内经济发展总体落后于西方发达国家，民生建设相对滞后，社会主义制度的优越性难以体现出来。邓小平后来回顾这段历史时指出："我们过去固守成规，关起门来搞建设，搞了好多年，导致的结果不好。经济建设也在逐步发展，也搞了一些东西，比如原子弹、氢弹搞成功了，洲际导弹也搞成功了，但总的来说，很长时间处于缓慢发展和停滞的状态，人民的生活还是贫困。"[②] 在此状况下，社会主义民生建设话语的影响力极为有限，难以与资本主义"福利国家"话语体系竞争和匹敌。

（三）新时代民生建设的理论创新有助于打破西方民生话语霸权

改革开放后，中国与世界接轨，主动参与国际竞争，逐步融入世界经济体系中。改革开放以来，中国实现了经济的快速发展，中国共产党矢志不移地推进民生建设，民生建设效果显著，中国人民生活不断改善。随着民生建设的不断推进，我国贫困人口大量减少，居民人均可支配收入大幅增长，教育事业蓬勃发展，建立了全球最大规模的社保体系。在民生建设

---

① 陈玉照、刘鹏：《社会保障：一个并非超越意识形态的领域——社会保障"超意识形态论"批判》，《华东经济管理》2012年第4期。

② 《邓小平文选》第3卷，人民出版社1993年版，第223页。

理论创新方面，经过几代中央领导集体的艰辛探索，中国特色社会主义民生建设理论逐步建构起来。以民生建设的巨大成就为基础，中国特色社会主义民生建设理论在世界上产生了一定的话语影响力，初步打破了西方的民生话语霸权。

党的十八大以来，我国民生建设的国内外形势发生了深刻的变化，立足于我国民生建设的新阶段，党进一步推进民生建设的理论创新。新时代中国特色社会主义民生建设理论以一种全新的、从本质上迥异于西方的理论形态呈现于世人面前，展现出强大的理论魅力。与西方"福利国家"理论本质上维护少数人的利益不同，新时代的民生建设理论始终坚守维护绝大多数人民生权益的立场，坚持以人民为中心，始终致力于改革发展成果更多更公平地惠及每个人，使人民平等享有民生权益。与资本主义自私自利、以邻为壑的本性不同，新时代的民生建设理论不仅致力于中国人民民生的改善，而且具有全球视野和天下胸怀，提出让世界共享中国发展红利，使中国发展成果惠及更多国家。新时代的民生建设理论认为，世界上的事物都是普遍联系的，整个世界就是一个相互联系的统一体。在全球化深入发展的当代，以商品的生产、分配、交换、消费为纽带，世界上的任何一个国家和地区都处于普遍联系和交互作用之中。人类社会实际上构成了一个相互联系、休戚与共的统一体。人类社会的发展就是这个统一体中各个国家和地区彼此尊重、共同作用的结果。"国家和，则世界安；国家斗，则世界乱。"[①] 各个国家应当平等地参与国际事务，共同促进人类社会的发展进步和各国人民民生的改善。

新时代的民生建设理论以一种胸怀天下的理论视野审视全世界的民生发展困境，提出了加强全球合作，共同应对挑战，携手改善民生的倡议。新时代的民生建设理论向全世界发出了中国的主张——"共建开放创新的世界经济""共建开放合作的世界经济""共建开放共享的世界经济"。面对世界百年未有之大变局，中国没有闭关自守，而是强调要进一步扩大开放。在世界经济增长趋缓、下行压力加大的情况下，中国不是选择独善其身，而是呼吁加强国际合作，共赴时艰。2013年，在博鳌亚洲论坛年会上，习近平总书记发表主旨演讲指出："国际社会应该倡导综合安全、共同安全、合作安全的理念，使我们的地球村成为共谋发展的大舞台，而不

[①] 《习近平谈治国理政》第2卷，外文出版社2017年版，第541页。

是相互角力的竞技场，更不能为一己之私把一个地区乃至世界搞乱。"① 人类社会发展的历史经验表明，任何试图搞"零和博弈"，将自己的利益凌驾于其他国家利益之上的行径，不仅不利于整个人类社会的进步，自己也必将付出惨痛的代价。2015 年，习近平总书记在《俄罗斯报》发表署名文章指出："第二次世界大战的惨痛教训告诉人们，弱肉强食、丛林法则不是人类共存之道。穷兵黩武、强权独霸不是人类和平之策。赢者通吃、零和博弈不是人类发展之路。"② 2017 年，习近平总书记在访问瑞士日内瓦和达沃斯时发表演讲，给出了中国全球治理的系统性方案：坚持对话协商、共建共享、合作共赢、交流互鉴、绿色低碳，建设一个持久和平、普遍安全、共同繁荣、开放包容、清洁美丽的世界。这一治理方案的核心就是在谋求本国发展的同时兼顾他国利益，实现共同发展。习近平总书记在党的十九大报告中向全世界庄严宣布：构建人类命运共同体，中国人民与世界各国人民的梦想息息相通，我们要"始终做世界和平的建设者、全球发展的贡献者、国际秩序的维护者"③。中国的发展为世界经济的发展和各国人民的民生改善提供了前所未有的机遇。2019 年，在第二届中国国际进口博览会开幕式上，习近平总书记发表主旨演讲呼吁世界各国顺应经济全球化大势和把握人民对美好生活民生需求的时代潮流，"共建开放共享的世界经济"④。习近平总书记指出："我们应该谋求包容互惠的发展前景，共同维护以联合国宪章宗旨和原则为基础的国际秩序，坚持多边贸易体制的核心价值和基本原则，促进贸易和投资自由化便利化，推动经济全球化朝着更加开放、包容、普惠、平衡、共赢的方向发展。我们应该落实联合国 2030 年可持续发展议程，加大对最不发达国家支持力度，让发展成果惠及更多国家和民众。"⑤ 2022 年，习近平总书记在博鳌亚洲论坛上又强调，"我们要坚持建设开放型世界经济，把握经济全球化发展大势，加强宏观政策协调，运用科技增强动能，维护全球产业链供应链稳定，防止一些国家政策调整产生严重负面外溢效应，促进全球平衡、协调、包容发

---

① 《习近平谈治国理政》，外文出版社 2014 年版，第 331 页。
② 习近平：《铭记历史，开创未来》，《人民日报》2015 年 5 月 8 日第 1 版。
③ 《习近平谈治国理政》第 3 卷，外文出版社 2020 年版，第 20 页。
④ 《习近平谈治国理政》第 3 卷，外文出版社 2020 年版，第 210 页。
⑤ 《习近平谈治国理政》第 3 卷，外文出版社 2020 年版，第 210 页。

展"①,"关注发展中国家紧迫需求,围绕减贫、粮食安全、发展筹资、工业化等重点领域推进务实合作"②,把保障和改善民生放在第一位。

新时代的民生建设理论代表了世界各国人民的共同心声,符合人类历史发展的基本潮流,引发世界的广泛关注和讨论。尤其是一些发展中国家的政治家、学者对中国的民生建设理念、目标、道路等赞赏有加。俄罗斯学者塔夫罗夫斯基的著作《习近平:正圆中国梦》详细介绍了新时代中国民生建设的目标:在践行中国梦中不断改善民生,使每个中国人生活越来越美好。此外,发达资本主义国家的学者也对新时代的民生建设理论表现出浓厚的兴趣。美国学者罗斯·特里尔在《习近平复兴中国:历史使命与大国战略》中对新时代中国的民生建设如何促进区域的平衡发展、全体人民的共享发展进行了介绍。罗斯·特里尔指出:"十八大以来,中共将促进公平正义、增进人民福祉作为改革的出发点和落脚点,采取了一系列有力措施来落实共享发展的理念。"③ 紧接着,罗斯·特里尔分别对"推动公共服务的均等化""调整国民收入分配格局""完善社会保障制度""通过精准扶贫,补齐短板"等措施进行了逐一介绍。由此可见,新时代民生建设的理论创新提升了我国民生理论的世界话语地位,有助于进一步打破西方民生话语霸权。

第二节 新时代民生建设理论创新的现实意义

新时代民生建设的理论创新具有重要的现实意义。它为新时代民生建设提供了根本指导,进一步推动了当代中国民生建设的实践进程;进一步彰显了中国共产党的执政本质,有助于密切党群关系,巩固党的执政根基;为破解世界民生发展困境提供了中国方案。

一 为新时代民生建设提供了根本指导

理论的价值在于指导实践,推动实践的发展。理论创新的根本目的就

---

① 习近平:《携手迎接挑战,合作开创未来》,《人民日报》2022年4月22日第2版。
② 习近平:《携手迎接挑战,合作开创未来》,《人民日报》2022年4月22日第2版。
③ 《国家治理如何实现现代化——〈习近平复兴中国〉连载》,《学习时报》2016年9月26日第3版。

是要解答社会发展中出现的新问题，更好地服务于实践。理论必须与实践高度统一，理论创新以实践为基础，理论创新又必须"反哺"实践。新时代民生建设的理论创新源于实践，也是为实践服务的。新时代民生建设理论为当代中国的民生建设提供了根本的思想指导，进一步推动了当代中国的民生建设进程。

理论要发挥实践指导作用，就必须被实践主体所掌握。人民群众一旦掌握了理论，就会转化成巨大的物质力量，推动实践向前发展。而理论要被人民群众所认同和掌握，并自觉运用于实践，那么这个理论首先必须是彻底的、科学的。新时代的民生建设理论从当代中国的实际出发，正确揭示了当代中国民生建设的基本规律，这是它能够被中国人民接受和认同的前提。此外，新时代民生建设的理论创新始终坚持以人民为中心，坚持发展为了人民、发展依靠人民、发展成果由人民共享，深刻凸显了人民的主体地位，彰显了新时代党对人的全面发展的重视和价值关怀。在这个理论指导下的新时代中国特色社会主义民生建设坚持维护人民的根本利益，为人的全面发展不断创造条件，有助于促进中国人民的全面发展。新时代党坚决站在人民的立场，从维护人民的根本利益出发进行理论创新，这是新时代的民生建设理论能够被中国人民认同并自觉运用的关键。人民群众接受和认同新时代的民生建设理论后，就能够自觉用它武装头脑，将其运用于当代民生建设实践中，形成强大的理论威力，推动民生建设的顺利开展。

首先，新时代的民生建设理论确立了"人民美好生活"的民生建设目标，对当代中国的民生建设具有价值导向和激励作用。实践目标是人们在实践活动中所力求达到的境地，实践目标的确立为人们指明了奋斗的方向。马克思主义认为，确立实践目标必须坚持合目的性与合规律性相统一的基本原则。这一基本原则从根本上决定了实践目标对人们实践活动的价值导向和激励功能。新时代中国特色社会主义民生建设目标是合目的性与合规律性的辩证统一。一方面，确立"人民美好生活"的民生建设目标符合新时代广大人民群众的民生价值诉求，符合社会主义民生建设的目的。增进民生福祉，优化人民的生存状态，促进人的全面发展是社会主义民生建设的根本目的。新时代，我国社会主要矛盾已发生转化，人民的民生需求不再局限于物质文化需要层面，而是提出了更高的民生诉求。把满足人民对美好生活的民生诉求作为新时代党的奋斗目标，顺应了民意，能够最大限度地凝聚人心共同奋斗，形成推动民生建设的强大动力。

另一方面，民生建设目标仅合目的性还不够，它还必须合规律性，以确保其能够实现。实践目标所起激励作用的大小，不仅取决于这个目标是否符合实践主体的价值需要，而且还取决于这个目标能否实现。如果一个实践目标超越了历史阶段，违背历史发展和实践规律，现阶段不具备实现的条件，这样的实践目标对主体的激励作用就会大打折扣，甚至丧失其激励功能。确立"人民美好生活"的民生建设目标符合客观实际，完全具有实现的可能性。"人民美好生活"的民生建设目标是党从当代中国的客观实际出发，深刻分析新时代中国人民的需要和社会主要矛盾发生转化的基础上确立的，揭示了新时代民生建设的客观规律，深刻反映了当代中国民生建设对客观规律的遵循。新中国成立特别是改革开放以来，我国民生建设成效巨大，人民生活水平显著提高，为新时代满足人民的美好生活奠定了坚实的基础。新时代我国民生建设站在新的起点，虽然面临着种种困难和挑战，民生领域还有不少短板，民生建设面临不少难题。但我国经济发展持续向好，又有党的坚强领导和社会主义制度优势的保障，加之我国先前民生建设奠定的良好基础、人民的勤劳和对生活的热爱，人民的美好生活愿望一定能够实现。

总之，确立"人民美好生活"的民生建设目标既高度体现了新时代人民群众的愿望和民生诉求，又坚持了一切从实际出发，易于与人民群众产生情感共鸣，感召人民群众为实现美好生活朝着一个方向集中发力，推动当代中国民生建设的不断前进。

其次，新时代的民生建设理论将生态民生作为民生建设的重要内容，同时进一步丰富和完善了民生建设方案，既有助于补齐民生短板，又有助于缓解当前人类面临的严重生态危机，促进物质民生和生态民生的协调发展。当今时代，生态危机成为困扰人类生存和发展的重大问题，生态民生逐步外显为人类基础性的民生诉求。资本主义社会实现了生产力的巨大发展，按常理来说，这对改善劳动者的地位和待遇是极为有利的，它客观上具备改善劳动人民民生的良好物质基础。但追求剩余价值的本性决定了资本家不可能将劳动者创造的财富主要用于改善民生，而只能以极少的一部分用于维持劳动力生存的最低需要。其余的全部用于资本积累再次投入生产中，进一步扩大和加强对劳动者的剥削。资本主义生产力的发展不仅未从根本上改善人们的生存状态，实现人的自由全面发展，反而引发人与自然关系的对立、人与人关系的高度紧张。实践证明，资本主义制度的局限性决定了它不仅不能从根本上改善物质民生，更无力解决生态危机。新时代的民生建设理论将生态民生作为民生建设的重要方面，拓延了民生建设的内容，顺应了民意，不仅有助于我们在化解生态矛盾中更好地保障中国人民的民生权益，改善生态民生，而且对全球民生建设具有重要的引领作用。

新时代民生建设方案由"四位一体"上升为"五位一体"，它的丰富和完善有助于确保生态民生建设的顺利推进，实现物质民生和生态民生的协调发展。新中国成立以来，经过几十年的艰辛奋斗，中国人民彻底摆脱了朝不保夕、民生凋敝的惨状，民生建设成就举世瞩目。但不可否认，随着我国经济的发展，生态问题日益突出，成为制约人民追求美好生活的突出短板。新时代的民生建设方案根据民生建设目标进行了相应的丰富，为补齐生态民生这一严重制约人民追求美好生活的短板提供了有力的保障，对推动我国社会主义民生建设更好地发展、更全面地保障和改善民生具有重要意义。

再次，新时代的民生建设理论提出了民生建设制度改革的新思路，有助于当代中国民生建设制度体系的建立健全，为推动民生建设的顺利开展提供了根本保证。我国是法治国家，全面依法治国是我国的基本方略。全面依法治国既要建构一套系统的基本制度体系，也亟须建立健全社会各个领域的基本规章制度。社会主义民生建设既依赖于基本制度、法律的保障，也须有具体的民生建设制度的规范。新时代的民生建设理论对我国民生建设制度改革思路的创新既有助于加强民生建设制度的顶层设计，从全局上统筹谋划新时代的民生建设，也对具体民生建设制度的完善具有指导意义，在微观上更好地为当代中国的民生建设保驾护航。

最后，新时代的民生建设理论坚持以辩证的观点审视民生发展问题，为新时代的民生建设提供了根本的方法。民生建设是一个复杂的系统工程，涉及方方面面，牵一发而动全身。党作为民生建设的领导者，既要有"如履薄冰，如临深渊"的谨慎，也要有"治大国如烹小鲜"的洒脱，更要掌握辩证思维的科学方法。习近平总书记多次强调唯物辩证法的重要性，并要求党员、干部要"学习掌握唯物辩证法的根本方法，不断增强辩证思维能力,提高驾驭复杂局面、处理复杂问题的本领"①。正因为如此,在新时代的民生建设理论中,处处闪耀着唯物辩证法的思维方法,深刻地体现了中国共产党人领导民生建设的智慧和能力。

在分析民生建设的形势方面,新时代的民生建设理论强调既要看到有利的一面,又要看到不利的一面,要积极争取对我们有利的形势,同时也要做好不利情势下进行民生建设的准备。在民生建设的具体方法上,新时代的民生建设理论强调要循序渐进地推进民生工作,既要敢于不断突破,创新民生工作的思路和方法,又要一步一个脚印、稳扎稳打向前走,确保民生建设目标的顺利实现;既要尽力而为,又要量力而行,不能脱离实际作过高的民生承诺。在经济发展与民生改善的关系上,新时代的民生建设理论认为经济发展是民生改善的基础,经济发展的最终目的是为了改善民生,民生改善是推动经济进一步发展的动力。新时代民生建设必须立足于经济发展的基础上,坚持在发展中改善民生,使改革发展成果更多更好地惠及全体人民,实现经济发展与民生改善的良性互动。在物质民生与生态民生的关系上,新时代的民生建设理论要求实现二者的统筹发展。在阐述民生建设中政府与个人的关系时,新时代的民生建设理论强调政府与个人的作用是相辅相成、辩证统一的。民生建设既是政府的事情,须由政府统筹规划和组织领导,也关涉到社会的每个人,必须充分调动社会组织、团体和个人的积极性,发挥每个人的聪明才智,不能只有政府"一头热",社会和个人"冷眼旁观"。在阐述中国的民生建设与世界的关系时,认为中国民生的发展离不开世界,新时代的民生建设必须进一步扩大开放。同时,中国人民民生的改善也给世界带来了发展机遇,能够进一步带动和引领世界经济的发展,为全球民生的改善贡献中国力量。总之,新时代的民生建设理论蕴含了丰富的唯物辩证思维,为当代中国的民生建设实践提供了根本的方法。

二 有助于密切党群关系,巩固党的执政根基

(一)致力于民生改善:党执政为民的根本体现

中国共产党是人民的政党,其根基在人民,执政的本质是为了人民。作为无产阶级政党,中国共产党始终坚持认为,维护全体人民的利益,致

---

① 习近平:《辩证唯物主义是中国共产党人的世界观和方法论》,《前线》2019年第1期。

力于民生的不断改善是党的神圣使命,是党区别于其他政党的显著标志。人民是社会的主体,是国家的根本,维护最大多数人的利益和充分调动全体人民的积极性、创造性对党领导的社会主义事业的发展最具有决定性意义。中国共产党执政为民最直接、最现实的体现就是不断改善民生。社会历史发展经验表明,只有民生得到不断改善,国家富强才具有源源不竭的动力。中国共产党要领导中国人民实现伟大的民族复兴,归根结底必须依靠人民群众的支持。中国人民是中华民族伟大复兴的实践主体,伟大民族复兴的过程就是中国人民创造历史的实践进程。党领导人民实现伟大的民族复兴,必须充分调动人民的积极性和创造性,充分尊重和维护人民群众的利益,始终把民生建设作为根本要务和基本的施政内容。

中国共产党在成立初期,虽然还不是执政党,但已明确宣示了党的根本使命,深刻表达了党代表人民利益、为人民利益而奋斗的政治立场。在新民主主义革命时期,毛泽东就明确指出:"我们这个队伍完全是为着解放人民的,是彻底地为人民的利益工作的。"[1] 党实现全国执政后,坚持不断推进民生建设,始终把保障和改善民生作为执政的根本使命。在长期的革命和社会主义建设实践中,中国共产党逐步形成和概括出了党的群众观和群众路线。党始终坚持一切为了群众,一切依靠群众,坚持走群众路线,深入群众,倾听群众呼声,始终致力于中国人民民生的改善和发展,终于赢得了新民主主义革命、社会主义革命、社会主义建设和改革的伟大胜利。新中国成立以来,尽管党的执政环境不断变化,为了有效应对执政环境变化带来的挑战,党对执政方式、领导体制等作出了相应的改革和调整。但不管执政环境如何变化,党始终强调不忘初心、牢记使命,坚持一以贯之地推进民生建设,持续改善民生。中国特色社会主义进入新时代,执政环境发生了巨大的变化,党依然一如既往地坚守着自己的执政理念。

党的十八大以来,中国特色社会主义进入新时代,站在了新的历史起点上。面对百年未有之大变局,中国共产党强调必须不忘初心,牢记使命,不断推进中国人民民生的改善,才能将党的事业继续推向前进,实现中华民族的伟大复兴。新时代,中国经济社会发展的根本目的是为了改善民生,不断满足人民的美好生活民生诉求。习近平总书记指出:"中国共

---

[1] 中共中央文献研究室、中央档案馆:《建党以来重要文献选编(1921—1949)》第 21 册,中央文献出版社 2011 年版,第 490 页。

产党坚持执政为民,人民对美好生活的向往就是我们的奋斗目标。我的执政理念,概括起来就是:为人民服务,担当起该担当的责任。"① 习近平总书记强调,要始终将人民的民生需要放在心上,真心实意地关心和解决老百姓的住房、社保、教育、医疗、食品安全等需要,努力让人民群众得到看得见的实惠,不断增强获得感。新时代中国特色社会主义民生建设理论对民生建设理念、目标、内容、方案和制度改革思路进行丰富和完善,进一步推动了当代中国的民生建设进程,高度彰显了中国共产党为民造福、为民谋利的政治本色和执政本质。

(二) 新时代民生建设的理论创新有助于夯实党的执政基础

新时代民生建设的理论创新坚持以人民为中心,深刻凸显了党对人民主体地位的尊重,促进了当代中国人的全面发展,深刻体现了中国共产党执政为民的政治本色,密切了党同人民群众的血肉联系。以人民为中心的民生建设理念要求中国共产党在民生建设实践中把人民放在心中的最高位置,坚持民生建设为了人民、民生建设依靠人民,坚持不懈地维护人民的民生权益。

首先,新时代民生建设的理论创新坚持"发展为了人民",确立了通过改善民生促进人的全面发展的价值取向。坚持发展为了人民就必须把维护人民群众的民生权益作为社会主义社会经济发展的根本目的和出发点。习近平总书记在纪念毛泽东同志诞辰120周年座谈会上深刻地指出:"党的一切工作,必须以最广大人民根本利益为最高标准。检验我们一切工作的成效,最终都要看人民是否真正得到了实惠,人民生活是否真正得到了改善,人民权益是否真正得到了保障。"② 坚持发展为了人民,在具体的工作中就必须对人民群众有敬畏之心,把人民装在心里,想群众所想,急群众所急,倾听群众意见。习近平总书记告诫全党:"要坚持开门搞活动,让群众大胆提意见、评头品足,特别是对群众提出的一些具体问题,能够解决的要抓紧解决,一时解决不了的要耐心细致做好解释工作,需要上级决策或制定政策的要及时反映。"③ 坚持发展为了人民,还必须营造风清气

---

① 中共中央文献研究室:《习近平关于全面从严治党论述摘编》,中央文献出版社2016年版,第61页。
② 《习近平谈治国理政》,外文出版社2014年版,第28页。
③ 中共中央文献研究室、中央党的群众路线教育实践活动领导小组办公室:《习近平关于党的群众路线教育活动论述摘编》,中央文献出版社2014年版,第86—87页。

正的民生建设环境，杜绝损害人民民生权益的不法行为，切实维护人民群众的利益。习近平总书记指出："从群众最关心、最迫切的问题入手，着力解决关系群众切身利益的问题，解决群众身边的不正之风问题，把改进作风成效落实到基层，真正让群众受益。"① 在党的十九大报告中，习近平总书记进一步强调要以人民对美好生活的向往作为我们党的奋斗目标。

其次，新时代民生建设的理论创新坚持"发展依靠人民"，进一步提升人民群众在民生建设中的实践主体地位，保障了人民广泛参与新时代民生建设的基本权利，指明了促进当代中国人民全面发展的根本路径。实践是人有意识的生命活动，人的全面发展是在实践中实现的。正是在实践中，人的本质力量得到根本的确证，在使自然界发生变化的同时人自身也得到发展。中国人民民生的不断改善是党领导人民在民生建设实践中实现的，人民是中国特色社会主义民生建设的主体和依靠力量。习近平总书记指出："我们要实现党的十八大确定的奋斗目标和中国梦，必须紧紧依靠人民，充分调动最广大人民的积极性、主动性、创造性。"② 新时代中国特色社会主义民生建设实践是当代中国人实现全面发展的根本路径。当代中国人只有积极投身于新时代民生建设的实践中才能促进自身的自由而全面发展。新时代民生建设的理论创新坚持"发展依靠人民"，强调必须充分尊重人民的首创精神，虚心向人民学习，确保人民群众能够在新时代的民生建设实践中展示自己的才华、贡献自己的力量，进而促进自身的全面发展。习近平总书记指出："在人民面前，我们永远是小学生，必须自觉拜人民为师，向能者求教，向智者问策；必须充分尊重人民所表达的意愿、所创造的经验、所拥有的权利、所发挥的作用。"③

再次，新时代民生建设的理论创新坚持"发展成果由人民共享"，保证了新时代中国人民平等享有民生权益，奠定了人的全面发展的物质基础。丰富的物质条件是促进人的全面发展的必要条件。人民是物质财富、精神财富的创造者，人民创造的社会财富应当由人民享受，以促进自身的发展。社会主义在中国的建立为实现发展成果由人民共享提供了根本的制

---

① 《习近平在党的群众路线教育实践活动第一批总结暨第二批部署会议上发表重要讲话》，《杭州》（周刊）2014 年第 1 期。
② 《习近平谈治国理政》，外文出版社 2014 年版，第 367 页。
③ 《习近平谈治国理政》，外文出版社 2014 年版，第 27 页。

度基础。新中国成立后,中国共产党不断创造条件努力使全体人民共享社会主义发展成果,人民的生活水平得到不断提高,民生持续改善。新时代民生建设的理论创新坚持了马克思主义的基本观点,认为应从社会主义制度本质的高度看待"共享"问题,明确指出,"让广大人民群众共享改革发展成果,是社会主义的本质要求"①,是中国特色社会主义的本质属性。新时代的民生建设理论要求要将人民共享的理念贯穿于新时代中国特色社会主义发展的全过程,作为民生建设的基本遵循。习近平总书记指出,要使"生活在我们伟大祖国和伟大时代的中国人民,共同享有人生出彩的机会,共同享有梦想成真的机会,共同享有同祖国和时代一起成长与进步的机会"②。人民共享改革发展成果要求在新时代的民生建设中坚持共同富裕的民生发展方向。习近平总书记指出:"面对人民过上更好生活的新期待,我们不能有丝毫自满和懈怠,必须再接再厉,使发展成果更多更公平惠及全体人民,朝着共同富裕方向稳步前进。"③总之,新时代民生建设的理论创新坚持"发展成果由人民共享",既凸显了我国民生建设的社会主义性质和中国共产党人不忘初心、坚持全心全意为人民服务的宗旨,又为新时代促进中国人民的全面发展奠定了物质基础。

最后,新时代民生建设的理论创新根据实际情况提出了当代中国民生建设的目标、内容、方案和制度改革思路,将满足人民美好生活的民生建设任务落实到行动上,深刻体现了党坚持维护人民利益的决心和执政为民、不断改善民生的真心。马克思主义认为,判断一个政党的本质,不仅要看它政治纲领怎么说,更要看它的现实表现,即在实践中怎么做。民生涉及人民群众的基本权益,民生的改善是具体的,不是抽象的。中国共产党执政为民绝不是空洞的口号,它必须体现于改善民生的实际行动中。民生建设要落到实处,先要制定切合实际的民生建设目标,然后根据实践目标确定民生建设的内容和制定民生建设实践方案,并对外部环境进行优化以确保民生建设的顺利进行。新时代的民生建设理论确立了满足人民美好生活的民生建设目标,根据人民的需要丰富民生建设内容,设计了系统的民生建设方案,提出了民生建设制度改革的新思路,保证了民生建设的顺

---

① 《习近平谈治国理政》第2卷,外文出版社2017年版,第200页。
② 《习近平谈治国理政》,外文出版社2014年版,第40页。
③ 《习近平谈治国理政》,外文出版社2014年版,第28页。

利推进。通过对新时代中国民生建设的系统规划，当代中国的民生建设取得了历史性的突破和成就。新时代民生建设目标、内容、方案和制度改革思路在实践中的运用，深刻表明了中国共产党敢于担当的精神和执政为民的务实态度，体现了党同人民心连心、同呼吸、共命运的朴素情感。

总之，新时代民生建设的理论创新坚持以人民为中心，使人民群众深刻感受到党不断推进民生建设，矢志不移改善民生的诚心，增强了人民群众对党的信任和情感认同，保持了党同人民群众的血肉联系，夯实了党的执政根基。

三 为世界民生建设提供中国方案

民生建设是世界性的难题，长期困扰着人类社会。在资本主义社会之前，民生建设受到生产力发展水平的严重制约，大多数人的民生局限在基本生存所需的生活资料方面，民生改善极为艰难。恩格斯指出，由于生产力很不发达，社会的大多数人必须终生艰辛劳作，只有极少数统治阶级拥有享受的特权。劳动人民除去为统治阶级提供尽可能丰富的生活资料外，他们辛苦劳作给自己换来的不过是微薄的收入，很少有享受的条件。

资本主义代替封建社会是人类社会发展的巨大进步。资本主义生产方式确立后，社会生产力的空前发展是以往任何社会都无法比拟的。在资本逻辑的作用下，资本主义的生产技术呈现跨越式发展，在较短的时间内就从手工工场时代跨入到机器生产时代。在生产力巨大进步的基础上，资本主义实现了经济的快速发展，经济总量越做越大，客观上为民生的改善提供了物质基础。但资本主义本质上是一种掠夺性的生产方式。资本家自私自利的本性决定了资本主义社会不仅不能从根本上彻底改善民生，反而使民生问题更加复杂。

在资本主义私有制条件下，社会贫富差距两极分化触目惊心，占人口少数的资产阶级掌握绝大多数社会财富，而占人口绝大多数的无产阶级却只能获得少量生活资料，生存状态并不理想。资本家把资本主义生产方式扩散至全世界，使资本主义危机演变为世界普遍性的民生发展难题。在资本逻辑的作用下，为了实现剩余价值的最大化，资本家一方面加重了对劳动人民的剥削和掠夺，另一方面永无止境地扩大再生产。资本家不仅对国内劳动人民进行剥削，还在世界范围内对殖民地、半殖民地人民进行残酷的掠夺，造成人类社会关系的高度紧张，危及人类的和平与安宁。纵观20

世纪,"资本主义经历了一系列危机,包括给国际社会造成剧烈震荡的严重经济危机和给人类带来空前浩劫的两次世界大战"①。资本主义无限扩大生产规模,消耗的资源与日俱增,长期对自然界肆无忌惮的开采和掠夺,引发人与自然关系的高度紧张,造成严重的生态危机,危及人类的生存基础。

尽管第二次世界大战后,发达资本主义国家相继调整了生产关系,普遍建立了社会福利制度,但资本主义国家贫富两极分化的现象没有丝毫缓解的迹象,反而不断扩大。此外,资本主义生产方式使得利己主义、拜金主义在全球盛行,人与人之间变成了赤裸裸的利益关系,全球性贫富差距越拉越大,道德滑坡、诚信消减愈演愈烈。进入21世纪后,资本主义"福利国家"理论在实践中出现诸多问题,民生改善停滞不前。特别是近年来,资本主义世界乱象丛生,社会矛盾激化,民众与政府冲突此起彼伏,社会动荡不安。自2011年美国爆发"占领华尔街"运动以来,资本主义世界严重的暴力、枪击、骚乱事件层出不穷。2017年3—6月,英国在短短的三个月内就遭受了三次恐怖袭击;2017年4月,瑞典首都斯德哥尔摩闹市区发生了骇人的卡车冲撞人群恐袭事件;同年10月1日,在拉斯维加斯曼德勒海湾赌场度假村附近发生了美国近年来最为严重的枪击案,导致50多人死亡,500多人受伤;2018年11月,法国爆发了出租车司机抗议油价上涨的"黄衫军"运动,此后演变成抗议购买力下降及社会不公的严重社会骚乱。一些笃信资本主义信条的发展中国家更是陷入冲突、战乱、分裂、混乱、贫困的深渊,宗教极端势力、民族分裂势力、恐怖势力、民粹主义抬头,社会动荡不已。"在全球资本主义逻辑的主导下,一些伟大的思想家、政治家所殚精竭虑构想和追求的自由平等、公正合理的世界图景已逐渐暗淡,甚至悄然消逝。"② 在此背景下,许多有识之士已经认清西方"福利国家"理论的本质,对它的迷信也逐步消解。

习近平总书记在纪念孔子诞辰2565周年国际学术研讨会上对当今世界面临的民生发展困境表达了担忧。他认为,人类社会发展到今天,物质

---

① 中共中央文献研究室:《改革开放三十年重要文献选编》(下),中央文献出版社2008年版,第974页。

② 刘同舫:《构建人类命运共同体对历史唯物主义的原创性贡献》,《中国社会科学》2018年第7期。

生活资料的丰富程度与农耕社会相比出现了翻天覆地的变化。但不可否认，在民生建设领域全球仍然面临着诸多的困境。"比如，贫富差距持续扩大，物欲追求奢华无度，个人主义恶性膨胀，社会诚信不断消减，伦理道德每况愈下，人与自然关系日趋紧张，等等"①，这些问题严重制约了人类民生福祉的进一步改善。实践表明，资本主义既无心也无力解决当今世界面临的民生发展困境。当今世界民生发展难题的破解须有新智慧、新理论的启迪，亟须新型文明形态的引领。

中国作为社会主义国家，理所当然代表着人类发展进步的希望和曙光。在中国共产党的领导下，我国社会主义民生建设取得了巨大成功。中国在现代化历史进程中开辟了新的发展道路，塑造了新的发展理念，生产以满足人民的需要为目的，倡导人与自然的和谐共生，倡导可持续发展。在中国共产党的领导下，新中国在短短的70多年时间里，从一个被列强任意宰割的羸弱国家迅速崛起为世界第二大经济体，综合国力显著增强，人民生活水平有了质的飞跃。特别是在改革开放和社会主义现代化建设的历史进程中，中国共产党成功开辟了中国特色社会主义道路，我国民生建设更是快马加鞭，一跃千里。党的十八大以来，我国民生建设进一步推进，民生大幅改善。新时代是中国人民有史以来民生改善幅度最大的一段历史时期，其根本标志就是全面小康社会的建成。据有关部门统计，"2012年至2016年，中国现行标准下的贫困人口由9899万人减少至4335万人，累计减少5564万人。这是中国自1986年开展大规模扶贫以来最好的成绩"②。2017年，我国还有贫困人口三千余万，经过近四年的努力，到2021年我们彻底解决了困扰中国几千年的绝对贫困问题，在中华大地上全面建成了小康社会。由于民生的不断改善，新时代我国居民预期寿命已达到76.7岁，比1981年提高了11.6个百分点。为了满足人民美好生活的生态民生诉求，新时代中国制定了史上最严密的生态环境保护制度，生态环境逐步恢复起来。中国社会主义民生建设特别是党的十八大以来民生建设取得的历史性成就吸引了全世界有识之士特别是广大发展中国家的浓厚兴趣和广泛关注。

---

① 习近平：《在纪念孔子诞辰2565周年国际学术研讨会暨国际儒学联合会第五届会员大会开幕会上的讲话》，人民出版社2014年版，第6页。
② 李晨赫、孙吉：《为世界减贫提供中国方案》，《中国青年报》2019年6月18日第10版。

鉴于资本主义无力引领人类破解民生发展难题，中国作为新兴大国，必须以高度的责任感和使命感勇立潮头，塑造一种完全不同于资本主义以资本为核心、遵循资本扩张逻辑的新型民生建设模式，引领人类走出民生发展的困境，为全球民生建设贡献中国智慧、提出中国方案。新中国成立以来，尤其是改革开放以来形成的独特民生建设理论和民生建设实践为人类破解民生发展困境带来了曙光。党的十八大以来，中国共产党锐意进取，立足于新时代的大背景对民生建设理论进行创新，形成了新时代中国特色社会主义民生建设理论，与时俱进地实现了对社会主义民生建设理论的丰富和发展。新时代的民生建设理论以一种崭新文明质态呈现在人们面前，有力地推动了当代中国的民生建设进程，促进了中国特色的民生发展模式的形成。新时代中国特色社会主义民生建设的理论创新与成功实践，宛如一颗璀璨的明珠吸引了世界的眼光。过去，发展中国家的民生建设都是将目光投向发达资本主义国家，向西方学习经验，以西方为楷模，但收效甚微。新时代民生建设理论的成功实践对世界其他发展中国家的民生建设提供了重要的参考价值和借鉴意义，引起了发展中国家浓厚兴趣和学习热情。中国从实际出发，深刻总结国内外民生建设的经验教训，建构新型民生建设理论，探索新的民生建设模式，不仅成功实现了 14 亿人口民生福祉的持续改善，而且为人类破解民生发展困境贡献了中国智慧和提供了中国方案。

第六章　新时代民生建设的具体实践

党的十八大以来，为了满足人民对美好生活的民生需求，党和政府大力推进民生建设。新时代的民生建设主要从物质民生和生态民生两个维度展开。一方面采取诸多措施继续改善人民的物质民生，提高人民的物质生活质量；另一方面不断加强生态民生建设，满足人民对良好生态环境的需要。

第一节　物质民生建设的具体实践

新时代，我国的物质民生建设实践主要在扶贫、社会保障、就业、教育、住房等方面下功夫。

一　实施精准扶贫

坚持一切从实际出发，实事求是是马克思主义的基本要求，也是民生建设的根本遵循。贫困是困扰中国几千年的问题，改善民生的首要目标就是要缓解和消除贫困。历史上，受各种条件的制约，贫困现象在中国始终普遍存在，历朝历代绝对贫困问题始终无法彻底根除。新中国成立后，中国共产党坚持从人民群众普遍贫困的实际出发，大力发展生产力，实现了我国经济的腾飞，为从整体上改善中国人民贫困状态提供了基础条件。从新中国成立至今，在党和人民的不懈努力下，中国人民的总体贫困状况得到扭转，贫困人口数量不断减少，贫困发生率大幅降低。截至2017年底，我国贫困人口从1978年底的七亿多人下降到三千余万人，贫困发生率从

97.5%大幅下降到3.1%，对世界减贫贡献率最大。①

党的十八大以来，我国经济在保持长期快速发展中积累的一些深层次问题日益突出，社会发展的不平衡性矛盾亟待解决。人民对发展提出了更高的要求，不再满足于粗放型的GDP增长，而是要求建构现代经济发展体系，实现高质量、更加协调的发展。进入新时代，尽管我国贫困人口的绝对数量仍然不少，但随着贫困发生率的降低，贫困人口在地理区域上大面积集中分布的现象已经不存在，而是主要集中于老少边穷地区。分散化的贫困人口仍然是制约我国民生建设的短板。党的十八大作出了全面建成小康社会的庄严承诺，中国吹响了全面建成小康社会的号角。党中央要求，全面建成小康社会，绝不能让一个人掉队，必须彻底消除贫困，实现贫困人口的全面脱贫。面对贫困人口分布零散化的显著变化，过去"大水漫灌式"的扶贫方式显然已不合时宜，为了打赢脱贫攻坚战，精准扶贫成为必然选择。

精准扶贫是习近平总书记首创的。2013年，习近平总书记在湖南湘西考察工作时首次提出了"精准扶贫"的概念。他指出："扶贫要实事求是，因地制宜。要精准扶贫，切忌喊口号，也不要定好高骛远的目标。"② 2014年，习近平总书记在参加两会时进一步对精准扶贫的概念进行了阐释，强调精准扶贫要瞄准扶贫对象进行重点施策。2015年6月，习近平总书记在贵州考察工作时进一步强调新时代扶贫开发工作"贵在精准，重在精准"，"精准"是关系到扶贫工作的成败之举。他指出，扶贫工作要切实做到精准，因地制宜，区别对待，对症下药，不能搞"大水漫灌"、一刀切。他要求在扶持对象、资金使用、项目安排、措施到户、干部安排、脱贫成效等六个方面做到精准。

精准扶贫是对过去粗放型扶贫模式的"纠偏"，核心是"精准"，要求在"准"和"实"上下功夫。过去粗放型的扶贫采取的是"天女散花"的方式，未能精准识别扶贫对象，难以根据不同的贫困原因、不同的贫困类型采取针对性的扶贫举措，影响了扶贫的实际效果。新时代的精准扶贫要求实事求是，因地制宜，在精准识别贫困人口的基础上因人因地施策，具体问题具体分析，坚持对症下药、精准滴灌、靶向治疗，进行"点穴

---

① 李晨赫、孙吉：《为世界减贫提供中国方案》，《中国青年报》2019年6月18日第10版。
② 齐声：《习近平总书记提出"精准扶贫"》，《光明日报》2019年11月29日第2版。

式"扶贫,有助于弥补过去扶贫方式的弊端。为科学有效地推进精准扶贫工作,国家加强了顶层设计,逐步搭建起了脱贫攻坚的体制机制,制定并颁布了一系列重要文件。随着《关于打赢脱贫攻坚战的决定》《关于建立贫困退出机制的意见》《省级党委和政府扶贫开发工作成效考核办法》《脱贫攻坚督查巡查工作办法》《精准扶贫档案管理办法》等纲领性、制度性文件的出台,脱贫攻坚的一系列政策体系逐步成型,基本制度框架逐步建立起来,国家的顶层设计基本完成。在此基础上,国务院扶贫办、国务院扶贫开发领导小组也发布了相应的意见、通知,进一步细化了脱贫攻坚的运行体系,保证了脱贫攻坚的顺利开展。在实践中,各地聚焦于"精准",以中央提出的相关精神为指导,因地制宜地开展扶贫攻坚工作,使"精准"落地生根。具体而言,主要从以下三方面实施:

第一,精准识别贫困人口。扶贫必须先"识贫",这是避免扶贫工作盲目进行、有效提高扶贫效度的前提。精准识别扶贫对象直接关系到扶贫的效果。过去粗放型的扶贫方式存在很多盲点,比如,长期摸不清贫困户的底数、扶贫举措针对性不强、扶贫资金发放"天女散花",导致一些真正的贫困户反而得不到帮扶。精准扶贫首先要求做到严格识别贫困户,把真正的贫困户甄别出来,确定帮扶对象。这就要求扶贫干部必须练就深厚的本领,善于深入群众中调查研究,反复核对数据,详细了解情况,勤于查缺补漏,认真分析研判,精准掌握贫困户的情况。习近平总书记告诫党员干部必须勇于直面矛盾,敢于担当责任,善于解决问题,不搞"假大空",要多下基层调查研究、掌握第一手情况,多进行系统思考和解决存在的突出问题。他说:"党政一把手要当好扶贫开发工作第一责任人,深入贫困乡村调查研究,亲自部署和协调任务落实。"①

如何精准识别扶贫对象,各地积累了不少成功经验,建立了较规范化的操作程序。2015年,习近平总书记在中央扶贫开发工作会议上专门介绍了甘肃的做法,认为这样的探索值得"积极提倡"。甘肃在识别贫困对象上,摸索制定了一套严格的操作流程。即:对贫困户建档立卡→绘制贫困地图→摸准贫困人口的详细情况→采取针对性的措施帮助脱贫→按图销号。贵州省威宁自治县迤那镇五星村对贫困户的识别采取了"四看"法,成功将贫困户甄别出来。"四看"为:一是看住房条件,住房最能反映一

---

① 新华社:《确保农村贫困人口二〇二〇年脱贫》,《新华日报》2015年6月20日第1版。

个家庭的经济状况;二是看农户家里的粮食储备情况,粮食是最基本的生存资料;三是看农户家劳动力的健康状况,主要劳动力是家庭的顶梁柱,其身体状况直接影响家里的经济状况;四是看农户家是否有在读学生,在校生的学习支出是家庭开支的重要部分。湖南省花垣县十八洞村则探索了"七步法"的识别程序:贫困户提出申请、群众评议、三级会审、公告公示、乡镇审核、县级审批、入户登记。同时,为防止评定过程中优亲、厚友等不良风气的产生,贫困户的评定由群众民主评议,接受群众监督,保证了群众对评定结果的信服。

第二,找准"贫根",精准发力。扶贫的根本目的在于脱贫。精准发力的前提是要找准贫困的根源,准确掌握致贫的原因,并针对贫困人口的不同状况,对症下药,才能减少盲目性,增强针对性,提高扶贫的实效性。习近平总书记要求扶贫干部在搞清楚致贫原因的基础上,"因户施策、因人施策"。在具体实践中,各地立足于本地实际,在充分收集、分析致贫原因的基础上,对致贫原因进行了归类,以便有针对性的帮扶。例如,云南省总结了本地致贫的主要原因,如缺水、缺地、缺劳动力、缺资金、缺技术和因病、因残、因学致贫等,在分类的基础上对贫困户建档立卡进行分类管理,确保分类施策。

脱贫攻坚要达到预期的效果,找准路子至关重要。习近平总书记指出:"关键是要找准路子、构建好的体制机制,在精准施策上出实招、在精准推进上下实功、在精准落地上见实效。"[①] 精准扶贫最根本的目标在于采取针对性措施破解贫困难题,祛除贫困。精准选择和发展扶贫产业是实现脱贫的根本路径。党的十八大以来,各地根据本地资源禀赋的实际情况对症下药,因地制宜选择适宜的产业发展路子,制定切合实际的产业发展规划,坚持"一把钥匙开一把锁",实事求是安排产业项目。在产业项目的安排上,各地坚持走绿色发展之路,选择可持续性的产业,绿色扶贫产业遍地开花,实现了扶贫效果的最优化。例如,一些地方通过整合本地的旅游文化资源,打造旅游文化产业,大力发展绿色环保项目,带动农家乐、民宿等旅游附加产业的繁荣。有的地方通过扶持当地龙头企业,形成绿色发展产业链,既增加了农民收入,又保持了良好的生态环境。

在因地制宜发展扶贫产业的同时,扶贫工作着眼于长远,祛除"贫

---

① 《习近平谈治国理政》第2卷,外文出版社2017年版,第84页。

根"。祛除"贫根"首要的是要祛除致贫的思想根源,就是人们常说的"扶贫先扶智""治贫先治愚"。一方面必须催生贫困户脱贫致富的内生动力,提升贫困人口的精气神,激发他们艰苦奋斗的动力,彻底破除"等靠要"的不良思想。在实践中,扶贫干部充分认识到了"扶贫先扶志"的重要性,采取教育、文化宣传、娱乐活动、谈心等多样化的形式激发贫困人员奋发向上的斗志。同时通过发挥脱贫典型人物的示范带动作用,引导贫困户向脱贫榜样人物学习,增强他们脱贫的信心,激发他们脱贫的热情,产生了积极的效果。另一方面则是通过发展贫困地区的教育事业,让贫困家庭的孩子接受良好的基础教育,切断贫困的代际传播。贫困地区要从根本上摆脱贫困,必须坚持"治贫先治愚",狠抓教育事业,从根本上改变下一代人的思想和生活状况。习近平总书记指出,"下一代要过上好生活,首先要有文化,这样将来他们的发展就完全不同"[1],"把贫困地区孩子培养出来,这才是根本的扶贫之策"[2]。为从根本上阻断贫困的代际传递,中共中央、国务院出台的《关于打赢脱贫攻坚战的决定》中,提出要让贫困家庭的孩子都能接受公平、有质量的教育,大力强化教育脱贫,加快实施教育扶贫工程,努力把贫困地区下一代的教育工作做好。政策上,国家对贫困地区的教育提供专项资金支持,教育资金不断向贫困地区基础教育倾斜,努力改善贫困地区义务教育的基本办学条件。此外,各地在扶贫工作中更加注重增强贫困户的造血功能,坚持"授之以渔",强化贫困户的自我发展能力,推动扶贫产业的可持续发展,促进脱贫效果的可持续性。

第三,精准考核评价扶贫效果。考核评价是扶贫工作的重要一环,是对扶贫效果的检验和反馈。党的十八大以来,中央高度重视对干部考核评价制度的完善,逐步建立起一套系统完备、科学规范和行之有效的综合性考核评价体系。在对扶贫工作的考核中,中央要求以扶贫的实际效果为依据,客观评价扶贫干部的工作实绩。根据中央的指示精神,各地坚持从本地实际出发,纷纷出台扶贫工作考核办法,围绕扶贫工作实绩完善考核评价指标体系,突出考核评价重点。例如,江苏省出台的《关于扶贫工作队员的考核办法(试行)》明确了扶贫工作考核要以扶贫干部在实施"千村万户帮扶"和经济薄弱村"八有"建设等扶贫项目中的履职情况和实际成

---

[1] 习近平:《做焦裕禄式的县委书记》,中央文献出版社2015年版,第24页。
[2] 习近平:《做焦裕禄式的县委书记》,中央文献出版社2015年版,第24页。

效为重点。河北省制定的《市级党委和政府扶贫开发工作成效考核办法》提出考核工作"围绕落实精准扶贫、精准脱贫基本方略,坚持立足实际、突出重点,注重考核工作成效"[1]。广西壮族自治区印发的《县级党委和政府扶贫开发工作成效考核办法》围绕脱贫攻坚这一主要目标任务设置考核指标,也突出了对扶贫工作实际成效的考核。

在实践中,各地紧紧围绕扶贫工作实际创新考核方法,实施精准化考核评价,科学、有序地推进了考核评价工作的顺利开展。陕西省组成精干考核工作小组深入贫困村了解干部扶贫工作实绩。通过实地考察、考核对象报告、与扶贫对象谈心谈话等方式收集信息,科学分析和研判扶贫工作的实际情况和成效,有效提升了考核结果的可信度和精准性。湖南省把驻村帮扶任务的完成情况作为对驻村干部和驻村帮扶工作队考核的重点。考核工作在省扶贫开发领导小组的统一领导下坚持年度考核与总验收相结合,实行"一年一考核、三年总验收"。以工作实绩为依据精准划分考核等级,并根据等级精准采取奖惩措施。河北省则采取平时考核与集中考核相结合的方式,平时考核以督促检查扶贫开发重点工作的方式展开,集中考核每年一次,年底进行。考核按照工作实际,对照考核指标严格打分,精准量化,在此基础上作出综合性评价。内蒙古通过构建立体式、全方位的扶贫工作考评体系,开创了以"口碑验实绩"的做法,较全面地了解和掌握了扶贫干部的工作实绩,具有鲜明特色。所谓"口碑验实绩"就是在扶贫干部述职和自评的基础上,考核小组深入实地通过现场观摩,以现场看、现场听、现场评的方式了解群众的公认度,用群众的"口碑"验证扶贫工作实绩。在评定等次时,坚持定量与定性评价的有机结合,既重视得分排序,又不机械地唯得分是从。在实践中,还有的地方为提高扶贫工作的有效性,避免扶贫考核走过场、流于形式和弄虚作假,积极引入第三方评估力量,强化了对扶贫工作的考核评价和监督。总之,以实绩为核心的考核评价体系体现了考核评价工作的导向和价值,促使各地的扶贫工作把主要精力放在如何帮助贫困人口摆脱贫困、解决贫困户的现实困难上,有效杜绝了扶贫工作中的"表格脱贫""数字脱贫"等形式主义作风。

---

[1] 本报讯:《省委办公厅省政府办公厅印发〈河北省市级党委和政府扶贫开发工作成效考核办法〉》,《河北日报》2017 年 1 月 8 日第 2 版。

二 发展社会保障事业

社会保障对人民的基本生活起着重要的保障作用,是民生的安全网。我国从20世纪90年代起对社会保障制度进行了改革,逐步建立起了社会保障体系的基本框架。我国的社会保障体系主要包括基础保障、重点保障和辅助性保障三个层面的内容。其中,社会保险、社会福利和社会救助是整个社会保障体系的基础;基本医疗保险、基本养老保险和最低生活保障构成了我国社会保障体系的重点和核心;慈善事业和个人储蓄积累等辅助性保障则成为我国社会保障体系的重要补充。

党的十八大以来,党和政府继续推进社会保障领域的改革,进一步健全我国的社会保障体系。为了促进新时代社保事业的健康发展,国家不仅确立了"兜底线、织密网、建机制"的总体思路,而且提出了社会保障体系建设的具体要求。党的十九大报告提出要"全面建成覆盖全民、城乡统筹、权责清晰、保障适度、可持续的多层次社会保障体系"[①],为推进当代中国社会保障事业的发展提供了根本遵循。按照"覆盖全民、城乡统筹"的要求,党和政府致力于打破既有的城乡参保者身份界限,逐步缩小城乡间的差异,扩大社会保障的覆盖面,使全体人民平等地享有社会保障权利。根据"权责清晰、保障适度、可持续发展"的原则,我国在社会保障事业的发展过程中不断明确社会、单位和个人的权责,既立足于当前,又着眼于长远,将社会保障事业的当前发展与长远规划有机统一起来。新时代,全球最大的社保体系在中国已经建立起来,标志着我国社保事业的发展进入新的阶段。具体而言,新时代我国社会保障事业的发展主要体现在以下几方面:

第一,深入推进全民参保计划。2014年,国务院《关于统筹推进城乡社会保障体系建设工作情况的报告》提出要实施"全民参保登记计划"。2015年,中共中央关于制定第十三个五年规划建议中提出了实施"全民参保计划"的建议。党的十九大报告提出"全面实施全民参保计划",至此,全民参保上升为党和国家的重大战略。"全民参保计划"是落实党的十九大提出的建立覆盖全民社会保障体系的重要举措。所谓全民参保,就是不论地域、职业、年龄,只要符合参保法定条件,就一个不落地纳入社会保

---

① 《习近平谈治国理政》第3卷,外文出版社2020年版,第37页。

障体系中，做到"应保尽保"。党的十九大后，我国全面参保的制度体系已经逐步搭建起来，各地在实践中大力推进全面参保，将推动广大农民工、自由职业者、微小企业员工和未参保居民等人群纳入社会保障作为工作的重点，努力实现社会保障在人群上的全覆盖。经过几年的努力，我国绝大多数法定人员已按要求参加了社会保险。

第二，进一步推进医疗保险事业的发展。保障人民"病有所医"是基本的民生，是尊重生命、重视人民健康的直接体现。满足人民群众的基本医疗需求有赖于医疗保险制度的不断完善。党的十八大以来，我国进一步完善医疗保险制度，初步实现了全民医保。2016年，我国开始对城乡基本医疗保险事业进行整合，社会保障的城乡界限和参保人员的身份标识逐步被打破，医疗费用的报销更加公平合理。同时，在全国范围内建立起大病保险制度，很大程度上缓解了人民群众"看病难""看病贵"的状况。此外，政府还对医保异地就医结算制度进行了改革完善，建立了全国性的医保异地就医结算网络，实行异地就医住院费用直接结算，给人民群众带来了极大的便利。经过改革，党的十八大以来，我国基本医疗保险事业稳步发展，保障了人民群众基本的民生权益。据统计，截至2018年底，我国"基本医疗保险覆盖人数超过13亿人"[1]，医保的报销比例逐步增加，2019年"三项基本医疗保险平均报销比例达到70%"[2]。随着我国基本医疗保险制度的建立和不断完善，特别是全民参保计划实施以来，医保参保覆盖率一直保持在95%以上的较高水平，为保障公民依法享有基本医保权益发挥了重要作用。

尽管我国已实现了绝大多数人参加基本医疗保险，但经济社会发展进入新阶段后，参保工作面临新的形势，在实际操作层面还存在一些亟待解决的问题。一是在深入推进新型城镇化的进程中，城乡间、区域间的人口流动越来越频繁，就业形态越来越多样化，医保工作面临如何适应形势的变化，妥善解决流动人员和重点人群参保衔接的问题。二是如何进一步规范参保基础信息的采集、统一校验，解决不必要重复参保的问题。为了进一步推动"全民参保计划"的有效实施，2021年国家医保局、财政部、国家税务总局三部门联合发布了《关于加强和改进基本医疗保险参保工作

---

[1] 李心萍：《托起稳稳的幸福》，《人民日报》2019年9月12日第9版。
[2] 李心萍：《托起稳稳的幸福》，《人民日报》2019年9月12日第9版。

的指导意见》，提出了落实全民参保计划的主要原则、目标和重点任务。《指导意见》提出深入推进全国统一的医疗保障信息平台建设，从2021年起实现全国参保信息的互联互通、动态更新和实时查询，到2025年确保基本医保参保率稳中有升，管理服务水平明显提升。《指导意见》还明确了今后工作的主要任务，即合理设定参保扩面目标，做好跨制度参保的待遇衔接，落实参保缴费政策，完善个人参保缴费服务机制，有序清理重复参保和加强财政补助资金管理服务。为顺利达到上述目标，圆满完成工作任务，必须坚持全面覆盖、分类完善、优化服务和依托技术提高服务质量等四项原则。

第三，进一步推动养老保险事业的发展。我国的养老保险制度坚持社会统筹与个人账户相结合。自20世纪80年代中期养老保险制度改革以来，我国的养老保险事业得到长足的发展。截至2016年底，我国基本养老保险参保人数为八亿八千万人[1]，实现了基本养老保险的"广泛覆盖"。从未参保人员的构成来看，主要是以农民工为主体的从业人群。针对未参保人员的特点，人社部通过推进全民参保登记计划，在动态跟踪和分析未参保人员详细信息的基础上，采取有效措施扩大参保覆盖面。2022年，我国"基本养老保险覆盖十亿四千万人"[2]，实现了基本养老保险的"全覆盖"。

为推动养老保险事业健康、稳定发展，党的十八大以来，国家相关部门有针对性地出台了一些新的政策措施，积极推进养老保险制度改革。新时代，国家积极推进了养老保险转移接续制度的衔接改革。2014年出台的《国务院关于建立统一的城乡居民基本养老保险制度的意见》对参保的城乡居民户籍发生变动后养老保险关系如何处理作出了原则规定。《意见》指出，城乡参保人员如在缴费期间发生户籍迁移，可申请转移养老保险关系，如已按规定领取养老保险待遇，养老保险关系不转移。以原有城乡居民养老保险为基础，通过资源整合，全面推行城乡一体化的居民基本养老保险制度。国家启动了养老保险基金的投资运营，提高企业退休职工的基本养老金水平。开启了"基本养老金中央调剂制度"，迈出了养老保险全国统筹的第一步。进一步推动企业建立职业年金。2018年，新制定的《企

---

[1] 白天亮：《社会保障体系建设如何加强》，《人民日报》2017年10月31日第13版。
[2] 习近平：《高举中国特色社会主义伟大旗帜　为全面建设社会主义现代化国家而团结奋斗——在中国共产党第二十次全国代表大会上的报告》，人民出版社2022年版，第11页。

业年金办法》施行。同时，中央各部委和地方政府还相继出台了一些辅助性的法规。企业年金作为企业职工养老的重要补充，与基本养老保险一起构成了企业职工养老保险体系的两个层次。据统计，"2016年全国有7.63万户企业建立了企业年金，比上年增长了1.1%。参加职工人数为2325万人，比上年增长了0.4%。年末企业年金基金累计结存11075亿元"①。国家还大力推进机关事业单位的养老保险制度改革。党的十八大以来，我国已逐步建立起了中国特色养老服务体系，截至2019年上半年，我国建立了近3万个各式养老机构，拥有近15万个社区养老服务设施。②

第四，进一步统筹城乡社会救助体系，推动了社会救助的法制化和规范化。党的十八大以来，我国的社会救助事业逐步走上规范化、制度化的发展轨道，显著提高了社会救助的法制化水平。2014年国务院发布了我国首部对社会救助事业进行统筹管理的行政法规，夯实了社会救助规范化的制度基础。与此同时，我国不断完善低保的规范管理制度，稳步推进社会慈善、社会福利和社会优抚事业的发展，提高社会救助水平。进一步完善最低生活保障制度，维护社会救助的公平性。最低生活保障构成了我国社会救济体系的基础，是对脱贫攻坚的有机衔接。党的十八大以来，全国每年约有6000万贫困群众享受了最低生活保障，高度凸显了社会保障的民生兜底作用。最低生活保障制度的完善，对于维护社会救助的公平性起到了重要的作用。为保障残疾人这一特殊群体的基本生活，国务院于2015年专门出台了《关于加快推进残疾人小康进程的意见》，要求既要在普惠性的政策措施中公平对待残疾人，又强调要以特惠性的制度措施确保对残疾人的优先保障和特别扶持。党的二十大提出，要健全分层分类的社会救助体系，"完善残疾人社会保障制度和关爱服务体系，促进残疾人事业全面发展"③。

三　促进充分就业

就业乃民生之本，关系到每个家庭的基本生活保障。党的十八大以来，党坚持以人民为中心的民生建设理念，把促进就业作为民生建设的重

---

① 赵姗：《社会保障体系建设如何加强》，《中国经济时报》2017年12月6日第4版。
② 邱超奕：《70年民生保障网越织越牢》，《人民日报》2019年9月27日第2版。
③ 习近平：《高举中国特色社会主义伟大旗帜　为全面建设社会主义现代化国家而团结奋斗——在中国共产党第二十次全国代表大会上的报告》，人民出版社2022年版，第48页。

要内容。习近平总书记多次强调，要实施好就业优先政策，把就业这个最大的民生底线兜牢。中央政府高度重视就业问题，每年的《政府工作报告》都将就业问题作为重要的工作任务进行谋划和部署，深刻贯彻了以人民为中心的民生建设理念。特别是新冠肺炎疫情暴发以来，党和国家坚持了民生建设实践主体与价值主体的统一，把稳就业作为优先工作，保障基本民生。在 2020 年的《政府工作报告》中，虽然李克强总理没有明确提及 2020 年度的经济增长指标，但却提出了优先稳就业、打赢脱贫攻坚等民生工作的明确要求。《政府工作报告》还宣布了新增就业、控制居民消费价格涨幅等具体保障民生的举措，充分彰显了党和政府执政为民的本质。

党的十八大以来，国家实施就业优先政策，首次从宏观政策层面引导和强化就业导向，努力缓解外部环境变化带来的就业压力。政府在宏观政策上坚持就业优先，把稳定和扩大就业作为宏观调控的重要内容，以增加就业作为产业宏观调控的基本依据，推动形成聚力支持就业的产业政策。中央进一步强化了经济社会发展规划的实施、产业结构的调整和优化、区域发展规划和重大工程项目的实施对就业的影响。国家进一步推进就业信息化建设，加强就业需求调查，对就业走势进行动态观察和研判，健全失业预警监测机制，为政府的宏观决策和政策制定提供信息支持。进一步健全了就业公共服务体系，打造更加便捷、高效的全方位就业公共服务体系。进一步强化了政府对就业服务的指导，为劳动者提供职业技能培训和就业信息。截至 2021 年初，"全国县（区）以上普遍设立了就业公共服务机构，超过 98% 的街道、乡镇建立了服务窗口，提供登记招聘、登记求职、职业指导、职业介绍、创业指导等免费服务。"[①] 支持多渠道灵活就业，各地充分运用网络新技术发展新的就业形态，努力增加就业岗位。积极营造良好的创新创业环境，简化办事程序，为自主创业人群提供政策支持和税收优惠。据 2018 年《政府工作报告》披露，2013—2018 年，我国有 0.66 亿劳动力成为城镇新增就业人员，基本实现了全国劳动力比较充分的就业。从 2012—2022 年，"城镇新增就业年均一千三百万人以上"[②]。

[①] 张纪南：《强化就业优先政策》，《中国劳动保障报》2021 年 1 月 20 日第 1 版。
[②] 习近平：《高举中国特色社会主义伟大旗帜　为全面建设社会主义现代化国家而团结奋斗——在中国共产党第二十次全国代表大会上的报告》，人民出版社 2022 年版，第 5 页。

第六章 新时代民生建设的具体实践

党和政府尤其重视重点人群的就业问题，对重点就业群体制定了针对性的政策和措施。青年是就业的主体，为了保障青年的稳定就业，党和国家专门制定了《中长期青年发展规划（2016—2025年）》。《规划》高度重视维护青年的就业权益，要求充分保障青年的薪资、社保、劳保等合法权益。《规划》强调要进一步完善青年创业服务体系，鼓励、支持和推动青年的自主创业。《规划》指出，大中专毕业生是青年的重要组成部分，是国家的宝贵人才，必须保持这一群体较高的就业水平。按照《规划》的部署，政府采取了一系列措施促进大中专毕业生的就业。2014年，国家启动实施了"大学生实习计划"，在全国范围内遴选一批大学生到中央国家机关实习工作一个月，为青年学生提供了难得的锻炼机会。2019年，这一计划全面拓展，实现了为更多学生提供职业体验和熟悉工作岗位的目标。同时，团中央组织开展了贫困学生就业专项帮扶行动，力争通过发挥各级团委的组织、资源优势，专项帮扶10万名建档立卡贫困户毕业生实现就业。此外，人社部、团中央还通过举办各类全国性的青年职业技能赛事来提高学生职业技能，助推青年就业、创业。有关部门还通过政策引导、榜样示范等方式积极引导毕业生到基层、到农村去建功立业，既能够发挥青年学生的专长，又有助于促进就业。2020年，党的十九届五中全会通过的《中共中央关于制定国民经济和社会发展第十四个五年规划和二〇三五年远景目标的建议》要求着力做好高校毕业生等青年就业工作。《建议》指出，高校毕业生的就业关系到社会和谐和国家的长远发展，各地要下功夫改善供需矛盾，既要努力创造更多适合毕业生的知识型、技术型、创新型岗位，又要不断优化大学毕业生本身的素质，使其能够更好地适应市场需求和企业的实际需要。《建议》再次强调要加大对就业困难青年的帮扶，采取切实有力措施帮助他们更快就业和更好择业。2022年5月，国务院专门就青年就业问题进行了部署，下发了《关于进一步做好高校毕业生等青年就业创业工作的通知》，鼓励各地出台更多的支持政策进一步促进高校毕业生等青年就业和创业。

农民工是我国人数最多的劳动力群体，全国约有3亿人，其中约有一半是20世纪80年代后出生的精壮劳动力。为了实现农民工在产业转型升级中充分就业，政府实施了一系列促进农民工就业的保障措施。在政策层面，国家陆续出台了一整套政策，旨在保障农民工接受教育、培训的基本权益。2017年中共中央、国务院印发了《新时期产业工人队伍建设改革方案》、2018年国务院发布了《国务院关于推行终身职业技能培训制度的意见》、2019年人社部制定了《新生代农民工职业技能提升计划（2019—2022年）》，这些文件的发布从根本上保障了农民工的教育和培训权益。在实际操作层面，政府切实加大了对农民工技能培训的扶持力度。党的十八大以来，全国由政府补贴开展的农民工职业技能培训累计达到近4000万人次，其中接受非农职业技能培训的约占三成。除了加大对农民工职业技能培训的扶持，党和政府还十分重视保护农民工的薪资权益，下大力气整治拖欠农民工工资的恶劣行为。国务院和人社部分别于2016年和2017年出台了《关于全面治理拖欠农民工工资问题的意见》《拖欠农民工工资"黑名单"管理暂行办法》，为打击拖欠农民工工资的不法行为提供了根本指导。据有关方面统计，仅2018年一年就查处了拖欠农民工薪资的违法案件8.6万起，追回被拖欠的薪资报酬160多亿元人民币，有力地捍卫了农民工的合法权益。

退役军人是一个特殊的群体，就业是保障退役军人民生权益的重要体现，必须高度重视。2018年我国专门制定、出台了《关于促进新时代退役军人就业创业工作的意见》，要求保障退役军人就业创业的优先权。《意见》还要求强化对退役军人的就业服务指导，通过教育、培训等途径提升退役军人的就业创业能力。《中共中央关于制定国民经济和社会发展第十四个五年规划和二〇三五年远景目标的建议》提出对退役军人的就业实施优惠扶持政策，采取有针对性的措施强化对他们就业创业的服务，提升其就业能力。总之，在相关制度的安排下，退役军人的就业创业平稳有序，有力地保障了退役军人这一特殊群体的就业权利。

四 发展高质量教育事业

办好人民满意的教育是新时代民生建设的重要内容。党的十八大以来，党和政府对建设教育强国，推进教育的现代化进行了全面部署。党和政府从国家发展的战略高度，坚持把教育事业摆在优先发展的地位，教育发展取得了新的突破，教育质量不断提高，不断满足人民对优质教育的需求。当前，我国教育事业发展的总体水平已处于全球中上行列。"我国已建立起世界规模最大的教育体系，拥有各级各类学校51.9万所、各级各类教育在校生2.76亿人、各级各类专任教师1670多万人。"① 党的十八大以来，党和政府为推动教育事业的高质量发展采取了一系列措施。

第一，进一步强化教育管理的信息化。加强对教育事业的管理是发展高质量教育，办好人民满意教育的重要条件。教育信息化是世界的基本趋势，教育管理的信息化顺应了教育信息化的根本要求。党的十八大以来，政府高度重视教育管理的信息化。2013年，教育部、财政部、人社部三部门联合发出了《关于进一步加强教育管理信息化工作的通知》，对教育管理的信息化建设进行全面部署。《通知》印发后，三部门召开了联合会议，提出了教育管理信息化建设的总体目标，要求在2013年底教育管理公共服务平台的建设取得突破性进展。

教育管理公共服务平台建设是教育管理信息化的基本依托，它有三大基本任务。一是建立基础数据库，即建立以教师、学生、学校为核心的基础数据库，并对数据实施动态更新；二是建立管理信息系统，实现对教育信息的动态监测和管理；三是建立决策服务系统，为教育决策提供及时、有效的信息。教育部、财政部、人社部三部门联合会议的召开，为教育管理公共服务平台建设吹响了号角。在基础数据库建设方面，为每一位教师、每一名学生、每一所学校建立电子档案的进程明显加快。在管理信息系统建设方面，2013年年底完成了全国教师管理信息系统、全国学前教育管理信息系统、全国中小学生学籍信息管理系统、全国中等职业学校学生管理信息系统等数据的入库工作。随着全国中小学生学籍信息管理系统的建成，通过网络在全国范围内进行数据共享，基本实现了对学生学籍、升学、转学等信息的动态管理。

第二，增加学前教育资源的投入。党的十八大以来，针对全国普遍存在的学前教育资源短缺，幼儿入园难、入园贵的问题，国家加大了对学前教育资源的投入。在幼儿园设置方面，一大批普惠性幼儿园在城镇新建小区建成，实现了对"二孩""三孩"政策的有效衔接。在集中连片特困地区，国家本着"一个不能少"的原则和"幼有所育"的理念进一步加大了对幼儿园的建设力度，一定程度上缓解了"入园难、入园贵"的问题。在经费保障方面，在中央政府的大力推动下，各地加快了对学前教育经费保障机制的建立和完善，学前教育经费分担机制逐步建立起来。在师资补充

---

① 邱超奕：《70年民生保障网越织越牢》，《人民日报》2019年9月27日第2版。

方面，在学前教育经费保障机制的作用下，较有效缓解了幼师薪酬来源等难题，保障了幼儿教师的顺利补充。

第三，推进城乡义务教育的均衡发展。党的十八大以来，国家大力解决城乡义务教育发展不均衡的矛盾，推进城乡义务教育的一体化发展。教育资源配置的不合理是导致城乡义务教育发展不均衡的重要因素。因此，国家在教育资源的投入上加大了对农村地区尤其是农村贫困地区的倾斜。国家专门针对革命老区、中西部贫困农村、边远山村、民族村寨等区域的教育难题精准发力，加大对这些地方教育的财政扶持力度，确保当地适龄学生平等享有义务教育公共资源。在财政性教育经费的使用上，国家也坚持向中西部农村重点区域、特定群体以及农村义务教育的关键领域、薄弱环节倾斜。据相关部门统计，2013—2018年，"全国一般公共预算教育支出累计12.95万亿元，年均增长8.2%，是一般公共预算第一大支出。2017年国家财政性教育经费占国内生产总值的比例为4.14%，连续六年保持在4%以上，一半以上用于义务教育，一半以上用于中西部地区"[1]。新时代，随着"农村义务教育学生营养改善计划"的深入实施，极大地改善了西部农村地区儿童的体质。据媒体报道，内蒙古自治区兴安盟扎赉特旗得益于农村义务教育学生营养改善计划，学生贫血率大幅下降，从2012年的20%下降到2018年的2%左右。[2] 在国家不断加大对农村贫困地区教育资源投入的基础上，农村地区因贫失学、辍学的现象得到根本遏制。

第四，进一步优化了高等教育结构。高等教育对国家发展具有举足轻重的作用，尤其是对促进国家科技进步意义重大。高校是高等教育的主体，也是科技研发的重要部门。作为全球第二大经济体，党的十八大以来，中国的国际地位和影响力发生了深刻的变化。在科技领域诸多方面已达到世界先进水平，个别方面甚至以"领跑者"的姿态傲视群雄。但我们也应当看到，在高新技术领域甚至基本民生领域，还存在不少关键技术被"卡脖子"。中国要成为世界科技强国，必须加快科技领域的创新。高校作为高等教育的主体和科技研发的重要部门，提升高等教育质量，加快科技

---

[1] 《坚持中国特色社会主义教育发展道路——全国教育大会发言摘编》，《人民日报》2018年9月13日第10版。

[2] 周玮等：《办好人民满意的新时代教育——社会各界畅议习近平总书记在全国教育大会上的重要讲话》，《团结报》2018年9月15日第4版。

创新，建设科技强国，都迫切要求大力推进高校建设，优化高等教育结构。为此，党的十八大以来，国家及时推进了"双一流"建设，旨在全国高校中建设一批世界一流大学、一流学科。经过评估，2017年国家公布了首批137所"双一流"建设高校和465个建设学科名单，并对"双一流"建设高校和学科进行专项财政支持。"双一流"建设工程实施以来，高校打破了原来的身份固化，纷纷抢抓发展机遇，带动了我国整个高等教育事业的发展。入选"双一流"的建设学科得到较显著的提升，催生出一批原创性的科研成果，并加速了科研成果的转化，增强了高校服务经济社会的能力。

高职教育是我国高等教育的重要组成部分，大力发展高职教育顺应了我国经济社会发展对专业型高素质劳动力的需求，对促进就业具有重要意义。为了满足新时代我国经济社会发展对高素质技术工人的需求，从2019年开始，国家实行为期三年的高职扩招计划。高职扩招的主要对象为退役军人、下岗失业人员、农民工、新型职业农民等群体，2019年计划扩招100万人。2020年《政府工作报告》提出，国家继续实行高职扩招，全国计划招收200万社会人员进入高职院校学习，比2019年进一步扩大了招生数额。高职扩招计划的实施，进一步缓解了我国技术工人短缺的难题，对我国的经济转型起到了推动作用。

五　深入推进城镇保障住房和农村危房改造项目

党的十八大以来，为了满足人民群众的住房需求，实现人民"住有所居"，政府进一步完善了住房保障供应体系。新时代，党中央对房子进行了明确定位，"坚持房子是用来住的、不是用来炒的"[①]，实现了房子属性的返璞归真。坚持"住房不炒"有助于祛魅房子的资本属性，使房屋重新回到居住的基本属性上来，为政府打击市场投机、抑制炒房指明了政策取向。在对房子属性重新定位的基础上，政府加快了住房保障供应体系建设，拓宽了住房保障范围和供应渠道，形成了由政府提供基本住房保障，由市场满足多层次住房需求的格局。

为了解决困难群众的住房问题，政府加快推进保障性住房建设，大力发展保障性安居工程，做好住房兜底工作。在政策的协调、指导方面，住

---

① 《习近平谈治国理政》第2卷，外文出版社2017年版，第367页。

房和城乡建设部加强同有关部门的沟通、协调,确保了中央政府关于城镇保障住房的相关政策得到充分的贯彻和落实。在住房用地审批方面,自然资源部本着"应保尽保"的原则,对保障性住房建设用地全力保障,严格要求地方政府不折不扣地落实中央政策。在资金保障和监管方面,国家发改委与财政部通力配合,确保了国家补助金、专项建设基金及时下拨到位,同时对各地资金的使用情况加强了监督管理。为了保证专项资金的合规、有效使用,审计部门对保障性安居工程开展了专项审计,有效提高了专项资金的使用效率。各地方政府根据本地实际,在强化管理,分解工作责任的基础上加大了资金投入,进一步健全了土地、金融、财政、税费减免等配套措施。

党的十八大以来,我国城镇保障性住房跨入了大规模建设阶段,已经形成了经济适用房、公租房、廉租房和限价商品房等多种类型的保障房销售、租赁模式。数据显示,截至2018年底,在全国总计开发的7000万套安居工程保障性住房中,经济适用房占比约8%,公租房、廉租房所占比重达23%,限价商品房占4%,棚改安置房占比最大,高达64.6%。[①] 城镇保障性住房建设不仅在一定程度上缓解了城镇人口的住房难题,更重要的是对城市困难家庭实现了住房的民生兜底。据住建部统计,截至2018年底,城镇保障性安居工程总计解决了两亿困难群众的住房难题,3700多万困难群众住上公租房,另有2200多万困难群众接受了政府的房屋租赁补贴,5000多万城镇低收入群众住上了经济适用房,1亿棚户居民搬进了楼房。

为了保证农村贫困人口的住房安全,政府实施了农村危房改造项目。国家明确规定了农村危房改造项目的四类受惠对象,明确提出"集中支持建档立卡贫困户、低保户、分散供养特困人员和贫困残疾人家庭等重点对象"[②]。在财政支持上,中央政府专门划拨了补助金用于各地农村危房改造,省、市、县各级政府也对农村危房改造进行了财政补贴。例如,甘肃省为推进甘肃省农村新增危房改造,2020年3月初,中央政府和甘肃省下

[①] 邱玥:《住房保障,帮助百姓安居圆梦——我国住房保障成就综述》,《光明日报》2019年8月15日第10版。

[②] 中共中央党史和文献研究院:《十八大以来重要文献选编》(下),中央文献出版社2018年版,第539页。

达了 6.85 亿元的补助资金专门用于农村新增危房改造。① 在补助金的发放上，为了保证专款专用，国家实行先盖房子，再发放补贴的流程。党的十八大以来，截至 2020 年上半年，我国已累计为三类重点对象 1794 万户家庭实施了危房改造。截至 2020 年 4 月，全国尚有 1.356 万户危房改造项目没有完成，其中包括 2019 年建档立卡危房改造贫困户 2260 户未竣工，各地在"回头看"排查中新增的贫困户危房改造 1.13 万户正在施工中。② 国家要求尚未完成的危房改造项目必须在 2020 年 6 月底前竣工。2020 年 5 月，住建部对剩余的农村危房改造扫尾任务进行了挂牌督战，有力地推动了农村危房改造项目的顺利完成。总之，从党的十八大到党的二十大，十年间，我国"改造棚户区住房四千二百多万套，改造农村危房二千四百多万户，城乡居民住房条件明显改善"③。

第二节 生态民生建设的具体实践

生态民生是民生建设的重要内容。党的十八大以来，人民群众对良好生态环境的诉求日益强烈。顺应人民对优美生态环境的需求，党和政府把生态民生建设摆在突出的位置，采取了一系列重大实践举措，生态民生短板正逐步补齐。

一 集中精力解决人民群众反映强烈的突出生态环境问题

中国经过 40 多年的经济高速增长，在物质民生得到巨大改善的同时，也出现了突出的生态环境问题，严重损害了人民群众的民生福祉。习近平总书记强调，必须解决危害人民群众健康的突出生态环境问题，并将其作为民生建设的重要一环。党的十八大以来，党和政府把解决人民群众反映强烈的突出环境问题作为改善生态环境的优先领域，坚决打赢污染防治攻

---

① 王琰田：《6.85 亿元补助资金助力甘肃危房改造》，《中国建材报》2020 年 3 月 9 日第 1 版。
② 龚后雨：《让贫困人口不住危房——住房和城乡建设部扶贫办负责人谈脱贫攻坚农村危房改造挂牌督战》，《中国建设报》2020 年 5 月 7 日第 1 版。
③ 习近平：《高举中国特色社会主义伟大旗帜 为全面建设社会主义现代化国家而团结奋斗——在中国共产党第二十次全国代表大会上的报告》，人民出版社 2022 年版，第 11 页。

坚战。2018年出台的《中共中央国务院关于全面加强生态环境保护坚决打好污染防治攻坚战的意见》提出，坚决打赢蓝天保卫战，着力打好碧水保卫战，扎实推进净土保卫战。2021年11月，中共中央、国务院发布了《关于深入打好污染防治攻坚战的意见》，为深入打好污染防治攻坚战提供了根本指导。全国各地集中力量将污染防治攻坚战推向纵深，大力整治污染防治的沉疴痼疾，实现污染防治攻坚战阶段性目标。

（一）实施大气污染防治，打赢蓝天保卫战

党的十八大以来，国家进一步加强对大气污染的防治。2017年，中央政府提出坚决打好蓝天保卫战。为了坚决打赢蓝天保卫战，2018年6月，中央政府发布了《打赢蓝天保卫战三年行动计划》，对大气污染物治理和改善空气质量进行了统一部署，为各地的蓝天保卫战提供了根本指南。全国重点区域、省际之间实行联防联控，相互配合，以形成联动效应。各地还积极开展扬尘污染治理专项行动，强化城市空气质量应急管控。

为打好大气污染防治攻坚战，在中央政府的统一部署下，各地根据本地实际创新工作方法，形成了一些具有地方特色的大气污染防治攻坚"战法"。贵州在省环境监察局的领导下加大了对生态环保的督察力度，逐步探索出大气污染防治攻坚"三挂"打法，形成上下联动督战的综合效应。所谓"三挂"打法，分别是"挂牌督战""挂图作战"和"挂账销号"。"挂牌督战"是指将大气污染防治攻坚战和中央生态环境保护督察问题整改相结合，对"双十工程"三大类95项任务逐一建立台账，明细目标、责任和完成期限，倒排工期，由领导分片包干负责督导落实。"挂图作战"就是建立"一问题一张图"的制度，细化每一个项目的督战目标、进展和完成情况。通过梳理全省任务清单，制作"挂牌督战作战图"，确定分步、分期时间节点和任务要求，成立督战队逐条逐项督战。"挂账销号"是指依据《贵州省突出生态环境问题整改销号工作办法》对挂牌督战的大气污染生态环境问题进行严格核查，完成一项，销号一项。功夫不负有心人，贵州在大气污染防治方面的努力换来了可喜的成绩。2021年，贵州省9个中心城市环境空气质量平均优良天数比率为98%，县城以上城市空气质量优良天数比率达99.4%。[①]

经过几年的努力，我国大气污染防治成效逐步显现。长三角、京津冀

---

① 谢巍娥：《见实效更要见长效》，《贵州日报》2021年12月7日第2版。

和珠三角等重点区域的空气质量明显改善,全国空气质量总体提升。据生态环境部 2018 年发布的《中国空气质量改善报告（2013—2018 年）》披露,2018 年长三角、京津冀和珠三角等重点区域"PM2.5 平均浓度分别比 2013 年下降了 48%、39% 和 32%"①。重点区域空气质量的改善有效带动了全国空气质量的好转,空气质量达标的城市越来越多。"全国氮氧化物和二氧化硫排放总量分别下降 28% 和 26%"②。其中,首批 74 个执行《环境空气质量标准》的城市,"PM2.5 平均浓度下降 42%,二氧化硫平均浓度下降 68%"③。2018 年,全国地级以上城市空气质量达标率比 2017 年提升了 6.5%,达到了 35.8%。生态环境保护部发布的数据显示,2021 年 1—11 月,全国 339 个地级及以上城市空气质量平均优良天数比例为 87.6%,长三角、京津冀等重点区域空气质量平均优良天数比例分别为 87.2% 和 66.1%。④

（二）实施水污染防治,打好碧水保卫战

国务院 2015 年发布了《水污染防治行动计划》,提出了我国 15 年内水污染防治的方向和目标。《计划》出台后,政府加强了对长江、黄河等全国 7 大重点流域工业企业污水排放情况的监控,有效遏制了我国主要河流水体污染恶化的趋势。在此基础上,国家推进水污染防治行动计划深入实施,打好碧水保卫战。

在水污染防治上,政府不断推动技术创新,建立起较完整的水污染防治技术支撑体系。通过科研攻关,我国建立了一套行之有效的水环境管理技术体系和流域水污染治理技术体系,较大幅度地提升了国家对水环境监测、预警、监控和治理的能力。此外,我国进一步深化节能减排行动,提高工业企业的排放标准,严厉打击企业乱排乱放污水的行为。为保证人民群众的饮用水安全,我国还建立了从水源到用户终端全过程的饮用水安全保障技术体系。

实施环保基础设施攻坚行动,加强对重点流域及重点水域的治理,在地方全面推行"河长制"。"河长制"是指由地方各级党政主要负责人任

---

① 生态环境部：《中国空气质量改善报告（2013—2018 年）》,生态环境部网站 2019 年。
② 生态环境部：《中国空气质量改善报告（2013—2018 年）》,生态环境部网站 2019 年。
③ 生态环境部：《中国空气质量改善报告（2013—2018 年）》,生态环境部网站 2019 年。
④ 生态环境部：《生态环境部通报 11 月和 1—11 月全国地表水、环境空气质量状况》,生态环境部网站 2021 年。

"河长",把辖区内河、湖泊的保护和管理落实到党政"一把手"身上的制度。"河长制"的推行落实了地方政府在水域治理方面的主体责任。在实践中,贵州对"河长制"运行模式的探索值得借鉴。贵州从 2015 年开始在境内的八大主干河流推行"河长制",并于 2017 年年底全面建立河长制,在全国率先建立起从省级到村级的五级河长制。2018 年,贵州还率先将"河长制"纳入水资源保护条例,将"河长制"进一步延伸至省域内的所有水库和湖泊。五级河长制的建立,使得水体污染防治责任得以层层压实,推动了河长制从"名"到"实"的转变,水体治理初显成效,给人民群众带来了切实的获得感。此外,我国还在城市开展黑臭水体全面整治工作,有效地改善了城市污水给市民带来的健康损害和生活影响。

在各项举措的联动下,我国水体污染防治攻坚战取得了积极成效。具体表现为污水排放量明显减少,污水处理能力显著提升,国控断面水质大为改善。数据显示,2007—2020 年,我国重点行业主要污染物排放强度降低了 85.2%,水耗降低了 13.3%;与此同时,我国城镇污水处理能力快速提升,全国城镇污水处理量扩大了近 3 倍,实现了跨越式增长。2020 年,国家地表水Ⅰ—Ⅲ类水体断面比例已达到 83.4%,劣Ⅴ类水体则下降到 0.7%,地级及以上城市(不含州、盟)黑臭水体消除比例达 98.2%。从 2009 年到 2019 年的十年间,我国城市供水水质抽查达标率由 58.2% 提高到了 96% 以上,农村人口的饮水质量也明显提高。[1] 从个别省份来看,贵州省水体污染防治攻坚战的成效比较突出。近年来,贵州全省 9 个主要城市集中式饮用水水源地水质达标率均达到 100%,2018 年县城 130 多个集中式饮用水水源地水质达标率为 99.7%,2019 年上升 0.1 个百分点,达 99.8%。[2] 2019 年,贵州省共 55 个地表水断面纳入国家"水十条"考核,水质优良(达到或优于Ⅲ类)比例为 96.4%,基本消除了劣Ⅴ类水体。[3] 2021 年,贵州省 119 个地表水国控断面水质优良(达到或优于Ⅲ类)比例高达 97.7%,多个城市水环境质量跃居全国前列。[4]

---

[1] 王珍:《让老百姓喝上放心水——访水专项技术总师、中国工程院院士吴丰昌》,《中国纪检监察报》2021 年 12 月 20 日第 8 版。
[2] 贵州省生态环境厅:《2018 年贵州省生态环境状况公报》,贵州省生态环境厅网站 2019 年。
[3] 贵州省生态环境厅:《2019 年贵州省生态环境状况公报》,贵州省生态环境厅网站 2020 年。
[4] 贵州省生态环境厅:《2021 年贵州省生态环境状况公报》,贵州省生态环境厅网站 2022 年。

(三) 实施土壤污染防治，推进净土保卫战

土壤污染是由工农业生产造成的，主要包括重金属污染和有机物污染。重金属污染的土地主要集中于城市和工矿企业地带，有机物污染则集中分布在农业生产区域。相较于大气和水体污染，土壤污染危害更大，更难治理，所花费的时间和经济成本更高。2014年环保部和国土部联合发布的《全国土壤污染状况调查公报》显示：我国"土壤总的超标率为16.1%，其中轻微、轻度、中度和重度污染点位比例分别为11.2%、2.3%、1.5%和1.1%"；从土地类型上来看，"耕地、林地、草地土壤点位超标率分别为19.4%、10.0%、10.4%"。[1] 土壤被污染后又向周边环境释放有害物质，污染大气，破坏水质和生物的多样性，加剧整个生态系统的恶化。

面对严峻的土壤污染形势，党和政府采取一系列加强土壤环境保护和污染治理的举措，推进净土保卫战。一是编制土壤污染防治行动计划。2016年5月，国务院印发了《土壤污染防治行动计划》，提出土壤污染防治的总体要求、工作目标和主要指标等，为我国土壤污染防治行动提供了根本指导。

二是加强土壤环境保护的立法工作。2018年十三届全国人大五次会议通过了《土壤污染防治法》，这是我国针对土壤污染防治的第一部专门法。《土壤污染防治法》明确规定了土地污染的责任主体、土壤污染风险管理制度和设立省级土壤污染防治基金等内容，为我国土壤污染防治行动提供根本的法律依据。在此基础上，各地针对本地实际加强了地方性立法，省级行政区域纷纷出台了"土壤污染防治条例"。为了加强对土壤污染防治资金的使用和管理，2022年5月，财政部、生态环境部修订印发了《土壤污染防治资金管理办法》，严格规定了防治资金的具体支出范围。

三是积极开展土壤污染状况详查工作，建立污染地块环境管理的部门联动机制，全面摸清土壤环境质量状况。深入实施土壤修复工程，将土壤污染治理与土壤修复有机统一起来，建立健全土壤治理与修复技术体系。党的十八大以来，我国在土壤治理和修复方面进一步明确主体责任，理顺了监管机制，严格管控建设用地的土壤环境污染风险。加强对土地污染的监督和检查，对土壤环境进行动态监管。还加大力度监督检查乡村生态环

---

[1] 环境保护部、国土资源部：《全国土壤污染状况调查公报》，环境保护部网站2014年。

境，深入开展农村人居环境综合整治行动，加强对农业用地源污染的监控，着力解决农村土壤污染源的问题，防止造成新的土壤污染。

经过近些年来的艰辛防治，我国土壤质量总体上保持了稳定，土壤环境污染得到较严格的管控，较有效地巩固和提升了被污染耕地和重点建设用地安全利用率。《土壤污染防治行动计划》出台实施后，经过三年的努力，到 2019 年，政府部门已经对近 700 个重金属重点行业企业污染源进行了整治，有效地阻断了污染物进入农田的链条。从相关调研数据来看，广大农村耕地周边的工矿污染源得到有力整治，有效防范了耕地的污染风险。

二　推进绿色低碳循环发展

新时代，中国经济发展步入新常态，生态环境承载能力已不堪重负，接近承载极限，民生建设的生态内隐逐步外显。顺应人民对良好生态环境的诉求，改善生态民生，最根本的是要转变发展方式，推进绿色低碳循环发展。"党的十八大以来，党中央贯彻新发展理念，坚定不移走生态优先、绿色低碳发展道路，着力推动经济社会发展全面绿色转型"[1]，在推进绿色低碳循环发展方面进行了多维度的实践尝试，并取得了显著成效。

（一）调整经济结构，推动经济高质量发展

在国家层面，进一步推动经济发展方式的转变，调整经济结构，加快构建现代产业体系，提高经济发展质量。为了从根本上改变过去主要依靠增加资源投入实现经济增长的发展模式，国家启动实施《中国制造 2025》规划，把创新驱动作为推动经济发展的核心要素。国家还设立了新兴产业创业投资引导基金，加快培育和发展新能源、新材料、生物农业等新兴产业。同时设立中小企业发展基金，推动传统产业的进一步转型升级。进一步扩大国家自主创新示范区建设，建立健全绿色低碳循环发展经济体系，培育主导支柱产业，大力发展现代服务业和新型产业。淘汰落后产能，推动经济结构调整和产业的转型升级。仅 2014 年就有 5 万台燃煤小锅炉、600 万辆老旧车和黄标车被淘汰。2013—2016 年，国家"淘汰落后炼钢炼铁产能 9000 多万吨、水泥 2.3 亿吨、平板玻璃 7600 多万重量箱、电解铝

---

[1] 新华社：《深入分析推进碳达峰碳中和工作面临的形势任务 扎扎实实把党中央决策部署落到实处——习近平在中共中央政治局第三十六次集体学习时强调》，《环境》2022 年第 2 期。

100多万吨"①。正如习近平总书记所指出的那样,"我们建立健全绿色低碳循环发展经济体系,持续推动产业结构和能源结构调整,启动全国碳市场交易,宣布不再新建境外煤电项目,加快构建'双碳'政策体系,积极参与气候变化国际谈判,展现了负责任大国的担当"②。

在地方实践中,各地坚定不移地走生态优先、绿色低碳的高质量发展道路,纵深推进经济发展方式的转型,把绿色理念贯穿于经济高质量发展特别是新型工业化、新型城镇化、农业现代化、旅游产业化的始终,推动形成绿色发展的新格局。尤其是像贵州这样的欠发达西部省份,十分珍惜发展机遇,主动瞄准全国经济发展转型的契机,深刻调整经济结构,大力推动新型产业发展。近年来,贵州根据本地的实际,下大力气将生态优势转化为经济发展优势,推动经济的高质量发展。在省委、省政府的统一领导下,贵州省调整和优化经济结构,对碳达峰、碳中和作出了具体安排,在全国率先启动实施磷化工企业"以渣定产"。深入实施绿色经济倍增计划和绿色制造专项行动,加快重点行业和领域绿色化改造,不断提升经济增长中的"含绿量"。充分发挥大数据优势,"推动大数据和实体经济深度融合,培育壮大战略性新兴产业,加快发展现代产业体系"③。

(二) 优化能源结构,发展清洁能源

发展清洁能源是推进绿色发展,改善生态民生的重大举措。清洁能源与传统的石化资源相比,具有不排放或少排放污染物,清洁高效的优点,也因此被称为绿色能源。发展清洁能源是民心所向,是重大的民生工程,不仅关系到当代中国人的民生福祉,更关涉中华民族的永续发展和子孙后代长远福祉。中国政府早在2009年就曾向世界作出庄严承诺,到2020年中国非石化能源的消耗要占全部能源总量的15%,2030年则要上升到20%左右。2020年,习近平总书记代表中国政府向全世界正式宣布,我国"将力争2030年前实现碳达峰、2060年前实现碳中和"④。

党的十八大以来,我国始终坚持清洁低碳的能源发展方向,采取了一

---

① 李克强:《政府工作报告》,《人民日报》2016年3月18日第1版。
② 新华社:《深入分析推进碳达峰碳中和工作面临的形势任务 扎扎实实把党中央决策部署落到实处——习近平在中共中央政治局第三十六次集体学习时强调》,《环境》2022年第2期。
③ 新华社:《向全国各族人民致以美好的新春祝福 祝各族人民幸福吉祥伟大祖国繁荣富强——习近平春节前夕赴贵州看望慰问各族干部群众》,《人民日报》2021年2月6日第1版。
④ 习近平:《坚定信心 共克时艰 共建更加美好的世界》,人民出版社2021年版,第5页。

系列措施优化能源结构，大力发展清洁能源。一是推动新能源和绿色低碳科技革命，强化绿色低碳技术攻关，加快对先进适用技术的研发和应用的推广。在夯实国内能源生产和供给安全的基础上，促进新能源和清洁能源的开发和利用，积极有序地推动光能源、氢能源、硅能源和可再生能源的发展。与此同时，加快发展有规模有效益的太阳能、风能、生物质能、氢能、地热能和海洋能等新能源，统筹水电和核电的开发应用。二是加强对新能源和清洁能源发展的宏观政策引导，优化产业布局，加大对新能源和清洁能源研发的政策和财政支持力度。加大对新能源企业研发的支持力度，鼓励新能源产品扩大市场份额，对新能源汽车等项目进行补贴。三是建立新能源供给和消费的新模式。加大力度规划建设以大型风光电基地为基础、以其周边清洁高效先进节能的煤电为支撑、以稳定安全可靠的特高压输变电线路为载体的新能源供给消费体系。促进能源技术与现代信息、新材料和先进制造技术深度融合，大力推动煤电节能降碳改造、供热改造、灵活性改造的联动，形成三改联动效应。

上述举措的实施，产生了积极的效果。中国在风能、太阳能、光伏发电、生物发电等领域取得了突破性进展，清洁能源产业不断壮大。同时，在优化能源消费结构的基础上，我国对清洁能源的消费比例有所提高，相应地减少了对传统石化资源的消费比重。2015年，我国能源消费结构出现了"一升一降"的可喜局面，在能源消费比重中，清洁能源提高了1.7%，对煤炭的消费则下降了2%。[①] 2021年底，我国可再生能源发电装机规模突破10亿千瓦。在地方实践中，一些省份通过构建清洁低碳安全高效的能源供应体系，清洁能源的使用大为提高。例如，贵州省2020年新能源装机突破1500万千瓦，清洁能源发电量789.3亿千瓦时，减少二氧化碳排放6154万吨。2021年，贵州清洁能源所占比重高达52.9%，高出全国平均水平8.1个百分点。贵州"十三五"期间，全省工业企业单位增加值能耗累计下降25%以上，超额完成国家下达的下降18%的目标任务。[②]

（三）发展绿色产业

加快发展绿色产业是我国经济发展的必然趋势。当前，我国正处于

[①] 李克强：《政府工作报告》，《人民日报》2016年3月18日第1版。
[②] 袁燕、刘苏颉：《让生态文明之光照耀美丽贵州——贵州生态文明建设的生动实践》，《贵州日报》2021年6月28日第1版。

经济发展转型的关键期，发展绿色产业不仅可以培育新的经济增长点，还能够有效缓解生态环境压力，改善生态民生。党的十八大以来，随着生态优先、绿色发展主旋律在中华大地的唱响，绿色意识深入人心，全社会的生态文明理念进一步强化。我国在贯彻生态优先、绿色发展理念的过程中，通过调整经济结构，加快构建生态经济体系，大力推动绿色农业、绿色制造业、绿色服务业、绿色金融等产业的发展，生态产业效益逐步凸显。

在农业发展方面，转变农业发展方式，发展绿色农业。新时代，我国加大力度推进农田土地平整和治理工作，保护和提升耕地质量，建设高标准农田。2020年6月中国农业科学院发布的《中国农业绿色发展报告2019》显示，我国耕地质量平均等级实现了较大的提升，已从2014年的4.41提高到2019年的4.76。同时，国家还进一步加强农田水利工程建设，降低土地开发利用强度，扩大耕地的轮作休耕试点。政府鼓励和支持对农业生产工具新技术的研发和推广，提高农业生产效率，减少对土地的破坏和污染。各地调整农业种养结构，引导农民科学、合理利用化肥、农药，对农药、兽药残留进行综合治理，降低农产品安全风险。据统计，我国小麦、水稻、玉米三大主粮作物化肥、农业平均利用率分别从2013年的31.6%和35%提高到2019年的37.8%和39.8%。[①] 我国还加强了对新型职业农民的培育，积极发展生态循环产业，推行种养结合的农业发展模式，改善农田生态环境。

在实践中，各地全面推进农村产业结构调整，大力发展生态特色农业，打造本地特色农产品品牌，建立绿色农业产业链。地处西南的贵州重点发展以绿色有机无公害为标准的现代山地高效农业，因地制宜地发展生态利用型、循环高效型、低碳清洁型、节能环保型绿色农产品产业，不断做大做强产业规模，品牌效益逐步显现。2021年贵州省农业品牌价值评价结果显示："贵州的茶叶、辣椒等产业规模居全国第一，猕猴桃、薏仁等产业规模进入全国前三，蔬菜、食用菌、火龙果等产业规模进入全国第一梯队。"[②] 此外，贵州大力推进林业特色产业和林下经济发展，积极培育油茶、刺梨、茶叶、核桃、木本中药材等特色种植业。2020年，"全省林下

[①] 蒋建科：《我国农业绿色发展指数提高》，《人民日报》2020年6月6日第6版。
[②] 程丹：《2021年贵州省农业品牌价值评价结果发布》，多彩贵州网2021年。

经济利用林地面积达 2203 万亩，产值超 400 亿元，全省发展林下经济的企业、合作社等实体达 1.7 万个，带动 285 万农村人口增收"①。2021 年上半年，全省林下经济利用林地面积再创新高，达到 2459.5 万亩，产值 295.7 亿元，带动 320 万农村人口增收。②

在制造业方面，推动传统制造业绿色转型升级，积极构建绿色制造体系。党的十八大以来，我国加快建立以绿色园区、绿色工厂、绿色供应链和绿色产品为主要内容的绿色制造体系。中央和地方出台一系列政策打造绿色供应链，建设绿色工业园区，支持企业开发绿色产品，推动绿色工厂的创建。采取强有力的措施开展绿色评价体系认证和强化绿色监管。出台专项政策奖励绿色示范园区和绿色示范工厂。

工厂是实现绿色制造的主体，是构建绿色制造体系的基本抓手。2016 年，工信部发布了《关于开展绿色制造体系建设的通知》，开始组织评选国家级绿色工厂，截至 2020 年已组织了四批国家级绿色工厂的申报工作。从工信部发布的数据来看，四批绿色工厂的申报共有 1402 家获批，其中第一批 201 个，第二批 208 个，第三批 391 个，第四批 602 个，呈现不断增长的趋势。在地区分布上，江苏、山东、广东和浙江等工业大省获批的数量都超过一百家，远高于其他地区。自 2016 年起，天津市以绿色工厂为核心打造绿色发展体系。截至 2021 年，天津已有国家级绿色工厂 58 家，14 家企业被确立为国家级绿色供应链管理示范单位，打造国家级绿色产品 33 种，绿色工厂工业总产值超过 3000 亿元。从行业分布来看，国家级绿色工厂数排名前六的分别为电子、轻工、机械、建材、食品和化工行业，分别占 17%、14%、12%、10%、9% 和 9%。

除了国家级绿色工厂的评选外，省级行政单位也开展了省级绿色工厂的评选。例如，贵州 2018 年开始实施绿色制造三年专项行动，通过推进园区循环改造、产业循环组合、企业循环生产，打造了一批绿色园区和绿色工厂。截至 2020 年，贵州"共有 10 家绿色工厂、4 个绿色园区被纳入国家绿色制造体系名单，同时，创建省级绿色工厂 33 家，省级绿色园区

---

① 谢巍娥、申云帆：《贵州守护"绿色宝库"建设"生态银行"——写在"绿水青山就是金山银山"理念提出 16 周年之际》，《贵州日报》2021 年 8 月 15 日第 1 版。
② 袁燕、申云帆：《青山有颜值 发展增价值——贵州在生态文明建设上奋力攻坚》，《贵州日报》2021 年 9 月 4 日第 1 版。

16个，省级绿色供应链示范企业1个，绿色设计产品1个"①。

在服务业方面，积极推动服务业绿色发展。以先进环保服务业和专业节能服务业为重点，建立健全服务业绿色发展体系，打造绿色服务支撑平台，推进绿色服务业产业链融合。调整和优化服务业产业结构，优化服务业产业布局。一些地方通过实施服务业创新发展专项工程，利用大数据将大旅游、大健康等生态友好型产业有机融合，实现了现代旅游服务业和健康医药服务产业的快速发展。一方面，以建设国家旅游示范省为契机，推动绿色旅游业持续发展，使一批世界文化遗产地、国家生态旅游示范区和国家5A级旅游景区在绿色旅游开发中脱颖而出。同时，将"绿色+"理念和旅游要素渗透到农业园区、产业园区、城市综合体和示范小城镇建设中，推动绿色乡村与特色小镇发展，促进了乡村旅游和生态文化旅游的蓬勃兴起。以贵州为例，2021年上半年，贵州旅游产业实现提质增效，外省游客赴黔旅游已突破1亿人次，同比增长130.7%；旅客人均花费达到951元，同比增长15.2%。②另一方面，通过现代旅游服务业带动健康产业的发展，将健康医药产业打造成本地另一张靓丽名片，产业规模不断扩大。

在金融方面，逐步建立以市场为导向的绿色技术创新体系，发展绿色金融。为推动绿色金融的发展，国家层面加快了顶层设计，相继制定和出台了一系列相关的法律法规，逐步建立起我国绿色金融发展的政策体系。2015年出台的《中共中央国务院关于加快推进生态文明建设的意见》和《生态文明体制改革总体方案》首次明确提出了建立我国绿色金融体系的设想。2016年，国务院七部委联合发布《关于构建绿色金融体系的指导意见》，对我国绿色金融的发展进行系统规划和全面布局，并提出具体的指导意见，成为我国构建绿色金融体系的根本遵循。

在绿色金融政策体系建立的基础上，2020年7月，由财政部、生态环境部和上海市政府共同发起的国家绿色发展基金在上海正式挂牌成立。该基金的成立有效地发挥了国有资本对社会资本的引导作用，带动社会资本有序参与绿色投资。国家绿色发展基金成立后，地方政府支持的一些绿色

---

① 陈华永：《贵州省推进绿色制造体系建设成效显著》，《贵州日报》2020年7月23日第1版。

② 袁燕、申云帆：《青山有颜值 发展增价值——贵州在生态文明建设上奋力攻坚》，《贵州日报》2021年9月4日第1版。

发展基金也相继成立。在实践中，有的地方依托绿色金融改革创新国家试验区，在政策支持、组织机构和绿色金融产品及服务等领域不断健全制度体系，打造具有地方特色的绿色金融认证体系，取得了积极的成效。以贵州为例，截至 2021 年 3 月，该省成立了全国第一家"绿色金融"保险服务创新实验室，推出 62 项绿色金融服务方式和产品。此外，贵州全省共有三家国有银行设立了"绿色金融支行"，九家金融机构建立了绿色金融事业部。"全省金融机构累计向绿色项目提供贷款余额 3771.2 亿元、发行绿色金融债券 130 亿元、募集绿色基金 115.76 亿元、绿色企业境内股票融资余额 525.44 亿元。"①

三 筑牢国家生态安全屏障

（一）对国家生态安全屏障建设进行总体规划

打造国家生态安全屏障不仅事关当代人的民生福祉，而且关系到中华民族的永续发展和子孙万代的民生幸福。党的十八大以来，习近平总书记提出"山水林田湖是一个生命共同体"②，并多次强调，要尊重自然、顺应自然、保护自然，坚决筑牢国家生态安全屏障。为推进国家生态安全屏障建设，2020 年 6 月，自然资源部和国家发改委联合制定了《全国重要生态系统保护和修复重大工程总体规划（2021—2035 年）》（以下简称《总体规划》），对重点区域生态安全屏障建设进行了系统规划和总体部署。

根据《总体规划》的布局，"青藏高原生态屏障区、黄河重点生态区（含黄土高原生态屏障）、长江重点生态区（含川滇生态屏障）、东北森林带、北方防沙带、南方丘陵山地带、海岸带等"③ 被确立为我国生态安全屏障建构的重点区域。青藏高原、黄土高原、长江、黄河流域等自古就是我国重要的生态安全屏障，其生态状况对整个国家和民族的生存和发展具有重大影响。这些区域生态系统的破坏将给国家和民族带来灾难性的后果，是我们难以承受的。《总体规划》将"三区四带"确立为我国生态安全屏障建构的重点区域，要求统筹区域内各生态要素进行生态保护和修

---

① 杨文静：《绿色金融发展的"贵州实践"》，《贵州民族报》2021 年 7 月 13 日第 A02 版。
② 《习近平谈治国理政》，外文出版社 2014 年版，第 85 页。
③ 王慧峰：《优化国家生态安全屏障体系——我国发布全国重要生态系统保护和修复重大工程总体规划》，《人民政协报》2020 年 6 月 12 日第 2 版。

复。同时，针对各区域内自然生态的实际状况和存在的主要问题，结合区域内的生态要素，提出了生态保护和修复的主攻方向，重点部署了9大生态保护与修复工程。《总体规划》还对各大生态保护与修复工程提出了具体的工作思路，制定了具体指标，部署了具体的建设任务。总之，《总体规划》的制定为构筑我国生态安全屏障实践活动提供了根本指导，有力地推动了国家生态安全屏障体系的建设进程。

党的十八大以来，我国大力推进重点区域国家生态安全屏障建设，加强对重点区域生态系统的保护和修复工作，着力建构"两屏三带"的生态安全体系。"两屏"是指青藏高原生态安全屏障和黄土高原—川滇生态安全屏障，"三带"是指东北森林带、北方防沙带和南方丘陵山地带生态安全屏障。

（二）筑牢青藏高原国家生态安全屏障

青藏高原是中华民族的"水塔"，生态环境独特，在中国生态安全格局中的地位极为重要。作为青藏高原主体的西藏，大力推进生态文明建设，为筑牢青藏高原国家生态安全屏障作出了重要贡献。早在2009年，国务院常务会议就审议并通过了《西藏生态安全屏障保护与建设规划（2008—2030年）》，将西藏生态安全屏障保护与建设上升为国家战略，提出国家要在五年内投入155亿专项资金建设10项生态环境保护与建设工程，至2030年基本建成西藏生态安全屏障。党的十八大后，为推动生态安全屏障保护与建设进程，西藏制定了《西藏自治区国家生态文明高地建设规划（2021—2035年）》和《关于着力创建国家生态文明高地 努力做到生态文明建设走在全国前列的实施意见》，审议通过了《西藏自治区国家生态文明高地建设条例》。西藏自治区政府成立了专门领导小组，加强协调，制定实施意见，设计好实施方案，设立专项资金，加强对项目实施和资金使用的监管。推动实施自然保护区建设、天然林保护和退牧还草等生态环境保护与建设项目，有序推进封山育林、人工造林、退牧还草、沙化土地和水土流失治理等工作。同时，以怒江、雅鲁藏布江、拉萨河、尼洋河、狮泉河、年楚河等"两江四河"流域造林绿化工程为重点，实施防沙治沙、退耕还林等林业重点工程，为高原增绿添色。建立健全生态补偿机制，加快落实国家重点生态功能区转移支付等。不断完善考核制度，加强生态环境监测能力建设。此外，西藏还对可能造成环境污染的企业进行关停或督促转产，严格禁止化工、冶炼等高污染产业入藏。《2021年西藏自治区生态环境状况公报》提出，西藏全区生态环境质量总体良好，仍然是全世界生态环境最好的地区之一。

青海是青藏高原重要核心区域，有"三江之源"和"中华水塔"的美誉。青海在我国生态安全格局中地位极为特殊，是青藏高原国家生态安全屏障建设的重要省份。习近平总书记指出，青海最大的价值、责任和潜力都体现在生态方面。中央高度重视青海的国家生态安全屏障建设，在国家层面对三江源自然保护区生态保护和治理进行总体部署。国务院于2005年批准通过了《青海三江源自然保护区生态保护和建设总体规划》，又在2013年启动实施《青海三江源生态保护和建设二期工程规划》，截至2021年已累计投入专项资金180多亿元，有力地推动了三江源自然保护区生态环境的保护和治理，为改善三江源区域生态系统的宏观结构打下了良好的基础。

为加快打造生态文明的新高地，筑牢国家生态安全屏障，青海省委2021年8月印发了《关于加快把青藏高原打造成为全国乃至国际生态文明高地的行动方案》，要求全省认真贯彻落实。在政策、制度的支持下，青海各级政府强化组织领导，全省上下全力推进国家公园示范省建设行动，夯实国家公园建设基础。实施"绿水青山"工程，扩大国土绿化面积，着力促进绿色惠民。转变经济发展方式，深挖生态潜力，促进生态价值的保值增值，拓展生态效益。截至2022年初，青海建立了三江源和祁连山2个国家公园体制试点区、14处水产种质资源保护区、11个自然保护区和109处各级各类自然保护地，标志着较为完整的自然保护体系已经在全省建立起来。"自三江源国家公园体制试点启动以来，三江源地区的生态系统退化趋势得到遏制，生态环境状况明显好转，农牧民生产生活水平稳步提高，国家生态安全屏障进一步筑牢。"[①]

（三）建设黄土高原—川滇生态安全屏障

黄土高原和川滇地区生态条件脆弱，生态系统的失衡影响深远。黄土高原的生态状况直接影响整个黄河流域人民的生存和发展，川滇地区生态环境的恶化将严重威胁长江流域的生态安全。推进黄土高原—川滇生态安全屏障的建设，重点是加强对天然植被的保护和水土流失的治理，保持区域内生态系统平衡。

---

① 张多钧：《心怀"国之大者"筑牢生态屏障》，《青海日报》2022年1月22日第5版。

甘肃地处黄河上游，生态地位特殊而重要，是黄土高原国家生态安全屏障建设的主体，承担着黄河上游生态修复、水土保持和污染防治的重任。党的十八大以来，甘肃以缜密的系统思路建构生态环境治理体系，形成生态环境治理"组合拳"，筑牢国家生态安全屏障。一是实施黄河流域保护战略，启动规模化防沙、治沙项目。2020年，甘肃已系统性、规模化治理上万亩连片沙化土地，并以此带动了草原沙化治理、退耕还林（草）和三北防护林建设等重点生态工程的实施，缓解了水土流失对黄河水域的污染。同时，安排水污染防治专项资金对黄河两岸60多处水污染源进行集中治理。二是积极推进"四屏一廊"生态保护与修复工程建设。根据规划，甘肃在"十三五"期间要打造陇东陇中地区黄土高原生态安全屏障、甘南高原地区黄河上游生态安全屏障、南部秦巴山地区长江上游生态安全屏障、河西祁连山内陆河生态安全屏障等四大生态安全屏障和中部沿黄河地区生态走廊，全面落实主体功能定位。三是加强对自然保护地体系的建构，推进湿地生态修复工程建设和自然湿地抢救性保护项目实施。四是加强生态保护修复与监管，编制环境准入负面清单，推动生态保护红线的落地实施。经过多年的努力，甘肃已经建立起了一套相对完备的防风固沙体系，近年来河西地区原发性沙尘暴发生的次数明显减少，全省生态环境总体上不断改善。

四川被誉为"天府之国"，自古物产丰富，山川秀丽，生态地位特殊，是我国长江上游重要的生态屏障，是川滇生态安全屏障建设的主体之一。党的十八大以来，四川坚持生态优先，把维护国家生态安全置于首要位置，努力打造川滇生态安全屏障。一是坚持绿色发展理念，打好绿色发展"组合拳"，坚决守护好绿水青山。着眼世界科技前沿，坚持以科技创新推动经济发展的全面绿色转型，发展绿色产业，促进绿色发展，推动全国绿色发展先行示范区建设。二是规划和部署专项生态民生工程。有序推进长江黄河上游重要水源涵养区和生态建设核心区生态安全屏障保护、成渝地区双城经济圈生态文明共建共治共享、嘉陵江流域绿色发展、大熊猫国家公园建设、若尔盖湿地国家公园保护和高水平生活宜居地等专项工程建设。三是加强对生态脆弱区的保护，实施长江两岸造林绿化和沙化土地综合治理等生态防治专项行动。四是对省域内长江两岸城镇和产业进行科学布局，制定严格的生态环境保护政策，实行产业准入，保障长江上游的生态安全。

云南位于长江流域和珠江流域的上游，对国家生态安全具有重大影响，是川滇生态安全屏障建设的另一主体。云南以保护生物的多样性为抓手，采取系统性的举措全面抓好生态系统类型、生物物种、生物遗传基因多样性的保护工作，筑牢西南地区国家生态安全屏障。一是强化制度法规建设，建立健全生物多样性保护制度，构筑较完善的制度法规体系。二是投入专项资金加强自然保护区建设，实施防护林体系建设、天然林保护、退耕还林等生态工程，保护好大江大河上游森林体系。三是加强对湿地生态系统的保护。云南湿地分布广泛，类型丰富，是我国内陆湿地类型最多的省级行政区域，几乎涵盖了除滨海湿地之外的所有淡水湿地类型。这些湿地对保持长江、澜沧江等河流中下游的水文平衡、调节气候、净化水质、涵养水源、保持生物的多样性意义重大。为了保护好丰富的湿地生态系统，云南加强对湿地保护的立法工作，颁布实施了《云南省湿地保护条例》等地方性法规，为解决湿地保护和开发利用中出现的问题提供了法治保障。同时，在全国率先探索建立了湿地资源年度监测制度，运用信息化手段加强对湿地的管护和监测，有效提升了湿地保护工作的效度和地位。四是充分利用考核评价这一"指挥棒"的作用。将生态环境质量等纳入干部考核评价范围，注重对干部生态民生发展实绩的考核评价，妥善运用考核结果，把各级各部门的工作重心牵引至全面绿色发展的方向，推动生态民生大跨步前进。总之，党的十八大以来，在全省干部群众的共同奋斗下，云南的生态系统得到了较好的保护和修复，较有效地保持了生物的多样性，为建构川滇生态安全屏障作出了重要贡献。

（四）加强"三带"生态安全体系建设

按照中央的总体部署和规划，我国加强对东北森林带、北方防沙带和南方丘陵山地带等生态安全体系的建设。东北森林带建设的重点在于保护我国东北地区多样性的森林和动植物资源，发挥东北平原的生态安全屏障功能。北方防沙带建设的重点是保护防护林和草原植被，治理沙化土地等，发挥三北地区生态安全屏障功能。南方丘陵山地带建设的重点是防止水土流失和修复被破坏的植被，发挥华南和西南地区生态安全屏障功能。

为加强"三带"生态安全体系建设，国家发展改革委、国家林业和草原局、水利部、自然资源部联合制定出台了《北方防沙带生态保护和修复重大工程建设规划（2021—2035年）》《东北森林带生态保护和修复重大工程建设规划（2021—2035年）》《南方丘陵山地带生态保护和修复重大工程建设规划（2021—2035年）》等专项规划。专项规划发布后，三大生态安全体系内部相关省市协同布局，联动开展重大生态工程建设。

北方防沙带建设中，京津冀联手，协同推进雄安新区白洋淀生态综合治理及森林城市建设、太行山（河北）生态综合治理、燕山山地生态综合治理、张承坝上地区生态综合治理等四大重点生态保护和修复工程项目，进一步强化了山地平原区生态环境的联建联防联治，强化了对三地生态资源的全面保护，提升了北方防沙带建设的整体效果。东北森林带分布有我国重要的原始森林、草原和湿地，野生动物种类繁多，是我国生态安全体系的重要构成部分。通过部署和实施东北地区矿山生态修复和松嫩平原、三江平原重要湿地保护恢复及长白山、小兴安岭、大兴安岭森林生态保育等六项重点工程，提升了东北三省生态环境的协同治理水平，形成了东北森林带生态安全体系建设的合力。在南方丘陵山地生态安全带建设中，国家统一部署实施南方丘陵山地带矿山生态修复、湘桂岩溶地区石漠化综合治理、武夷山森林及生物多样性保护和南岭山地森林及生物多样性保护等4项工程20个重点项目，实现了南方丘陵山地带各重点区域生态保护和治理的协同。

四 加强生态民生制度建设

生态民生发展既需要采取雷霆手段对环境污染进行直接治理，更要以严格的法律制度来规范主体环境行为，方能达到标本兼治的效果。制度是生态民生建设的根本保障。党的十八大以来，我们始终坚持"用最严格的制度、最严密的法治保护生态环境"①，不断加强生态民生制度建设，使制度成为保护生态环境的利器，这是近年来我国生态民生建设取得明显效果的根本原因。

在制度的顶层设计层面，国家已将生态文明建设写入《宪法》，明确规定国家坚持绿色发展的方向。全国人大常委会2014年通过了新修订的《环境保护法》，为我国当代生态民生建设提供基本的法律依据。新修订的《环境保护法》堪称"史上最严"，最明显的就是加大了对环境违法行为的处罚力度，规定主体的环境违法行为按日计罚，无上限，对违法严重的主体可追究刑事责任。代价高昂的违法成本增强了法律制度对违法主体的

---

① 《习近平谈治国理政》第2卷，外文出版社2017年版，第396页。

震慑力,有效约束了主体的环境违法行为。修订后的《环境保护法》还首次以法律的形式写入了"划定生态保护红线"的相关论述。为了给各地划定生态保护红线提供政策指导,中央政府制定并发布了《关于划定并严守生态保护红线的若干意见》,要求各省级行政区在科学评估的基础上,根据本地的实际情况划定生态保护红线,并加紧贯彻落实。在中央政府的支持下,截至2018年底,全国各省级行政单位已全面划定了生态保护红线。2020年,全国性的生态保护红线制度基本建立起来。

除了加强制度的顶层设计,国家还加快了对具体制度的建设,搭建起保障生态民生建设的具体制度体系。为了规范生物遗传资源获取、利用和惠益分享等行为,国家加快了相关的制度建设进程。2017年,生态环境部起草了《生物遗传资源获取与惠益分享管理条例(草案)》,公开向社会征求意见,为正式出台相关的法规做充分准备。为加强对自然保护区的监管,2017年生态环境部出台了《自然保护区人类活动遥感监测及核查处理办法(试行)》。同时,国家加紧对《自然保护区条例》的后评估,为加快推进《自然保护区法》的立法做准备。此外,国家还加强了对生态保护红线的相关立法、立规研究,主要涉及国土空间开发、生态保护补偿和生态损害评估与赔偿等制度的建立和完善。

除了全国性的制度建设,地方也在生态民生发展的体制机制上根据本地实际进行探索创新,推进地方性的制度建设,进一步织细、织密了我国生态民生发展的制度体系。2021年,广西壮族自治区生态环境厅颁布了《广西壮族自治区生物遗传资源及其相关传统知识获取与惠益分享管理办法》,成为规范生物遗传资源及其相关传统知识获取与惠益分享的全国首个省级管理办法。贵州遵循以"最严格制度、最严密法治保护生态环境,让制度成为刚性的约束和不可触碰的高压线"[①]的准则,在体制机制上先行先试,先后推动了一百多项生态民生建设制度的改革创新。"数据显示,贵州已经制定出台涉及生态环境保护的地方性法规达到128件,占全省现行有效法规总数的28.6%;13个方面、30项改革成果列入国家推广清单。"[②]此外,在制度探索方面,贵州在全国实现了多个"率先",成为地

---

① 《习近平谈治国理政》第3卷,外文出版社2020年版,第363页。
② 吕跃:《以严格的生态文明法规制度推动贵州在生态文明建设上出新绩》,贵州人大网2021年。

方生态民生制度建设的典范。其中最具标志性意义的是《贵州省生态文明建设促进条例》的出台。作为在全国率先出台的省级生态文明建设法规，该条例被国家发改委列入《国家生态文明试验区改革举措和经验做法推广清单》。

具体而言，贵州在生态民生制度建设层面的探索和实践主要体现在三个方面。一是加强对生态民生发展法规制度的总体设计，成功搭建了贵州生态民生建设法规制度的"四梁八柱"。贵州先后出台了《贵州省生态文明建设标准体系框架》《贵州省生态文明建设标准体系明细表》等，确立了贵州生态民生建设的基本标准。省人大常委会制定出台了《贵州省生态环境保护条例》。此外，贵州还建立健全了国土空间开发保护制度、自然资源资产产权制度、资源有偿使用和生态补偿制度、资源总量管理和全面节约制度、生态文明绩效评价考核和责任追究制度等，进一步完善了空间规划体系、环境治理体系和生态保护市场体系的相关制度。二是建立健全地方制度体系，进一步制定了生态民生建设具体领域的专项制度。贵州出台了《贵州省水土保持条例》《贵州省大气污染防治条例》《贵州省水污染防治条例》《贵州省固体废物污染环境防治条例》《贵州省环境噪声污染防治条例》《贵州省国有林场条例》等系列法规，涵盖了生态民生建设的基本领域。在生态扶贫方面，贵州率先出台生态扶贫专项制度。上述制度的建立健全使得贵州的生态民生建设更加有法可依，保证了生态民生建设的有序开展。三是出台生态民生建设司法督察制度。贵州出台和印发了《贵州省加强环境保护督察机制建设的八条意见》《贵州省生态环境保护督察实施办法》《贵州省突出生态环境问题整改销号工作办法》《贵州省各级党委、政府及相关职能部门生态环境保护责任划分规定（试行）》《贵州省生态环境损害党政领导干部问责暂行办法》等司法督察制度，加强了对各部门落实生态环境保护主体责任的监督。

总之，党的十八大以来，我国已经基本形成了以《环境保护法》为核心的生态民生制度体系，制度建设越来越精细和严密。新时代，我国生态民生建设"制度出台频度之密、监管执法尺度之严、环境质量改善速度之快前所未有"[①]。在制度的保障下，近年来我国的生态民生建设发生了历史

[①] 本报评论员：《用最严格制度最严密法治保护生态环境》，《保定日报》2020年6月5日第A01版。

性的变化。

五 推动形成绿色生活方式

绿色生活方式既是生态民生建设的重要内容，也是生态民生建设的重要推手。绿色生活方式是指以绿色发展理念为指导，在日常生活中所涉及的各种消费和行为既要确保能够满足人生存和发展的需要，又要兼顾生态环境的承受能力，将个人需求的满足与生态系统的平衡相统一的生活方式。党的十八大以来，党和政府多次强调要推动形成绿色生活方式，要求我们每个人以对子孙后代高度负责的态度追求健康的生活，遵循低碳、适度、休闲、简约、定量、按时和循环利用的消费原则，达到人与自然的和谐共生。为了推动形成绿色生活方式，党和政府采取了一系列措施。

在制度保障方面，2015年环保部出台了《关于加快推动生活方式绿色化的实施意见》，要求在全社会倡导绿色生活方式，奠定生态文明建设的坚实群众基础。2019年国家发改委制定并发布了《绿色生活创建行动总体方案》，提出了创建节约型机关，倡导创建绿色家庭、学校、社区、商场、建筑、出行等内容。

在宣传教育方面，国家不断强化对绿色生活理念的宣传教育。党的十八大以来，在美丽中国建设中，国家明显加大了对生态知识、生态理念、生态情怀、生态责任意识、生态价值观、生态技能、生态政策、生态法治的宣传教育力度。通过宣传教育进一步提高了人民群众的生态素养，推动绿色生活理念不断深入人心。在宣传教育的基础上，政府鼓励和倡导人民群众形成勤俭、低碳、节约、绿色的日常生活习惯，加强日常生活中公民的生态环境行为。

在平台建设方面，积极建设绿色生活信息和服务平台，搭建绿色生活方式行动网络与平台，努力建构绿色生活全民行动体系。在日常措施方面，政府鼓励和推进人民群众衣食住行的绿色化。首先，倡导绿色出行。政府加强了对城市公共交通系统的建设和管理，提升了公共交通的服务水平。在城市公共交通系统中深度融入绿色理念，大量使用新能源汽车，大力推广绿色支付方式，建设电子站牌等。其次，提倡绿色消费。政府通过加大采购环保产品力度发挥引领作用，引导、鼓励群众积极消费环保商品。最后，倡导绿色居住，在北京和上海等大城市实行生活垃圾分类，对生活垃圾进行分类投放、收集、运输和处理，破解"垃圾围城"之困。

经过几年的努力,当前我国已初步建立了保障绿色生活方式的政策法规体系,人民群众的绿色生活理念明显增强,绿色生活习惯正在逐步养成。近年来,绿色生活方式已经成为社会的新风尚。很多人"已经体会到了理性消费、家人相伴、自己动手、守望自然……这些简单而踏实的快乐,无数人在细小与平凡中,触摸到生活的纹理,多年求而不得的心境不期而至"[1]。生态环境部 2019 年 6 月发布的《公民生态环境行为调查报告(2019 年)》显示,绿色生活方式已逐步被人们广泛接受,人们正逐步扭转了日常生活中与绿色理念相悖的消费行为和习惯。

---

[1] 程洁:《升级生活理念,时机或已到来》,《社会科学报》2020 年 5 月 7 日第 1 版。

结　　语

　　民生关系到人民的切身利益，是人生存和发展的必要条件。作为使命型政党，中国共产党始终以为人民谋幸福为己任，致力于民生的不断丰富和发展。新中国成立后，党在全国范围内持续推进民生建设，中国人民经历了从饥饿到温饱、从总体小康到全面小康的几次历史性的跨越，生活越来越美好。中国共产党民生建设事业取得的巨大成功离不开科学理论的指导。根据时代的变化和实践的需要与时俱进推进民生建设理论的创新，是我国民生事业不断实现跨越式发展的一条宝贵经验。习近平总书记指出："我们党之所以能够历经考验磨难无往而不胜，关键就在于不断进行实践创新和理论创新。"①

　　党的十八大以来，我国的民生建设站在新的起点，面临新的问题。中国共产党坚持以人民为中心，又一次推进了民生建设理论的创新，进一步丰富和完善了中国特色社会主义民生建设理论。新时代民生建设的理论创新实现了对民生建设理念的进一步升华、对民生建设目标的进一步深化、对民生建设内容的进一步拓延、对民生建设方案的进一步丰富、对民生建设制度改革思路的创新。新时代民生建设的理论创新不仅为当代中国的民生建设提供了科学理论指导，推动了当代中国民生建设的实践进程，而且为世界各国解决民生难题提供了中国智慧和中国方案。

　　在新时代民生建设理论的指导下，党在民生建设领域展开了大刀阔斧的改革，全方位、系统性地推动民生建设。党的十八大以来，随着一大批惠民举措落地实施，我国的民生事业发展取得历史性的新成就，民生短板正不断补齐。全国居民年人均可支配收入不断增长，城乡居民恩格尔系数逐步下降，全国就业人数稳步增加，教育体系不断完善，生态环境不断好

---

① 霍小光：《习近平在七大会址论党的实践创新和理论创新：永无止境》，新华网2015年。

转，人民群众的获得感、幸福感、安全感显著提升。数据显示，2021年我国成为国际社会公认的最有安全感的国家之一，人民群众的安全感高达98.6%。[1]

民生建设是一个动态的过程，只有起点，没有终点。全面小康社会在中华大地建成后，我国的民生建设又踏上新的征程。民生建设永无止境，民生建设理论的创新也应当永不停息。要使我国的民生建设事业持续、健康、稳定发展，首先理论上不能停顿。中国的民生建设不论处在哪个历史阶段都必须坚持党的领导，与时俱进推进理论创新。中国的民生建设只有在党的领导下，坚持从中国的实际出发与时俱进推进理论创新，以科学的民生建设理论武装自己，才能不断取得新的历史性成就，满足人民对美好生活的民生诉求。

---

[1] 李如意：《2021年全国群众安全感达到98.6% 中国成为世界公认最安全国家之一》，《北京晚报》2022年4月22日第2版。

主要参考文献

一 经典文献

《马克思恩格斯文集》第 1—10 卷，人民出版社 2009 年版。
《列宁选集》第 1—4 卷，人民出版社 2012 年版。
《毛泽东选集》第 1—4 卷，人民出版社 1991 年版。
《毛泽东文集》第 1—8 卷，人民出版社 1993—1999 年版。
《周恩来选集》（上、下），人民出版社 1980、1984 年版。
《周恩来经济文选》，中央文献出版社 1993 年版。
《邓小平文选》第 1—3 卷，人民出版社 1993—1994 年版。
《江泽民文选》第 1—3 卷，人民出版社 2006 年版。
《胡锦涛文选》第 1—3 卷，人民出版社 2016 年版。
《习近平谈治国理政》，外文出版社 2014 年版。
《习近平谈治国理政》第 2—3 卷，外文出版社 2017、2020 年版。
《习近平关于全面深化改革论述摘编》，中央文献出版社 2014 年版。
《习近平关于党的群众路线教育活动论述摘编》，中央文献出版社 2014 年版。
《习近平关于协调推进"四个全面"战略布局论述摘编》，中央文献出版社 2015 年版。
《习近平关于党风廉政建设和反腐败斗争论述摘编》，中央文献出版社、中国方正出版社 2015 年版。
《习近平关于全面从严治党论述摘编》，中央文献出版社 2016 年版。
《习近平关于全面建成小康社会论述摘编》，中央文献出版社 2016 年版。
《习近平关于社会主义文化建设论述摘编》，中央文献出版社 2017 年版。
《习近平关于社会主义经济建设论述摘编》，中央文献出版社 2017 年版。

《习近平关于社会主义社会建设论述摘编》，中央文献出版社 2017 年版。

《习近平关于社会主义生态文明建设论述摘编》，中央文献出版社 2017 年版。

习近平：《在庆祝改革开放 40 周年大会上的讲话》，人民出版社 2018 年版。

习近平：《在深圳经济特区建立 40 周年庆祝大会上的讲话》，人民出版社 2020 年版。

习近平：《摆脱贫困》，福建人民出版社 1992 年版。

习近平：《之江新语》，浙江人民出版社 2007 年版。

习近平：《干在实处走在前列——推进浙江新发展的思考与实践》，中共中央党校出版社 2016 年版。

习近平：《携手共命运　同心促发展——在 2018 年中非合作论坛北京峰会开幕式上的主旨讲话》，人民出版社 2018 年版。

《习近平总书记系列重要讲话读本》，人民出版社 2016 年版。

人民日报评论部：《习近平用典》（第 1—2 辑），人民日报出版社 2015 年版。

人民日报评论部：《习近平讲故事》，人民日报出版社 2017 年版。

《党的十九大报告学习辅导百问》，党建读物出版社、学习出版社 2017 年版。

《建党以来重要文献选编（1921—1949）》（第 1—26 册），中央文献出版社 2011 年版。

《建国以来重要文献选编》（第 1、4、9、10、20 册），中央文献出版社 1992—1997 年版。

《改革开放三十年重要文献选编》（上、下），中央文献出版社 2008 年版。

《十二大以来重要文献选编》（中），人民出版社 1986 年版。

《十三大以来重要文献选编》（上、中、下），人民出版社 1991—1993 年版。

《十四大以来重要文献选编》（下），人民出版社 1999 年版。

《十五大以来重要文献选编》（中、下），人民出版社 2001、2003 年版。

《十六大以来重要文献选编》（上），中央文献出版社 2005 年版。

《十七大以来重要文献选编》（上、中），中央文献出版社 2009、2011 年版。

《十八大以来重要文献选编》（上、中、下），中央文献出版社 2014、2016、2018 年版。

中共中央党史研究室：《中国共产党的九十年》，中共党史出版社、党建读物出版社 2016 年版。

二 专著

单孝虹：《中国共产党民生观发展与实践的历史考察》，中央文献出版社 2013 年版。

窦孟朔：《中国特色社会主义民生理论研究》，人民出版社 2019 年版。

韩喜平：《民生中国》，吉林大学出版社 2014 年版。

郝清杰：《中国特色社会主义生态文明建设研究》，中国人民大学出版社 2016 年版。

李江凌：《马克思主义的民生思想与实践》，中央编译出版社 2015 年版。

潘允康：《中国民生问题中的结构性矛盾研究》，北京大学出版社 2015 年版。

秦书生：《社会主义生态文明建设研究》，东北大学出版社 2015 年版。

青连斌：《中国民生建设的路径》，中共中央党校出版社 2013 年版。

王新：《生态文明建设与民生问题研究》，社会科学文献出版社 2015 年版。

朱小玲：《中国共产党民生思想研究》，南京师范大学出版社 2015 年版。

三 论文

方世南：《从生态矛盾的凸显看生态民生的重大价值》，《苏州大学学报》（哲学社会科学版）2014 年第 5 期。

韩喜平、巩瑞波：《论毛泽东的"大民生"观——兼谈保障和改善民生中几个关键问题》，《湖南社会科学》2016 年第 4 期。

胡建兰：《十八大前后民生建设理论之比较研究》，《求实》2017 年第 2 期。

胡柳娟：《中国共产党民生思想的百年探索与发展》，《西南民族大学学报》（人文社会科学版）2017 年第 2 期。

刘明松：《习近平民生思想的方法论与实践论》，《马克思主义研究》2016 年第 11 期。

倪瑞华：《新时代生态民生观的价值关怀和实践路径》，《学习与实践》

2020 年第 11 期。

王历荣:《新中国 70 年民生建设的理论基础及经验启示》,《甘肃社会科学》2019 年第 6 期。

习近平:《辩证唯物主义是中国共产党的世界观和方法论》,《前线》2019 年第 1 期。

张永红:《习近平生态民生思想探析》,《马克思主义研究》2017 年第 3 期。

郑功成:《习近平民生思想:时代背景与理论特质》,《社会保障评论》2018 年第 3 期。